AF400914

LES UNIVERSITÉS
ET LES ÉCOLES FRANÇAISES

Enseignement supérieur
Enseignements techniques

Office National
des Universités
et Écoles françaises

LES UNIVERSITÉS ET
LES ÉCOLES FRANÇAISES

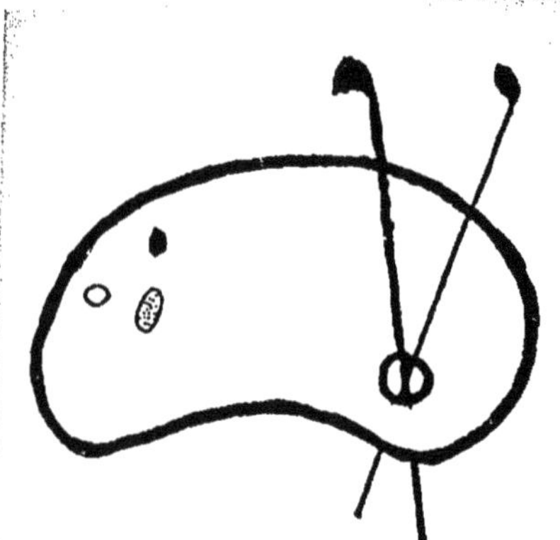

ORIGINAL EN COULEUR
NF Z 43-120-8

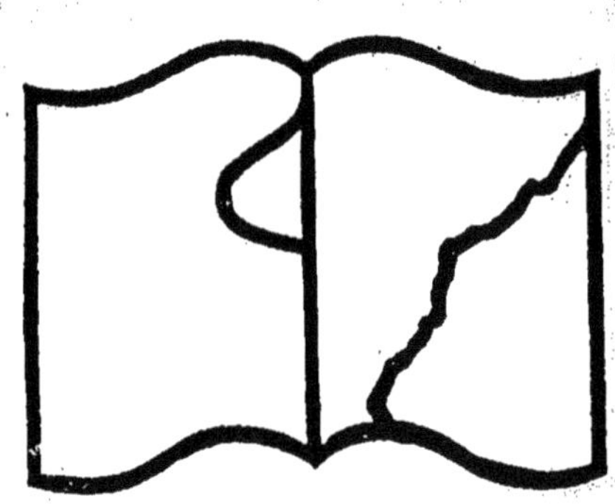

Texte détérioré — reliure défectueuse
NF Z 43-120-11

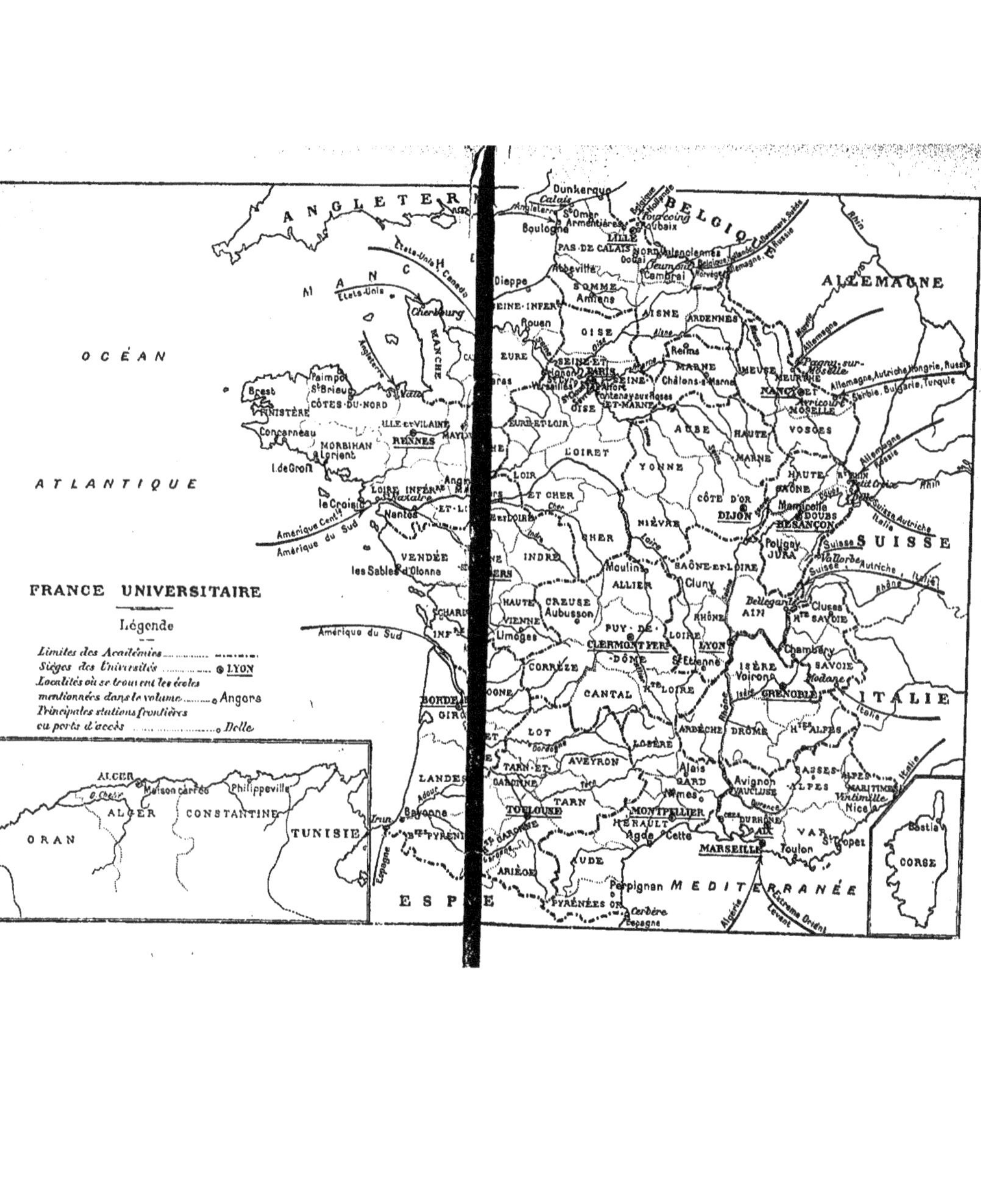

ANGLETERRE
BELGIQUE
ALLEMAGNE
SUISSE
ITALIE
ESPAGNE
TUNISIE
OCÉAN
ATLANTIQUE
MANCHE
MÉDITERRANÉE
FRANCE UNIVERSITAIRE
Légende
Limites des Académies
Sièges des Universités .... LYON
Localités où se trouvent les écoles
mentionnées dans le volume ...... Angers
Principales stations frontières
ou ports d'accès .... Delle
Dunkerque
Calais
Boulogne
St Omer
Armentières
Tourcoing
Roubaix
LILLE
PAS DE CALAIS
NORD
Valenciennes
Douai
Cambrai
Dieppe
Abbeville
SOMME
Amiens
AISNE
ARDENNES
SEINE-INFER
Rouen
OISE
Reims
MARNE
Châlons-s-Marne
MEUSE
MEURTHE
NANCY
MOSELLE
Pagny-sur-Moselle
EURE
Cherbourg
SEINE-ET-OISE
PARIS
SEINE
Versailles
Alfort
Fontenay-aux-Roses
SEINE-ET-MARNE
AUBE
HAUTE MARNE
VOSGES
Paimpol
St Brieuc
CÔTES-DU-NORD
Brest
FINISTÈRE
Concarneau
MORBIHAN
Lorient
I. de Groix
ILLE et VILAINE
RENNES
MAYENNE
EURE-ET-LOIR
LOIRET
YONNE
CÔTE D'OR
DIJON
HAUTE SAÔNE
BESANÇON
DOUBS
SUISSE
le Croisic
Nantes
LOIRE INFÉR
ET CHER
LOIR-ET-CHER
CHER
NIÈVRE
SAÔNE-ET-LOIRE
Moulins
ALLIER
Cluny
Poligny
JURA
Bellegarde
AIN
VENDÉE
les Sables d'Olonne
INDRE
HAUTE VIENNE
CREUSE
Aubusson
PUY-DE-DÔME
RHÔNE
LYON
Ht SAVOIE
Cluses
Chambéry
SAVOIE
Modane
Limoges
CLERMONT FERRAND
St Etienne
ISÈRE
Voiron
GRENOBLE
CORRÈZE
CANTAL
Hte LOIRE
BORDEAUX
GIRONDE
LOT
AVEYRON
ARDÈCHE
DRÔME
Hts ALPES
LOZÈRE
LANDES
Bayonne
TARN-ET-GARONNE
GARD
Alais
Nîmes
Avignon
VAUCLUSE
BASSES-ALPES
ALPES MARITIMES
Vintimille
Nice
TOULOUSE
TARN
MONTPELLIER
HÉRAULT
Agde
Cette
DURANCE
AIX
VAR
St Tropez
Toulon
MARSEILLE
Bastia
CORSE
Bte PYRÉNÉES
 Hte GARONNE
AUDE
ARIÈGE
Perpignan
PYRÉNÉES OR
Cerbère
ORAN
ALGER
Maison carrée
CONSTANTINE
Philippeville

*L'OFFICE NATIONAL DES UNI-
VERSITÉS ET ÉCOLES FRANÇAISES*
a été créé pour, entre autres objets, favoriser le
développement des relations universitaires et intellectuelles de la France avec les autres pays.

*Il veut faire connaître hors de France ce qu'est
l'enseignement français et en particulier l'enseignement supérieur que donnent les Universités et les
Écoles spéciales.*

*Il est à la disposition de tous ceux, professeurs
ou étudiants, qu'attirent en France leurs études ou
le désir d'entrer en rapports directs avec l'enseignement français.*

*Il s'intéresse à toutes les initiatives pouvant
concourir au même but : échanges universitaires,
voyages d'étudiants en France, etc.*

*Enfin il offre ses services aux Gouvernements,
aux Universités, aux Écoles de l'étranger qui recherchent le concours de professeurs français, ainsi
qu'aux sociétés, cercles, groupements qui poursuivent la création ou le développement de cours de
français, de bibliothèques françaises, etc.*

*Ses renseignements et ses services sont entière-
ment gratuits.*

LES UNIVERSITÉS ET LES ÉCOLES FRANÇAISES

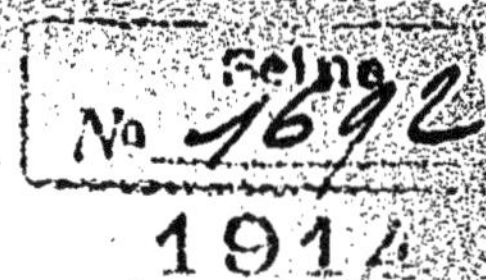

Enseignement supérieur

Enseignements techniques

RENSEIGNEMENTS GÉNÉRAUX

Office National

des Universités et Écoles françaises

96, Boulevard Raspail — PARIS

1914

AVANT-PROPOS

Ce petit livre a pour objet de faire connaître à l'étranger l'enseignement supérieur français, tel qu'il est aujourd'hui, et les ressources qu'il offre.

On y a réuni les indications relatives aux Universités et aux Écoles, aux conditions d'admission et de scolarité, aux grades et aux diplômes qu'elles délivrent, et aussi aux diverses œuvres qui s'offrent à fournir aux étudiants, aux étrangers en particulier, conseils, concours et secours.

Dans une première partie, où se trouve d'abord brièvement exposée, en un chapitre, l'organisation de l'enseignement supérieur, un deuxième, consacré spécialement aux Universités, contient les renseignements généraux concernant leur fonctionnement et les règlements communs qui régissent la scolarité, la concession des grades et diplômes, etc. Un dernier chapitre relatif aux autres établissements a pour principal objet d'en présenter un tableau systématique pour donner une idée de leur nombre et de la grande variété de leurs disciplines.

La deuxième partie est constituée par un catalogue des Universités et des principales Écoles, où, pour chacune d'elles, se trouvent mentionnées les caractéristiques et les particularités diverses qui lui constituent sa physionomie propre.

L'Université de Paris figurant en tête de cette liste, les autres Universités sont présentées dans l'ordre alphabétique. Quant aux établissements extérieurs, bien qu'entièrement indépendants, il a paru commode de les mentionner à la suite des Universités, en les groupant par académies, les villes d'Universités étant en même temps les chefs-lieux des circonscriptions administratives que sont les académies. Aux inconvénients qui pourraient résulter de cette présentation, le tableau systématique des écoles qui aura été donné et un index géographique placé à la fin du volume permettront aisément de remédier.

La dernière division de ce catalogue énumère les établissements scientifiques et les écoles que la France possède aux colonies, dans les pays de protectorat et à l'étranger.

Tel est le contenu de ce petit livre, dont on mesure exactement la portée et ce qu'il veut être. Il ne retrace pas l'histoire de l'enseignement supérieur français ni des établissements qui le représentent. On n'y trouvera pas non plus les détails de leur organisation intérieure, la liste de leur personnel, leurs programmes d'études ni ceux des examens qui, pour certains, en ouvrent l'accès. Toutes ces précisions, le lecteur les obtiendra en demandant aux Recteurs des Universités ou aux Directeurs des Écoles les brochures et prospectus spéciaux publiés par ces établissements.

De même, si toutes les Écoles qui, au sens large, peuvent être considérées comme relevant de l'enseignement supérieur se trouvent mentionnées, on a dû limiter le nombre des notices particulières, en s'en tenant aux écoles les plus importantes et en ne consacrant qu'une notice aux établissements d'un même type.

C'est au prix de ces sacrifices que le livre a pu rester le livre pratique qu'il voulait être.

Tel quel, et dans son cadre volontairement restreint, on espère qu'il rendra certains services, en éveillant des curiosités à l'égard de notre enseignement supérieur et surtout en aidant les étudiants, désireux de le fréquenter, à fixer leur choix.

A l'étranger qui pourrait craindre des difficultés ou des impossibilités d'ordre administratif, il montrera d'abord que ces obstacles sont inexistants. Ce qui ressort des pages qui vont suivre, c'est qu'en fait les Universités et les Écoles françaises sont largement accueillantes aux étrangers, à la seule condition pour eux de prouver qu'ils sont en état de recevoir leurs enseignements. Les formalités requises pour l'admission sont très simples, et, pour les remplir, on trouvera ici même toutes les indications utiles.

Si ensuite il s'agit de faire un choix entre les Universités et les Écoles, on trouvera aussi ici les éléments d'appréciation nécessaires. En s'aidant de ce livret, l'étudiant pourra déterminer l'établissement qui lui offrira, dans les meilleures conditions, ce qu'il cherche. Il pourra ensuite compléter ses indications, en demandant à telle université, à telle école ou encore à l'OFFICE NATIONAL DES UNIVERSITÉS ET ÉCOLES FRANÇAISES, les renseignements complémentaires qui ne sauraient trouver place ici.

Au surplus, pour toutes les questions concernant les études à faire dans les Universités ou Écoles françaises, l'OFFICE NATIONAL qui publie ce livret reste à la disposition des étudiants français ou étrangers, de leurs familles, de leurs Gouvernements.

Ses renseignements et ses services sont entièrement gratuits et son concours est acquis à tous ceux qui veulent bien le lui demander.

PREMIÈRE PARTIE

CHAPITRE PREMIER

L'ENSEIGNEMENT SUPÉRIEUR FRANÇAIS

ORGANISATION GÉNÉRALE,
FACILITÉS OFFERTES AUX ÉTUDIANTS ÉTRANGERS,
CONSEILS PRATIQUES.

L'ENSEIGNEMENT supérieur, si on l'entend au sens large du mot, appliqué à toutes les spécialités et adapté à sa triple fonction, qui est de créer, d'enseigner et d'appliquer la science, est donné, en France, par les Universités et aussi par un grand nombre d'établissements scientifiques et d'écoles spéciales, les uns officiels, ressortissant soit au ministère de l'Instruction publique, soit à d'autres ministères ou administrations, les autres libres et émanant de l'initiative privée.

Hors de France, dans les colonies françaises et dans certains pays étrangers, notre enseignement supérieur est encore représenté par des établissements ou écoles consacrés, soit à la recherche scientifique pure, soit à l'enseignement proprement dit.

Plusieurs remplissent cette double fonction, en se vouant d'une part à l'étude des pays qui les accueillent, et d'autre part en donnant des ensembles de cours sur la France, sa langue, sa littérature, son histoire, son art, etc. Par là, ces instituts, de création toute récente, sont de véritables lieux d'échanges intellectuels, dont l'action féconde s'exerce déjà sur le développement des relations entre les pays où ils se trouvent et la France.

Tous les autres établissements servent les intérêts supérieurs du pays, soit en associant la France au progrès scientifique, soit en assurant la formation intellectuelle du personnel nécessaire aux administrations de l'État, aux professions libérales et aux diverses entreprises publiques ou privées.

Mais le bénéfice de cet enseignement n'est pas réservé aux seuls Français. De tout temps, depuis le Moyen Age, les étrangers ont fréquenté les Universités et les Écoles de France, et cette faveur se marque, d'année en année, avec une force nouvelle.

Depuis une quinzaine d'années surtout, le nombre des étrangers venant étudier en France s'est accru de façon considérable. Alors qu'en 1900 il y avait dans les Universités françaises 1 770 étrangers, au 15 janvier 1913 nous en comptions 5 560 immatriculés dans nos diverses Facultés, qui formaient, sur une population scolaire de 41 109 étudiants, presque le septième de l'effectif total. Si à ce groupe l'on ajoute les étrangers admis à divers titres dans les écoles spéciales, ceux encore qui suivent les cours de vacances, et pour lesquels il n'est pas dressé de statistique complète, on peut estimer à plus de 10 000 le nombre des étrangers de tous pays, qui, cette année, ont fréquenté nos établissements d'enseignement supérieur.

La continuité d'une telle faveur avait dès longtemps créé chez nous des traditions d'hospitalité qui assuraient à l'étranger venu pour raison d'études, en même temps que l'accueil le plus courtois, toutes les facilités de travail compatibles avec les règlements.

Toutefois, pour mieux répondre à ces sympathies toujours plus marquées, nos Universités et nos Écoles se font encore plus largement accueillantes. Les Universités revisent leurs règlements dans un sens plus libéral, afin d'augmenter pour les étrangers les facilités d'études, tout en réduisant les formalités à remplir.

Bien que moins libres du fait de leur constitution, qui, en général, pour le recrutement de leurs élèves, exige le concours ou l'examen, les Écoles s'associent à cette tendance. Beaucoup d'entre elles admettent les étrangers dans les mêmes conditions que les candidats français. D'autres ont constitué des *sections étrangères*, plus accessibles à des candidats n'ayant pas suivi les cours de nos études secondaires, mais qui assurent à leurs élèves les mêmes moyens de travail qu'aux élèves français. Enfin, les étrangers qui, sans s'astreindre à une scolarité complète, désirent suivre certains enseignements, peuvent être admis dans la plupart des Écoles françaises en qualité d'*auditeurs libres*. Ne sont fermées aux étrangers que quelques Écoles dont l'installation matérielle, trop restreinte, exige que toutes les places soient réservées à nos nationaux. En fait, maintenant, sauf de très rares exceptions, tout étranger, qui justifie des connaissances requises, peut être admis, à un titre ou à un autre, dans une Université ou dans une École française, pour y bénéficier dans la plus large mesure des enseignements qui y sont donnés.

Un autre souci de l'enseignement supérieur français, et en particulier des Universités, est de se préoccuper toujours plus directement des besoins et des *desiderata* de leur clientèle étrangère. Un grand nombre d'étrangers viennent, en effet, chez nous pour y faire, d'après les programmes français, des études complètes les préparant à la pratique de telle ou telle profession. Mais il en est d'autres qui ne demandent à l'enseignement français qu'un complément de la culture déjà acquise dans leur pays, et qui, sans rechercher les grades et diplômes requis en France pour l'exercice des diverses professions, désirent voir reconnaître par un titre officiel la scolarité accomplie dans nos établissements. D'autre part, en même temps qu'ils font leurs études particulières de droit, de médecine, de sciences, etc., nos hôtes désirent perfectionner leur connaissance du français, ceci d'ailleurs devant beaucoup faciliter cela. Enfin, il est une catégorie d'étudiants étrangers qui font de la France, de sa langue, de sa littérature, de sa civilisation, leur étude spéciale, et qui longtemps sont venus chez nous sans trouver l'ensemble d'enseignements spéciaux, adaptés à leurs besoins, qui leur était nécessaire.

Pour donner satisfaction à tous ces désirs, les Universités ont créé des *grades* et *diplômes universitaires* qui, mieux que les *grades d'État* et tout en ayant la même valeur scientifique, peuvent être recherchés en tenant compte de la scolarité accomplie dans d'autres pays, ou qui sanctionnent des études auxquelles ne s'appliqueraient pas ces grades d'État. De là encore procède l'institution de *Cours spéciaux d'études françaises*, cours annuels et cours de vacances, dont la clientèle grandissante atteste l'utilité.

Enfin, les Universités et les Écoles, toujours plus désireuses de faciliter la venue et le séjour en France des étudiants étrangers, s'ingénient à améliorer pour eux les conditions de la vie et des études, en même temps qu'elles aident leur adaptation à la vie française. Non seulement elles leur fournissent très obligeamment renseignements et conseils pour l'organisation de leur voyage en France, mais encore certaines d'entre elles ont obtenu des Compagnies de navigation et des chemins de fer des réductions importantes sur les prix de voyage (1).

D'autre part, à leur arrivée en France, les étudiants étrangers trouvent dans presque toutes les Universités des comités, des services, des bureaux chargés de les accueillir, de leur fournir des indications sur les hôtels, pensions, familles susceptibles de les recevoir, de leur faciliter les formalités de l'admission dans les Facultés ou Écoles, et de les aider dans l'organisation de leurs études et de leur vie. En cas de maladie, ces mêmes organismes assurent aux étudiants étrangers les soins nécessaires et dans les meilleures conditions. Enfin, ils se tiennent en tout temps à la disposition des Gouvernements et des familles pour veiller

---

1. En particulier des réductions peuvent être accordées aux étudiants étrangers qui s'inscriront aux *Cours de vacances* organisés par les Universités. D'autres facilités peuvent être obtenues par ceux qui désirent fréquenter les cours annuels. Il est recommandé aux étudiants étrangers de s'enquérir de ces possibilités auprès des Universités où ils désirent s'immatriculer ou s'inscrire, et qui leur indiqueront les formalités à accomplir.

aux intérêts matériels et moraux de leurs ressortissants ou de leurs enfants.

Tels sont les services que s'offrent à rendre les *Comités de patronage*, les *Offices* et *Bureaux de renseignements* ou les *Consuls universitaires*, institués auprès des Universités, et dont le concours est acquis non seulement aux étrangers étudiant à l'Université, mais à tous ceux qui viennent en France pour raison d'études.

Si cet exposé pouvait susciter de nouvelles curiosités à l'égard de l'enseignement supérieur français et inspirer à des étrangers le désir de fréquenter nos Universités, les chapitres qui vont suivre et le catalogue de ces Universités et Écoles leur fourniraient les premiers éléments d'un choix.

Au surplus, l'OFFICE NATIONAL se tient à leur disposition pour compléter les renseignements de ce livre, tout en laissant aux intéressés l'entière liberté de leur choix. Sous cette réserve, il croit devoir formuler à leur intention quelques conseils pratiques dont l'expérience lui a démontré l'utilité.

CONSEILS PRATIQUES

*Tout d'abord, l'*OFFICE·NATIONAL *appelle l'attention des étudiants étrangers venant pour la première fois en France sur l'avantage qu'il pourrait y avoir pour eux à commencer leurs études dans une Université ou dans une École de province. « Il n'y a qu'avantages pour eux,* a dit un ancien ministre de l'Instruction publique, *à débuter dans la vie française ailleurs qu'à Paris. L'accommodation au milieu leur sera plus facile. Ils y seront moins détournés de la vie studieuse. Ils auront plus de contact avec leurs maîtres ou avec leurs condisciples. Surtout leurs études pratiques y seront meilleures. Un étranger qui va d'abord étudier à Paris perd beaucoup de temps à s'orienter dans la ville et même dans les Facultés. Le séjour de la capitale n'est vraiment fécond que pour ceux qui en font la deuxième partie de leur scolarité (1).»*

---

1. Cf. STEEG. Rapport sur le budget de l'Instruction publique. Exercice 1911, page 69.

Ajoutons cette considération qui a bien sa valeur, c'est qu'en province la vie matérielle est sensiblement moins chère qu'à Paris.

Si donc il n'y a pas urgence absolue, si l'étranger peut trouver, dans une Université ou dans une École de province, l'enseignement qu'il vient chercher en France, qu'il commence en province ses études pour, s'il y a lieu, venir ensuite les achever à Paris.

***

Choisir l'Université ou l'École à fréquenter et demander à cet effet, soit aux Universités ou Écoles entre lesquelles le choix hésite, soit à l'OFFICE NATIONAL, les renseignements complémentaires jugés utiles. Adresser la demande au Recteur de l'Université, au Directeur de l'École ou au Président du Comité de Patronage des Étudiants étrangers.

***

Le choix fait, demander au Comité de Patronage institué près de l'Université choisie s'il ne dispose pas de facilités de voyage particulières pour les étudiants étrangers.

Préparer le voyage en France à l'aide de la carte publiée en tête et de l'Appendice placé à la fin du volume.

***

Emporter avec soi, en se mettant en route, une pièce d'identité (acte de naissance, passeport, acte de baptême, etc.) *et le diplôme ou titre universitaire le plus élevé que l'on aura obtenu.*

Pour attester l'authenticité de ces pièces, prendre soin, au préalable, de les faire viser par le Consul de France en résidence dans leur pays d'origine.

L'absence de ces documents et l'omission du visa peuvent, à l'arrivée en France, avoir pour conséquence de retarder l'admission dans les Universités et Écoles.

***

A l'arrivée en France, se présenter sans tarder :
a) A Paris, soit au BUREAU DES RENSEIGNEMENTS *de la Sorbonne, soit au* COMITÉ DE PATRONAGE DES ÉTUDIANTS ÉTRAN-

GERS, *également à la Sorbonne, soit aux bureaux de l'*OFFICE NATIONAL, *96, boulevard Raspail.*

b) *En province, aux divers* COMITÉS DE PATRONAGE, OFFICES, BUREAUX, CONSULS UNIVERSITAIRES *institués pour les étudiants étrangers. On en trouvera l'indication dans les notices consacrées à chaque Université sous la rubrique* ŒUVRES UNIVERSITAIRES.

C'est là que les étrangers trouveront le plus vite et le plus sûrement les indications et les conseils dont ils ont besoin pour l'organisation de leur vie et de leurs études.

* * *

En vue de l'admission dans les Universités et Écoles :

1º Faire traduire, s'il y a lieu, par un traducteur-juré, les pièces (acte de naissance, passeport ou diplôme) *dont la traduction authentique est requise;*

2º Faire la déclaration de résidence exigée de tout étranger qui désire séjourner en France. Cette déclaration est reçue à Paris, à la Préfecture de Police (Bureau des Étrangers, 1, rue de Lutèce), *et en province à la mairie de chaque ville. Un récépissé de cette déclaration est délivré* gratuitement;

3º Se présenter ensuite, muni des pièces requises, au Secrétariat de la Faculté ou École que l'on désire fréquenter. En cas de difficultés dans l'accomplissement des formalités nécessaires, recourir à l'aide obligeante des services ci-dessus mentionnés : OFFICE NATIONAL, BUREAU DES RENSEIGNEMENTS DE LA SORBONNE, COMITÉS DE PATRONAGE DES ÉTUDIANTS ÉTRANGERS, *etc.*

Pour les Écoles, en particulier, où l'on n'est admis que sur demande des représentants diplomatiques, solliciter, sans tarder, l'intervention de son ambassade ou de sa légation.

* * *

En cours de séjour, pour tous les cas où un étranger peut avoir besoin d'aide ou de secours, recourir aux COMITÉS DE PATRONAGE, CONSULS UNIVERSITAIRES, *etc.*

CHAPITRE II

LES UNIVERSITÉS FRANÇAISES

I. — ORGANISATION GÉNÉRALE ET CONSTITUTION. MOYENS D'ÉTUDE. — FONCTIONNEMENT. RENSEIGNEMENTS GÉNÉRAUX.

LES Universités françaises sont au nombre de 16, disséminées dans les diverses régions de la France et ayant leur siège dans les villes qui sont en même temps les chefs-lieux des Académies. Ces Académies sont des circonscriptions administratives qui, pour l'organisation et la direction de l'enseignement, groupent plusieurs départements sous la direction d'un Recteur.

Les 16 Universités françaises sont, avec celle de PARIS, classées par ordre alphabétique, les universités de : AIX-MARSEILLE, ALGER, BESANÇON, BORDEAUX, CAEN, CLERMONT-FERRAND, DIJON, GRENOBLE, LILLE, LYON, MONTPELLIER, NANCY, POITIERS, RENNES et TOULOUSE (1).

Ces Universités ont pour la plupart un long passé, et certaines, comme celles de Paris et de Montpellier, sont parmi les plus anciennes du monde. Mais ce n'est pas ici le lieu de retracer leur histoire. Les livrets et annuaires publiés par chacune d'elles donneront les renseignements essentiels et les indications biblio-

---

1. Il y a en réalité 17 Académies, mais l'une d'elles, l'Académie de Chambéry, ne possède pas d'Université. Ou trouvera à la suite des Universités et sous la rubrique ACADÉMIE DE CHAMBÉRY l'indication des Écoles existant dans cette circonscription.

graphiques de nature à guider ceux qui voudraient faire de cette histoire une étude spéciale.

Par contre, l'organisation actuelle des Universités est toute récente. C'est une loi du 10 juillet 1896 qui, groupant les Facultés et Écoles existant au chef-lieu des diverses circonscriptions académiques, isolées, en autant de corps autonomes, constitua les Universités (1).

Ainsi s'expliquent deux particularités de leur organisation : d'une part, le fait que le siège des Universités est au chef-lieu des diverses Académies; d'autre part, l'inégalité du nombre des Facultés ou Écoles constituant les Universités.

Toutes, en effet, ne comprennent pas le même nombre d'établissements, mais les établissements qui les composent sont tous de l'un des types suivants.

Il y a d'abord des *Facultés de Médecine* et des *Écoles supérieures de Pharmacie* dont le nom dit assez la fonction propre. Mais il est des établissements qui donnent à la fois les deux enseignements. Parmi ces derniers, il faut distinguer les *Facultés mixtes de Médecine et de Pharmacie*, les *Écoles de plein exercice de Médecine et de Pharmacie*, où il est possible de faire des études complètes, et d'autre part les *Écoles préparatoires de Médecine et de Pharmacie*, où l'on ne donne que l'enseignement correspondant aux premières années d'études (2).

Des *Facultés de Droit* se consacrent à l'étude et à l'enseignement non seulement des sciences juridiques, mais aussi des sciences économiques : économie politique, finances, etc.

Les *Facultés des Sciences*, spécialement destinées aux sciences mathématiques, physiques et naturelles, se préoccupent à la fois des sciences pures et des sciences appliquées.

Enfin, les *Facultés des Lettres* donnent tous les enseignements relatifs à la philosophie, la philologie, la linguistique, l'histoire des littératures, l'histoire proprement dite, la géographie, la pédagogie, etc. Un certain nombre d'entre elles ont en outre

---

1. Il n'y eut de ce fait, en 1896, que 15 Universités. C'est une loi plus récente qui a constitué l'Université d'Alger.

2. En plus de celles qui font partie intégrante des Universités, il existe un certain nombre de ces Écoles qui sont également des établissements de l'État, donnant dans les mêmes conditions l'enseignement médical. Elles seront mentionnées parmi les Établissements et Écoles extérieurs aux Universités.

organisé à l'usage des étrangers des *Cours spéciaux d'Études françaises* qui ont lieu soit pendant l'année scolaire, soit pendant les vacances, et au sujet desquels on trouvera dans ce livre toutes les indications utiles.

A toutes ces Facultés et Écoles, l'autonomie concédée aux Universités a donné une vie nouvelle qui, en même temps qu'elle tend à les différencier des unes et des autres, a eu pour effet d'étendre considérablement leur rôle intellectuel et social.

De plus en plus, en effet, chacune de ces Universités, sans rien négliger de sa fonction d'éducation nationale, s'intéresse au pays qui l'entoure, à son histoire, à sa langue, à ses besoins économiques, etc., mettant ses maîtres et ses moyens d'études au service des intérêts matériels et moraux de sa région. Par là, chacune d'elles acquiert son originalité, sa physionomie propre.

En outre, tout en continuant d'assumer la fonction d'enseignement des anciennes Facultés, les Universités ont conscience que leur rôle essentiel est de créer la science. Aussi font-elles une part de plus en plus large à la recherche désintéressée et, en même temps, elles se préoccupent toujours davantage des applications de la science aux besoins de la société moderne.

De cette conception étendue du rôle des Universités procède d'une part la création des *grades universitaires*, destinés à sanctionner des études scientifiques entreprises dans un esprit de désintéressement, et l'organisation d'*Instituts* dont les uns groupent tous les moyens de travail qu'une Université peut mettre au service d'un certain ordre d'études, tandis que les autres, particulièrement consacrés à l'enseignement des sciences appliquées, sont de véritables Écoles qui, pour la préparation à la pratique des industries et des professions, rivalisent avec les anciennes Écoles spéciales.

Pour ces grades et ces Instituts, les notices consacrées dans ce livre à chaque Université fourniront tous les renseignements nécessaires; mais afin de donner une idée de la constitution des Universités, on a présenté dans le tableau ci-dessous les Facultés et Écoles qui les composent ainsi que leurs principaux Instituts annexes.

UNIVERSITÉ DE PARIS.

Faculté de Droit.
Faculté de Médecine.
Faculté des Sciences.
Faculté des Lettres.
École supérieure de Pharmacie.
École normale supérieure.

Institut de Chimie appliquée.
Institut aérotechnique.
Institut de Médecine coloniale.
Institut de Médecine légale et de Psychiâtrie.

UNIVERSITÉ D'AIX-MARSEILLE.

Faculté de Droit (à Aix).
Faculté des Sciences (à Marseille).
Faculté des Lettres (à Aix).
École de plein exercice de Médecine et de Pharmacie
   (à Marseille).

UNIVERSITÉ D'ALGER.

Faculté de Droit.
Faculté mixte de Médecine et de Pharmacie.
Faculté des Sciences.
Faculté des Lettres.

UNIVERSITÉ DE BESANÇON.

Faculté des Sciences.
Faculté des Lettres.
École préparatoire de Médecine et de Pharmacie.

Cours spéciaux de français pour les étrangers (Cours
   annuels et Cours de vacances).

UNIVERSITÉ DE BORDEAUX.

Faculté de Droit.
Faculté mixte de Médecine et de Pharmacie.

* Faculté des Sciences.
Faculté des Lettres.

École des hautes études hispaniques de l'Institut français de Madrid (Espagne).
Institut colonial.
École de Chimie appliquée à l'industrie et à l'agriculture.
Institut pratique de Droit.
Cours spéciaux de français pour les étrangers (Cours annuels et Cours de vacances).

UNIVERSITÉ DE CAEN.

Faculté de Droit.
Faculté des Sciences.
Faculté des Lettres.
École préparatoire de Médecine et de Pharmacie.
Cours spéciaux de français pour les étrangers.

UNIVERSITÉ DE CLERMONT-FERRAND.

Faculté des Sciences.
Faculté des Lettres.
École préparatoire de Médecine et de Pharmacie.

UNIVERSITÉ DE DIJON.

Faculté de Droit.
Faculté des Sciences.
Faculté des Lettres.
École préparatoire de Médecine et de Pharmacie.

Institut pratique de droit.
Institut œnologique et agronomique.
Cours spéciaux de français pour les étrangers (Cours annuels et Cours de vacances).

UNIVERSITÉ DE GRENOBLE.

Faculté de Droit.
Faculté des Sciences.
Faculté des Lettres.
École préparatoire de Médecine et de Pharmacie.

Institut français de Florence (Italie).

Institut polytechnique (Institut électrotechnique et
École de Papeterie).

Institut des Sciences commerciales.

Institut de Phonétique.

Institut de Géographie alpine.

Cours spéciaux de français pour les étrangers (Cours
annuels et Cours de vacances).

UNIVERSITÉ DE LILLE.

Faculté de Droit.
Faculté mixte de Médecine et de Pharmacie.
Faculté des Sciences.
Faculté des Lettres.

Institut français de Londres (Angleterre).
Institut pratique de Droit.
Institut électrotechnique.
Institut de Chimie.
Institut des Sciences naturelles.
Institut pédagogique.
Cours spéciaux de français pour les étrangers (Cours
annuels à Lille. — Cours de vacances à Boulogne-
sur-Mer).

UNIVERSITÉ DE LYON.

Faculté de Droit.
Faculté mixte de Médecine et de Pharmacie.
Faculté des Sciences.
Faculté des Lettres.

École française de Droit de Beyrouth (Syrie).
École française d'Ingénieurs de Beyrouth (Syrie).
Institut des Sciences économiques et politiques.
Institut bactériologique.
Institut d'Hygiène.
École de Chimie industrielle.
École de Tannerie.

Institut agronomique.
Cours spéciaux de français pour les étrangers (Cours
annuels et Cours de vacances).
Collège oriental.

UNIVERSITÉ DE MONTPELLIER.

Faculté de Droit.
Faculté de Médecine.
Faculté des Sciences.
Faculté des Lettres.
École supérieure de Pharmacie.

Institut de Botanique.
Institut de Chimie.
Cours spéciaux de français pour les étrangers (Cours
annuels).

UNIVERSITÉ DE NANCY.

Faculté de Droit.
Faculté de Médecine.
Faculté des Sciences.
Faculté des Lettres.
École supérieure de Pharmacie.

Institut électrotechnique et de Mécanique appliquée.
Institut chimique.
Institut de Géologie.
École de Brasserie et de Malterie.
Institut agricole.
Institut commercial.
Institut colonial.
Institut dentaire.
École de Laiterie.
Cours spéciaux de français pour les étrangers (Cours
annuels et Cours de vacances).

UNIVERSITÉ DE POITIERS.

Faculté de Droit.
Faculté des Sciences.

Faculté des Lettres.
École préparatoire de Médecine et de Pharmacie.

Institut pratique de Droit.
Cours spéciaux de français pour les étrangers (Cours annuels à Poitiers et à Tours. Cours de vacances à Tours).

UNIVERSITÉ DE RENNES.

Faculté de Droit.
Faculté des Sciences.
Faculté des Lettres.
École de plein exercice de Médecine et de Pharmacie.

Cours spéciaux de français pour les étrangers (Cours annuels à Rennes. Cours de vacances à Saint-Malo).

UNIVERSITÉ DE TOULOUSE.

Faculté de Droit.
Faculté mixte de Médecine et de Pharmacie.
Faculté des Sciences.
Faculté des Lettres.

Institut électrotechnique.
Institut de Chimie.
Institut agricole.
Union des étudiants français et espagnols de l'Institut français de Madrid (Espagne).
Institut d'Hydrologie.
École pratique de Droit.

Moyens d'études. — Dans toutes les Facultés et Écoles, l'enseignement est donné d'abord par les *cours publics*, dont l'objet propre est d'exposer sur des questions générales l'état actuel et les résultats de la science. Il en est de même des *cours libres*, publics aussi, que peuvent être autorisés à faire des personnalités n'appartenant pas au corps enseignant des Universités.

Un enseignement plus approfondi est donné dans les *cours réservés* aux étudiants proprement dits. Ces cours sont complétés par des *conférences*, des *exercices pratiques* faits dans les instituts, séminaires, salles de travail, etc., et par des *travaux de laboratoire*. C'est là surtout que se fait la formation de l'étudiant et que, par une collaboration avec le maître, il s'initie aux méthodes et aux travaux scientifiques.

Enfin, les Universités mettent à la disposition des étudiants des bibliothèques, des musées, des collections de toutes sortes qu'elles multiplient et enrichissent tous les jours.

Personnel enseignant. — Le personnel enseignant des Universités comprend : des *professeurs titulaires*, des *professeurs adjoints*, des *chargés de cours* et des *maîtres de conférences*. Dans les Facultés de Médecine, de Droit et dans les Écoles de Pharmacie, il n'y a pas de maîtres de conférences. Ce sont des *agrégés* qui, avec les professeurs titulaires et les professeurs adjoints, complètent les cadres du personnel enseignant.

Durée des cours. — VACANCES ET CONGÉS. — L'année universitaire commence le 1er novembre et se termine à la fin de juillet. Toutefois, en raison des examens, les cours prennent fin avec le mois de juin, de sorte qu'ils sont, en fait, suspendus pendant les mois de juillet, août, septembre et octobre.

En dehors de la période des vacances, les cours sont également suspendus les jours de fêtes légales, à l'occasion des fêtes du nouvel an (huit jours) et des fêtes de Pâques (quinze jours).

Mais, même pendant la période des vacances, certaines Universités ont organisé des cours et spécialement des *Cours d'études françaises* à l'usage des étrangers, au sujet desquels on trouvera, dans les notices particulières à ces Universités, toutes les indications utiles.

Administration. — Les intérêts de chaque Université sont gérés par un Conseil composé de représentants de chaque Faculté ou École et du *recteur* de l'Académie, qui est, de droit, président du Conseil de l'Université.

Chaque Faculté ou École est administrée par un *doyen* ou par un *directeur*, élu par ses collègues, et nommé pour trois ans par le ministre de l'Instruction publique.

Chaque Faculté ou École possède un *secrétariat* auquel les étudiants doivent s'adresser pour toutes les formalités relatives à leurs scolarité, admission, examens, etc.

II. — CONDITIONS D'ADMISSION.

On peut être admis dans les Universités françaises en qualité d'étudiant *immatriculé*, d'étudiant *inscrit* en vue de tel grade ou diplôme, ou encore d'*élève* d'un Institut ou d'une École annexe des Universités.

Les conditions d'admission dans ces Instituts et Écoles variant de l'un à l'autre, on trouvera les indications utiles dans la notice spéciale à chacun d'eux.

Par contre, les règlements de l'*immatriculation* et de l'*inscription* étant communs à toutes les Universités françaises, on a réuni ci-dessous les renseignements relatifs aux formalités à remplir.

1. — IMMATRICULATION.

La condition nécessaire, mais suffisante, pour être admis à suivre les cours et exercices d'une Université, à utiliser ses bibliothèques, collections et moyens de travail de toute sorte, c'est d'être *immatriculé*, c'est-à-dire porté sur les registres d'une Faculté ou École de cette Université.

C'est l'*immatriculation* qui confère la qualité d'étudiant et qui donne le droit de suivre tous les enseignements, non seulement de la Faculté ou École où l'étudiant est immatriculé, mais des diverses Facultés ou Écoles composant l'Université.

C'est l'unique formalité qu'ont à remplir les étudiants, et en particulier les étudiants étrangers, qui demandent seulement aux Universités françaises un complément de culture, sans rechercher un grade ou un diplôme. Cependant, pour certains des grades universitaires qui seront mentionnés plus loin, l'immatriculation donne à elle seule le droit de subir les examens qui permettent de les obtenir.

L'immatriculation peut être demandée à n'importe quel moment et vaut pour toute l'année scolaire, mais elle doit être renouvelée au début de chaque année scolaire.

Si, en cours d'année, l'étudiant immatriculé désire changer d'Université, il doit se faire immatriculer à nouveau dans cette Université.

Droit d'immatriculation. — L'immatriculation est soumise au payement d'un droit unique de 30 francs par an.

Toutefois, si les études poursuivies exigent la fréquentation d'un laboratoire, en même temps qu'il doit solliciter l'agrément du directeur du laboratoire, l'étudiant immatriculé est astreint à payer les droits spéciaux de travaux pratiques et les frais de laboratoire. Ces frais varient de Faculté à Faculté et de laboratoire à laboratoire. C'est au secrétariat de la Faculté ou de l'École que l'on en demandera le montant.

Formalités à remplir. — L'immatriculation doit être demandée par l'intéressé en personne au secrétariat de la Faculté ou École dont il veut suivre les enseignements. Elle ne peut être demandée par correspondance ni par un mandataire.

L'étudiant qui désire être immatriculé doit attester son identité et prouver que ses études antérieures lui permettent de suivre avec fruit l'enseignement de la Faculté ou de l'École.

A cet effet, l'étudiant *français* doit fournir : 1º son acte de naissance sur papier timbré, et, s'il est mineur, le consentement de son père ou de son tuteur; 2º le diplôme de bachelier ou tout autre diplôme français dont la Faculté ou l'École reconnaît la valeur.

L'étudiant *étranger* doit fournir : 1º son acte de naissance ou un document en tenant lieu (*passeport, certificat de baptême, etc.*); 2º un diplôme ou certificat attestant ses études antérieures; 3º un récépissé de déclaration de résidence (1).

Le secrétariat peut, aux termes des règlements, exiger que

---

1. Cette déclaration doit être faite par l'étudiant étranger quinze jours au plus tard après son arrivée en France. Elle est reçue à Paris par la Préfecture de Police (*Bureau des Étrangers*, 1, rue de Lutèce) et, en province, par la mairie de chaque ville. Le récépissé de cette déclaration est délivré *gratuitement.*

les documents étrangers spécifiés sous les numéros 1 et 2 aient été *visés* par le consul de France, dans le pays d'où ils proviennent, ou par un représentant de ce pays accrédité en France, et que les originaux soient accompagnés d'une traduction faite par un traducteur-juré de France.

En l'absence de tout certificat ou diplôme d'études, l'immatriculation peut être accordée par le Doyen ou le Directeur à l'étudiant français et étranger dont les études antérieures sont considérées comme suffisantes.

2. — INSCRIPTIONS.

L'inscription est la formalité imposée aux étudiants qui recherchent un grade ou un diplôme et surtout un grade ou un diplôme d'État (1).

Elle constate la régularité des études faites en vue de l'obtention de ces grades ou diplômes. L'inscription doit être renouvelée tous les trois mois. Chaque grade ou diplôme exige un nombre déterminé d'inscriptions trimestrielles, ce qui fixe la durée minima des études préalables.

L'inscription entraîne de droit l'immatriculation. Un étudiant inscrit est, *ipso facto*, immatriculé sans avoir à payer le droit spécial d'immatriculation et jouit de tous les droits que celle-ci confère (2).

Les inscriptions doivent être prises à des dates qui varient un peu de Faculté à Faculté, mais qui sont toujours annoncées par voie d'affiches. La première inscription doit être prise au commencement de l'année scolaire et au plus tard avant le 1er décembre.

Les inscriptions doivent se suivre de trimestre en trimestre et être prises aux dates fixées et sans interruption. En cas de retard ou d'interruption, le Doyen et le Recteur peuvent, sur demande spéciale et pour des raisons reconnues valables, autoriser l'étudiant à prendre rétroactivement les inscriptions

---

1. La liste de ces grades et diplômes et aussi celle des grades et diplômes universitaires seront données plus loin. Cf. pages 38 et 47.

2. Cf. plus haut, p. 29.

nécessaires pour que sa scolarité soit reprise dans des conditions régulières, pourvu toutefois que l'interruption n'excède pas les délais légaux. Mais, dans tous les cas spéciaux, il est recommandé aux étudiants de s'adresser au secrétariat de leur Faculté ou École pour s'informer des formalités à remplir.

Les inscriptions étant trimestrielles, un étudiant peut, en cours d'année, passer d'une Université dans une autre, en conservant le bénéfice des inscriptions prises. Il doit, à cet effet, demander au secrétariat de la Faculté où il est inscrit le transfert de son dossier dans la Faculté où il désire s'inscrire. Ce transfert est accordé toutes les fois qu'il est compatible avec les conditions spéciales de scolarité exigées pour les grades ou diplômes que recherche l'étudiant.

Droits d'inscription. — Chaque inscription trimestrielle est soumise au payement d'un droit fixe de 30 francs, auquel s'ajoute un droit de bibliothèque de 2 fr. 50.

Les inscriptions prises en vue de grades ou diplômes nécessitant la fréquentation de laboratoires entraînent en outre le payement de droits spéciaux de travaux pratiques ou de frais de laboratoires qui seront indiqués pour chaque grade ou diplôme.

De même, en vue de la préparation à certains diplômes ou certificats spéciaux, les Universités ont créé des enseignements spéciaux et des moyens de travail, dont l'usage est soumis au payement de droits spéciaux, qui seront également indiqués à propos de chacun de ces diplômes et certificats.

Le payement des droits d'inscription afférents à un grade ou à un diplôme ne dispense pas de payer les droits d'inscription afférents à tel autre grade ou diplôme recherché simultanément. Il n'est fait exception qu'en faveur des étudiants inscrits en vue de la licence en droit, lesquels peuvent s'inscrire en vue de la licence ès lettres sans avoir à payer de nouveaux droits. De même les étudiants inscrits en vue du doctorat en médecine ou du diplôme de pharmacien peuvent s'inscrire sans frais à la Faculté des Sciences en vue des certificats d'études supérieures; mais la faveur réciproque n'est pas accordée aux étudiants inscrits en vue de la licence ès lettres ou des certificats d'études supérieures de sciences.

Les inscriptions doivent être demandées, par les intéressés en personne, au secrétariat de la Faculté ou de l'École où ils veulent commencer ou poursuivre leurs études. Elles ne peuvent être prises par correspondance ni par un mandataire.

Formalités requises pour la prise des inscriptions. — Pour prendre une première inscription, l'étudiant français ou étranger doit attester, d'une part, son identité et, d'autre part, prouver que ses études antérieures l'ont préparé à entreprendre les études qui lui permettront d'obtenir le grade ou diplôme recherché.

Formalités à remplir par les étudiants français. — L'étudiant français doit, pour prendre sa première inscription, produire : 1º son acte de naissance sur papier timbré et, s'il est mineur, le consentement de son père ou tuteur; 2º le diplôme de bachelier ou, à défaut, une dispense de baccalauréat.

Des dispenses de baccalauréat ne sont admises qu'en vue de la licence en droit, de la licence ès sciences et de la licence ès lettres ou du diplôme de chirurgien-dentiste, et elles ne sont accordées que si le candidat possède l'un des diplômes ou titres français qui seront spécifiés à propos de chacun de ces grades.

Aucune dispense de baccalauréat n'est accordée en vue des études de médecine et de pharmacie.

Un traitement spécial est réservé aux Français qui ont dû faire leurs études dans un pays étranger, leurs parents y étant domiciliés. S'ils possèdent le diplôme ou certificat qui, dans ce pays, sanctionne les études secondaires, ils peuvent obtenir que ce diplôme ou certificat soit admis comme équivalent au baccalauréat, et cette équivalence leur permet de s'inscrire en vue de tous les grades ou diplômes.

Formalités à remplir par les étudiants étrangers. — Les étudiants étrangers qui commencent en France leurs études doivent, pour prendre leur première inscription, fournir : 1º leur acte de naissance ou un titre authentique en tenant lieu (*passeport, certificat de baptême, etc.*); 2º le récépissé de leur déclaration de résidence (1); 3° le diplôme de bachelier français ou, à défaut, une *équivalence de baccalauréat* qu'ils obtiendront aux conditions qui seront spécifiées plus loin (2).

L'acte de naissance devra *obligatoirement* avoir été visé dans le pays d'origine par le consul de France, ou en France par un représentant diplomatique de ce pays. Il devra, en outre, être accompagné de sa traduction faite en France par un traducteur-juré.

L'étudiant étranger qui vient continuer des études supérieures commencées dans son pays et déjà sanctionnées par des examens ou par la possession d'un diplôme peut obtenir que cette scolarité soit reconnue et validée en France. On peut lui accorder, non seulement l'*équivalence* du baccalauréat ou de tel autre grade, mais des *dispenses de scolarité* qui se traduisent par la concession d'un certain nombre d'inscriptions et parfois même par l'exemption de certains examens (3).

Équivalences de grades. — Pour permettre aux étrangers d'entreprendre des études dans les Universités françaises ou d'y poursuivre celles qu'ils ont commencées dans leur pays, il leur est accordé des *équivalences* qui assimilent, aux grades et diplômes français requis par les règlements, les grades et diplômes déjà obtenus par eux dans leur pays.

Celles qui sont le plus ordinairement demandées sont les *équivalences du baccalauréat*, nécessaires pour commencer des études de droit, de médecine, de sciences, de lettres ou de pharmacie; mais, aux étrangers ayant déjà fait dans leur pays des études supérieures sanctionnées par des grades et diplômes, il peut être accordé des *équivalences de licence*, en vue du doctorat en droit, du doctorat ès sciences ou du doctorat ès lettres.

En aucun cas, une équivalence ne confère la propriété du grade. Par exemple, un étudiant étranger qui a obtenu pour un diplôme

---

1. Cette déclaration doit être faite par l'étranger quinze jours au plus tard après son arrivée en France. Elle est reçue à Paris par la Préfecture de Police (*Bureau des Étrangers*, 1, rue de Lutèce) et, en province, par la mairie de chaque ville. Le récépissé de cette déclaration est délivré *gratuitement*.

2. Cf. *Équivalences de baccalauréat*, p. 35.

3. Pour les formalités à remplir, cf. plus loin, p. 37 : *Équivalences de scolarité.*

de son pays l'équivalence du baccalauréat français n'est pas pour cela bachelier et ne peut prendre ce titre, mais il acquiert la propriété du diplôme ou du grade (*licence en droit, licence ès lettres, doctorat en médecine,* etc.), que l'équivalence préalablement obtenue lui a permis de rechercher et d'obtenir après examen.

Équivalences de baccalauréat. — Les équivalences de baccalauréat sont accordées très libéralement aux étudiants étrangers. Il suffit pour eux de produire un diplôme attestant qu'ils ont fait régulièrement et avec fruit des études secondaires qui, dans leur pays d'origine, leur donneraient accès aux Universités ou aux établissements d'enseignement supérieur.

Pour les étudiants étrangers qui, en raison de l'organisation des études secondaires dans leur pays, ne peuvent produire un diplôme de ce genre, il existe un examen spécial qui, en leur permettant d'attester leur aptitude à entreprendre des études supérieures, leur donne le droit d'obtenir une équivalence de baccalauréat (1).

---

1. Le droit de subir cet examen est réservé aux étrangers originaires de pays où l'enseignement secondaire n'est pas organisé dans les mêmes conditions et avec les mêmes sanctions que l'enseignement secondaire français. Toutefois, les étudiants, originaires des autres pays, qui ne justifient pas de la possession d'un des diplômes, brevets ou certificats secondaires existant dans ces pays, peuvent être admis à subir cet examen spécial. Mais l'autorisation n'est accordée que dans des cas exceptionnels et pour des raisons reconnues valables par la Commission compétente.

L'examen a lieu chaque année en deux sessions : l'une dans la dernière quinzaine de mai, l'autre dans la dernière quinzaine d'octobre. Les dates précises de l'ouverture de la session et des délais d'inscription sont annoncées par voie d'affiches.

Pour s'inscrire à l'examen, tout candidat doit produire : 1° une pièce officielle constatant la date de sa naissance, dûment légalisée et accompagnée d'une traduction faite par un traducteur-juré ; 2° une demande écrite en entier de sa main, signée de ses nom et prénoms ; 3° le récépissé de sa déclaration de résidence ; 4° un certificat de bonne vie et mœurs délivré par un représentant de son pays accrédité en France.

L'examen comprend : 1° Une épreuve écrite, commune à tous les candidats et qui consiste en la traduction en français d'un texte écrit dans la langue du pays d'origine du candidat. La durée de l'épreuve est de trois heures et l'usage d'un dictionnaire est autorisé ;

2° Une épreuve orale commune, elle aussi, à tous les candidats : lecture d'un texte français facile et conversation à propos de ce texte ;

3° Une épreuve orale spéciale et qui consiste : a) pour les candidats à la licence en droit ou à la licence ès lettres, en des interrogations sur l'histoire et la civilisation du pays d'origine du candidat ; b) pour les candidats à la licences ès sciences, aux diplômes universitaires de docteur en médecine, de pharmacien ou de chirurgien-dentiste, en interrogations sur les mathématiques et sur les sciences physiques et naturelles d'après un programme spécial. — Le programme détaillé de l'examen sera envoyé sur demande adressée à l'OFFICE NATIONAL.

Un traitement particulier est réservé, en vertu de conventions diplomatiques, aux étudiants originaires de Roumanie et de l'île Maurice. Les diplômes ou certificats d'études secondaires qu'ils ont obtenus dans leur pays sont admis de droit en équivalence du baccalauréat, pour l'inscription en vue de tous les grades et diplômes, y compris les diplômes d'État de docteur en médecine.

Les équivalences accordées en raison de la possession de diplômes d'autres pays ou à la suite de l'examen spécial mentionné plus haut permettent de s'inscrire en vue de la licence en droit, de la licence ès lettres, de la licence ès sciences et des diplômes universitaires de docteur en médecine et de pharmacie.

Pour obtenir une équivalence de baccalauréat, on doit adresser au ministre de l'Instruction publique une demande établie sur une feuille de papier timbré à o fr. 6o et dans la forme suivante :

Monsieur le Ministre,

Je, soussigné..., demeurant..., ai l'honneur de vous demander de vouloir bien m'accorder l'équivalence du baccalauréat en vue de m'inscrire à la Faculté (ou à l'École) de... de l'Université de... et d'y préparer...

Je joins à ma demande l'original et la traduction de mon acte de naissance et de mon diplôme de...

Veuillez agréer, etc.

Cette demande doit mentionner expressément les études que l'on désire entreprendre. Elle doit être accompagnée d'un acte de naissance ou d'un document officiel en tenant lieu et du diplôme pour lequel on sollicite l'équivalence. Ces documents doivent *obligatoirement* avoir été visés par le consul de France en résidence dans le pays d'où ils proviennent, ou en France par un représentant accrédité de ce pays. Ils devront aussi être accompagnés de leur traduction, faite en France par un traducteur-juré. Enfin, demande et documents devront être remis au secrétariat de la Faculté ou de l'École où l'on désire s'inscrire.

Quand l'équivalence du baccalauréat lui a été accordée, l'étudiant doit acquitter les droits fixés pour l'obtention du grade, soit 140 francs.

Équivalences d'autres grades. — Les mêmes formalités doivent être remplies pour obtenir l'équivalence d'autres grades : licence ès lettres, licence ès sciences, licence en droit. La concession de ces équivalences est soumise au payement des droits prescrits pour l'obtention de chacun de ces grades. Les équivalences de licence ès lettres et de licence ès sciences ne sont accordées que sur avis du Conseil supérieur de l'Instruction publique.

Équivalences de scolarité. — Ces équivalences ont pour objet de reconnaître les études déjà faites à l'étranger dans un ordre déterminé de connaissances, de telle sorte que les étrangers puissent continuer en France des études commencées ailleurs. Ces équivalences se traduisent, soit par des dispenses de temps d'études et par le droit de prendre cumulativement un certain nombre d'inscriptions en rapport avec la durée et la nature des études déjà faites, soit aussi par la dispense de certains examens.

Les demandes, en vue d'obtenir une *équivalence de scolarité*, doivent être formulées, au nom du ministre de l'Instruction publique, sur une feuille de papier timbré à o fr. 60. Elles doivent être accompagnées de toutes les pièces justificatives utiles, lesquelles devront, en outre, être traduites en français par un traducteur-juré.

Enfin, elles doivent être remises au secrétariat de la Faculté où l'étudiant veut s'inscrire. Les étudiants étrangers qui obtiennent une équivalence de scolarité doivent acquitter les droits afférents aux inscriptions et examens qu'ils sont autorisés à prendre cumulativement ou dont ils sont dispensés.

III. — SANCTION DES ÉTUDES, GRADES, DIPLÔMES, GRADES ET CERTIFICATS.

Les études faites dans les Universités françaises peuvent être attestées par des *Certificats d'assiduité* ou par des *Grades,* des *Diplômes* et des *Certificats.*

Il existe des *Grades,* des *Diplômes,* des *Certificats d'État* et des *Grades, Diplômes* et *Certificats universitaires.*

Les uns, conférés par l'État, donnent à ceux qui les possèdent diverses prérogatives, et en particulier le droit d'exercer en France certaines professions.

Les autres, délivrés par les Universités elles-mêmes et en leur nom, servent à attester des études pour lesquelles l'État n'a pas créé de sanctions, ou bien sanctionnent, avec une valeur égale, les mêmes études que les grades d'État correspondants, sans conférer le droit d'exercer en France les professions pour lesquelles la possession de ces derniers est requise. Comme, en général, les conditions pour l'inscription en vue de ces grades universitaires permettent de mieux tenir compte de la scolarité préalable faite en d'autres pays, ces grades et diplômes sont plus aisément accessibles aux étudiants étrangers.

On trouvera ci-dessous les renseignements relatifs à ces divers grades, diplômes et certificats.

1. — CERTIFICATS D'ASSIDUITÉ.

Ces certificats sont particulièrement utiles aux étudiants étrangers qui désirent faire reconnaître par les Universités de leur pays le temps passé par eux dans une Université française. Ils peuvent être délivrés à tout étudiant étranger régulièrement immatriculé et qui a pris part aux travaux d'une Faculté ou École pendant au moins un semestre.

Comme, pour le contrôle de cette scolarité, les formalités varient d'Université à Université ou même de Faculté à Faculté, il est recommandé à tous les étudiants qui désirent en fin d'études obtenir un certificat d'assiduité de faire connaître cette intention au secrétariat de leur Faculté, dès le moment où ils s'immatriculent. Ils recevront les indications relatives à leurs diverses obligations.

Les demandes en vue d'obtenir un certificat d'assiduité devront être adressées aux secrétariats des diverses Facultés à la fin du semestre.

2. — GRADES, DIPLÔMES ET CERTIFICATS D'ÉTAT.

Ces grades, diplômes et certificats sont ceux que l'État exige pour l'exercice en France de diverses professions. Ils sont délivrés dans les mêmes conditions par toutes les Facultés et Écoles de France, où se font les études requises pour l'obtention de chacun d'eux.

On les trouvera énumérés ci-après, groupés sous la rubrique des Facultés qui les délivrent, avec indication des conditions de scolarité requises et des droits à acquitter.

A) — Grades et Diplômes délivrés par les Facultés de Droit.

Les grades et diplômes d'État délivrés par les FACULTÉS DE DROIT sont le *Certificat de capacité en droit*, la *Licence* et le *Doctorat en droit*.

Certificat de capacité en droit. — Accessible aux étudiants français et étrangers, sans aucune condition de grade ou de diplôme. — *Scolarité :* Deux années d'études constatées par huit inscriptions. — *Épreuves :* Examens à la fin de chacune des deux années. — *Frais d'études :* Inscriptions : 260 francs. Droit d'examens et de certificat : 130 francs.

Licence en droit. — Accessible aux candidats français pourvus du baccalauréat ou d'une dispense du baccalauréat (1), et aux candidats étrangers pourvus du baccalauréat ou ayant obtenu une équivalence de baccalauréat (2).

Scolarité : Trois années d'études, constatées par 12 inscriptions. — *Épreuves :* Examens à la fin de chacune des trois années

---

1. Les dispenses de baccalauréat pour l'inscription en vue de la licence en droit ne sont accordées que sur la production de l'un des diplômes ou titres français énumérés ci-après : *Titre d'ancien élève de l'École Polytechnique, de Saint-Cyr, de l'École Navale, de l'École centrale des Arts et Manufactures, de l'Institut Agronomique, de l'École des Mines de Paris, de l'École des Ponts et Chaussées. — Licence ès sciences obtenue avec dispense du baccalauréat. — Diplôme de l'École des Hautes Études (section des sciences historiques et philologiques et section des sciences religieuses). — Diplôme de l'École des Langues orientales vivantes. — Certificat d'aptitude à l'enseignement secondaire des jeunes filles (lettres). — Certificat d'aptitude à l'enseignement des langues vivantes dans les lycées et collèges. — Certificat d'aptitude au professorat des classes élémentaires de l'enseignemen: secondaire. — Certificat d'aptitude au professorat dans les écoles normales et dans les écoles primaires supérieures (lettres). — Certificat d'aptitude à l'inspection primaire et à la direction des Écoles normales.*

2. Cf. plus haut, p. 35.

de scolarité. Le succès aux examens terminant la deuxième année confère le grade de BACHELIER EN DROIT. — *Frais d'études* : Inscriptions : 390 francs. Droits d'examens et de diplôme : 750 francs.

Doctorat en droit. — Le doctorat en droit est unique en tant que grade, mais le diplôme porte l'une des deux mentions : SCIENCES JURIDIQUES ou SCIENCES POLITIQUES ET ÉCONOMIQUES. — *Conditions d'admission* : Les candidats doivent être licenciés en droit. Les étrangers non licenciés, mais déjà gradués d'une université étrangère, peuvent rechercher le doctorat, à la condition d'obtenir une équivalence de licence (1). — *Scolarité* : Une année d'études constatées par quatre inscriptions. — *Épreuves* : Deux examens oraux et soutenance d'une thèse. — *Frais d'études* : Inscriptions : 130 francs. Droits d'examens, de thèse et de diplôme : 445 francs.

B) — Grades et Diplômes délivrés par les Facultés de Médecine.

Les grades et diplômes d'État, conférés, dans l'ordre des études médicales, par les FACULTÉS DE MÉDECINE, les FACULTÉS MIXTES et les ÉCOLES DE PLEIN EXERCICE DE MÉDECINE ET DE PHARMACIE, sont le *Doctorat en médecine*, le *Diplôme de chirurgien-dentiste* et les *Diplômes de sage-femme* (1re et 2e *classe*).

Doctorat en médecine. — Le diplôme d'État de docteur en médecine est le grade qui confère le droit d'exercer la médecine sur toute l'étendue du territoire français. — *Conditions d'admission* : Les candidats doivent être pourvus du baccalauréat français et du CERTIFICAT D'ÉTUDES PHYSIQUES, CHIMIQUES ET NATURELLES (*P. C. N.*), délivré par une Faculté des Sciences. Aucune dispense ou équivalence n'est admise. — *Scolarité* : Cinq années d'études, constatées par 20 inscriptions. Un stage pratique est obligatoire pendant toute la durée des études. Il doit être accompli au siège de la Faculté ou École, pendant les

---

1. Cf. plus haut, p. 36.

quatre premières années ; pendant la cinquième, il peut, avec l'autorisation de la Faculté, être accompli dans les établissements choisis par l'étudiant en France ou à l'étranger. Le service de l'internat ou de l'externat des hôpitaux, recruté par voie de concours, est équivalent au stage de médecine et de chirurgie. — *Épreuves :* 1º Cinq examens de fin d'année ; 2º Trois examens de clinique ; 3º Soutenance d'une thèse. — *Frais d'études :* Inscriptions et travaux pratiques : 950 francs. Droits d'examens, de thèse et de diplôme : 690 francs.

Diplôme de chirurgien-dentiste. — Ce diplôme est nécessaire à tous ceux qui veulent exercer l'art dentaire en France. — *Conditions d'admission :* Les candidats doivent être âgés de 16 ans accomplis et justifier soit du baccalauréat, soit du brevet supérieur de l'enseignement primaire, soit du certificat d'études primaires supérieures, soit du diplôme de fin d'études de l'enseignement secondaire des jeunes filles. Aucune équivalence ni dispense n'est accordée. — *Scolarité :* Cinq années, comprenant deux années de stage et trois années d'études constatées par 12 inscriptions. Le stage et la scolarité sont accomplis, soit dans les Facultés et Écoles de médecine où l'enseignement dentaire est organisé, soit dans les établissements libres d'enseignement supérieur dentaire. Une dispense partielle de scolarité peut être accordée aux dentistes étrangers, à la condition qu'ils aient au préalable acquis l'un des diplômes français précités. — *Épreuves :* 1º Un examen de validation de stage ; 2º Trois examens de fin d'année. Les étudiants en médecine pourvus de 12 inscriptions sont admis à subir les examens en vue du diplôme de chirurgien-dentiste, avec dispense totale du premier de ces examens, s'ils justifient des deux années de stage. — *Frais d'études.* — Les frais d'études dans les Écoles et Instituts dentaires seront indiqués plus loin dans la notice consacrée à chacun d'eux. Droits d'examens et de diplôme : 250 francs.

Diplômes de sage-femme. — Ces diplômes sont exigés de celles qui veulent pratiquer en France la profession de sage-femme. Le diplôme de sage-femme de 1re classe donne le droit de l'exercer sur toute l'étendue du territoire français ; celui de

2° classe limite cet exercice à un département. — *Conditions d'admission* : Les candidates au diplôme de 1re classe doivent être pourvues soit du brevet élémentaire, soit du certificat d'études secondaires. Les candidates au diplôme de 2° classe doivent subir un examen d'admission. — *Scolarité* : Deux années d'études constatées par 2 immatriculations. — *Frais d'études* : 60 francs. — Droits d'examens et de diplômes. 1re classe : 135 francs; 2° classe : 85 francs.

C) — Grades et Diplômes délivrés par les Facultés des Sciences.

Les grades et diplômes d'État délivrés par les FACULTÉS DES SCIENCES sont le *Certificat d'études physiques, chimiques et naturelles* (P. C. N.), les *Certificats d'études supérieures de sciences*, la *Licence*, les *Diplômes d'études supérieures de sciences* et le *Doctorat ès sciences*.

Certificat d'études physiques, chimiques et naturelles (P. C. N.). — Accessible aux candidats français justifiant, soit du baccalauréat, soit du brevet supérieur, du certificat d'études primaires supérieures ou du diplôme de fin d'études de l'enseignement secondaire des jeunes filles. Les étudiants étrangers non pourvus du baccalauréat peuvent rechercher ce certificat à la faveur d'une équivalence du baccalauréat. Toutefois, les étudiants français et étrangers qui désirent, à la faveur de ce certificat, poursuivre des études médicales en vue du diplôme d'État de docteur en médecine, doivent obligatoirement être pourvus du baccalauréat français. — *Scolarité* : Une année d'études constatées par 4 inscriptions. — *Épreuves* : Examen de fin d'année. — *Frais d'études* : Inscriptions et travaux pratiques : 220 francs. — *Frais d'examen* : 85 francs.

Certificats d'études supérieures de sciences. — Le nombre et la nature de ces certificats varient suivant les Universités. On trouvera, dans les notices consacrées aux diverses Facultés des Sciences, une liste complète des certificats délivrés par chacune d'elles. — *Conditions d'admission* : Ces certificats sont accessibles aux étudiants français pourvus du baccalauréat ou d'une dispense de baccalauréat (1) et aux candidats étrangers déjà pourvus du baccalauréat ou ayant obtenu une équivalence de baccalauréat (2). — *Scolarité :* Une année d'études constatée par 4 inscriptions. — *Épreuves :* Examen comprenant une épreuve écrite, une épreuve pratique et une épreuve orale. — *Frais d'études :* Inscriptions : 130 francs. Les droits de travaux pratiques varient de 40 à 100 francs, suivant la nature des études. — *Droits d'examen :* 35 francs pour le premier certificat, et 30 francs pour chacun des certificats suivants. .

Licence ès sciences. — Le diplôme de licencié ès sciences est conféré, contre payement d'un droit de diplôme de 40 francs, à tout étudiant qui justifie de trois certificats d'études supérieures, choisis par lui dans la liste de ceux que la Faculté est autorisée à délivrer.

Toutefois, les aspirants aux fonctions de l'enseignement secondaire pour lesquelles est requis le grade de licencié ès sciences (*Licence d'enseignement*) sont tenus de justifier d'un diplôme portant un des trois groupes suivants de mentions :

1° *Calcul différentiel et intégral ; mécanique rationnelle ; physique générale, ou troisième certificat de l'ordre des sciences mathématiques (à l'exclusion du certificat de mathématiques préparatoires à l'étude des sciences physiques) ;*

2° *Physique générale ; chimie générale ; minéralogie ou une autre matière, soit de l'ordre des sciences mathématiques, y compris*

---

1. Les dispenses de baccalauréat pour l'inscription en vue des certificats d'études supérieures de sciences ne sont accordées que sur la production de l'un des diplômes ou titres français énumérés ci-après :

Certificat d'aptitude à l'enseignement secondaire des jeunes filles (sciences). — Certificat d'aptitude au professorat des classes élémentaires de l'enseignement secondaire. — Certificat d'aptitude au professorat dans les Écoles normales et dans les Écoles primaires supérieures (sciences et sciences appliquées). — Certificat d'études physiques, chimiques et naturelles, obtenu avec 70 points pour les candidats pourvus du brevet supérieur de l'enseignement primaire ou du diplôme de fin d'études de l'enseignement secondaire des jeunes filles. — Titre d'ancien élève de l'École Polytechnique, de l'École Navale, de l'École de Saint-Cyr, de l'École centrale des Arts et Manufactures, de l'École des Mines de Paris, de l'Écoles des Mines de Saint-Étienne, de l'École des Ponts et Chaussées, de l'École supérieure des Postes et Télégraphes (2ᵉ section), de l'Institut agronomique. — Grade de contrôleur des mines ou de conducteur des ponts et chaussées.

2. Cf. plus haut, page 35.

le certificat d'études supérieures de mathématiques préparatoires à l'étude des sciences physiques, soit de l'ordre des sciences physiques ou des sciences naturelles, ou encore le certificat d'études supérieures portant sur la physique, la chimie et les sciences naturelles ;

3° Zoologie ou physiologie générale; botanique; géologie ou minéralogie.

Diplômes d'études supérieures de sciences. — Ces diplômes sont au nombre de trois et portent l'une des mentions suivantes : Mathématiques, Sciences physiques, Sciences naturelles. — *Conditions d'admission :* Aucune condition d'âge, d'inscription, de grade, ni de nationalité n'est requise. — *Épreuves :* 1° Composition d'un mémoire portant sur un sujet agréé par la Faculté; 2° Interrogations.

Doctorat ès sciences. — Le doctorat ès sciences est unique en tant que grade, mais peut porter l'une des mentions : Sciences mathématiques, Sciences physiques ou Sciences naturelles. — *Conditions d'admission :* Les candidats doivent être licenciés ès sciences (*Licence d'enseignement*) ou, s'ils sont étrangers, avoir obtenu une équivalence de licence (1). Toutefois, les docteurs en médecine et les pharmaciens de 1re classe aspirant au doctorat ès sciences (*sciences physiques ou sciences naturelles*) sont admis à subir les épreuves sans produire le diplôme de licencié ès sciences, sous réserve de justifier : 1° pour les sciences physiques, du certificat d'études supérieures de physique générale et du certificat d'études supérieures de chimie générale; 2° pour les sciences naturelles, de deux des certificats d'études supérieures de sciences ci-après, à leur choix : zoologie ou physiologie, botanique, géologie ou minéralogie. Pour bénéficier de ces dispositions, les candidats devront acquitter tous les droits afférents au grade, aux travaux pratiques et à l'examen dont ils sont dispensés. — *Épreuves :* Deux thèses ou une thèse et une discussion de propositions désignées par la Faculté. — *Droits d'examen et de diplôme :* 145 francs.

---

1. Cf. plus haut, p. 36.

D) — Grades et Diplômes délivrés par les Facultés des Lettres.

Les grades et diplômes d'État délivrés par les Facultés des Lettres sont la *Licence ès lettres*, les *Diplômes d'études supérieures* et le *Doctorat ès lettres*.

Licence ès lettres. — Le diplôme de licencié ès lettres porte l'une des mentions : Philosophie, Histoire et géographie, Langues et littératures classiques, Langues et littératures vivantes. — *Conditions d'admission :* Les candidats français doivent être pourvus du baccalauréat ou d'une dispense de baccalauréat (1), et les candidats étrangers, s'ils n'ont pas le baccalauréat français, doivent avoir obtenu une équivalence de baccalauréat (2). *Scolarité :* Une année d'études constatée par 4 inscriptions. — *Épreuves :* Examen comprenant des épreuves écrites et des épreuves orales. — *Frais d'études :* Inscriptions : 130 francs. Droit d'examen : 105 francs.

Diplôme d'études supérieures de lettres. — Ces diplômes sont au nombre de quatre et portent l'une des mentions suivantes : Philosophie, Histoire et géographie, Langues classiques, Langues et littératures étrangères vivantes. — *Conditions d'admission :* Aucune condition d'âge, d'inscription, de grade, ni de nationalité n'est requise. L'examen est gratuit. — *Épreuves :* 1° Composition d'un mémoire portant sur un sujet agréé par la Faculté ; 2° Interrogations.

---

1. Les dispenses de baccalauréat pour l'inscription en vue de la licence ès lettres ne sont accordées que sur la production de l'un des diplômes ou titres français énumérés ci-après : *Diplôme de l'École des Hautes Études (section des Sciences historiques et philologiques et section des Sciences religieuses). — Diplôme de l'École des Langues orientales vivantes. — Certificat d'aptitude à l'enseignement secondaire des jeunes filles (lettres). — Certificat d'aptitude à l'enseignement des langues vivantes dans les Lycées et Collèges. — Certificat d'aptitude au professorat des classes élémentaires de l'enseignement secondaire. — Certificat d'aptitude au professorat dans les Écoles normales et dans les Écoles primaires supérieures (lettres). — Certificat d'aptitude à l'Inspection primaire et à la direction des Écoles normales. — Titre d'ancien élève de l'École Polytechnique, de l'École Navale ou de l'École de Saint-Cyr.*

2. Cf. plus haut, pàge 35.

Doctorat ès lettres. — Les candidats doivent être licenciés ou, s'ils sont étrangers, avoir obtenu une équivalence de la licence (1). *Épreuves :* Soutenance de deux thèses dont le sujet a été approuvé par la Faculté. — *Droits de thèse et de diplôme :* 140 francs.

E) — Grades et Diplômes délivrés pour les études pharmaceutiques.

Ces grades et diplômes sont les suivants : *Diplôme de pharmacien, Diplôme supérieur de pharmacien, Certificats d'aptitude à la profession d'herboriste.*

Diplôme de pharmacien. — Ce diplôme est exigé de tous ceux qui veulent exercer en France la profession de pharmacien. — *Conditions d'admission :* Les candidats, français ou étrangers, doivent être pourvus du baccalauréat français. Aucune dispense ou équivalence n'est admise. — *Scolarité :* Cinq années se répartissant en une année de stage officinal, constatée au moyen d'inscriptions et sanctionnée par un examen de validation de stage, et quatre années d'études constatées par 16 inscriptions. — *Épreuves :* Trois examens de fin d'année et trois examens probatoires ou de fin d'études. — *Frais d'études :* Inscriptions et travaux pratiques : 920 francs. — Droits d'examens et de diplôme : 765 francs.

Diplôme supérieur de pharmacien. — Délivré, à la suite de la soutenance d'une thèse, aux pharmaciens licenciés ès sciences physiques ou ès sciences naturelles, ou qui, à défaut d'une de ces licences, pourront attester : 1° qu'ils ont accompli une année supplémentaire d'études dans une Faculté ou École supérieure, constatée par 4 inscriptions; 2° qu'ils ont, à l'issue de cette année, subi avec succès un examen spécial comprenant des épreuves écrites, des épreuves pratiques et des épreuves orales. — *Frais d'études :* Inscriptions : 230 francs. Les candidats

---

1. Cf. plus haut, page 36.

licenciés sont dispensés de ces droits d'inscription. Droits d'examen, de thèse et de diplôme : 170 francs.

Certificats d'aptitude à la profession d'herboriste. — Ces certificats sont exigés de ceux qui veulent pratiquer en France la profession d'herboriste. Le certificat d'herboriste de 1re classe donne le droit de l'exercer dans toute la France ; celui de 2e classe limite cet exercice à un département. — *Conditions d'admission :* Les candidats au certificat d'herboriste de 1re classe doivent produire, soit le brevet élémentaire de l'enseignement primaire, soit le certificat prévu par l'arrêté du 1er août 1879, soit le certificat d'études primaires élémentaires. Des candidats au certificat d'herboriste de 2e classe, aucun certificat n'est exigé. Age minimum : 21 ans, au moment de l'examen. — *Scolarité :* Les aspirants herboristes suivent les cours de botanique d'une Faculté ou École. — *Épreuves :* Examen probatoire. — *Droits d'examen :* 135 francs.

3. — GRADES, DIPLÔMES ET CERTIFICATS UNIVERSITAIRES.

Ainsi qu'il a été dit plus haut (1), ces grades et diplômes ont été créés par les Universités, soit pour sanctionner des études auxquelles ne correspond aucun grade ou diplôme d'État, soit pour faciliter aux étudiants étrangers, en tenant mieux compte de leurs études antérieures, l'acquisition de diplômes qui ont la même valeur scientifique que les diplômes d'État correspondants, mais qui ne donnent pas le même droit d'exercer en France certaines professions.

Ces grades et diplômes étant des créations propres à chaque Université, les conditions de scolarité, les droits à acquitter varient d'une Université à l'autre, alors même qu'ils portent la même dénomination. On invite donc le lecteur à rechercher ces précisions en se reportant à la notice particulière de l'Université qui délivre le grade ou le diplôme.

---

1. Cf. page 37.

On n'a voulu ici que présenter en un tableau d'ensemble tous ces grades et diplômes universitaires en les groupant par spécialités sous la rubrique générale de l'ordre des études qu'ils sont destinés à sanctionner.

A) — Grades et Diplômes universitaires sanctionnant des études juridiques, politiques, économiques ou commerciales.

Doctorat en droit : Universités de PARIS, DIJON, GRENOBLE, LILLE, LYON et NANCY.

Doctorat ès lois : Université de CAEN.

Licence en droit : Universités de DIJON et de NANCY.

Certificat supérieur de capacité en droit : Université de GRE-NOBLE.

Certificat d'études juridiques : Université de NANCY.

Certificat d'études pratiques de droit : Universités de BOR-DEAUX, CAEN, DIJON, LILLE, POITIERS.

Certificat d'études notariales : Université de LYON.

Certificat d'études des sciences juridiques, politiques ou écono-miques : Université de DIJON.

Diplôme de l'Institut lyonnais des sciences économiques et politi-ques : Université de LYON.

Certificat de sciences pénales : Université de PARIS.

Certificat d'études pénales : Université de MONTPELLIER.

Certificat d'études administratives et financières : Universités de PARIS et de TOULOUSE.

Certificat d'études administratives algériennes : Université d'ALGER.

Certificat supérieur d'études administratives algériennes : Uni-versité d'ALGER.

Diplômes d'études coloniales : Université de NANCY.

Diplôme de l'Institut d'enseignement commercial de l'Université de GRENOBLE.

Certificat d'études de l'Institut d'enseignement commercial de l'Université de GRENOBLE.

Diplôme d'ingénieur commercial : Université de NANCY.

Diplôme d'études supérieures commerciales : Université de
NANCY.
Certificat d'études supérieures commerciales : Université de
NANCY.

B) — Grades et Diplômes universitaires sanctionnant
des études d'ordre médical.

Doctorat en médecine : Universités de PARIS, ALGER, BOR-
DEAUX, LILLE, LYON, MONTPELLIER, NANCY, TOULOUSE.
Diplôme de médecin colonial : Universités de PARIS et de BOR-
DEAUX.
Diplôme d'études médicales coloniales : Université d'AIX-MAR-
SEILLE.
Diplôme de médecine légale et psychiâtrie : Université de PARIS.
*Diplôme d'études de médecine légale et de psychiâtrie médico-
légale :* Université de LILLE.
Diplôme d'études psycho-physiologiques : Université de LYON.
Diplôme de docteur ès sciences biologiques : Université de
NANCY.
Certificat d'études spéciales d'hygiène : Université de LILLE.
Certificat d'études d'hygiène : Universités de LYON et de TOU-
LOUSE.
Certificat d'études hydrologiques : Université de TOULOUSE.
Diplôme de chirurgien-dentiste pour les étudiants étrangers
Universités de BORDEAUX, LILLE et NANCY.

C) — Grades et Diplômes sanctionnant des études
scientifiques (*Sciences pures et appliquées, Mathématiques,
Physique, Chimie, Histoire naturelle, Électrotechnique, etc.*).

Doctorat ès sciences : Universités de PARIS, AIX-MARSEILLE,
BESANÇON, BORDEAUX, CLERMONT, DIJON, GRENOBLE, LILLE,
LYON, MONTPELLIER, NANCY, TOULOUSE.
Diplôme de mathématiques générales : Université de LYON.
Diplôme de licencié mécanicien : Université de LILLE.
Diplôme d'ingénieur mécanicien : Université de NANCY.

Diplôme de licencié physicien : Université de LILLE.

Brevet d'électricité industrielle : Universités d'AIX-MARSEILLE et de CLERMONT.

Certificat d'études d'électricité industrielle : Université d'ALGER.

Diplôme d'électricité appliquée : Université de BESANÇON.

Brevet ou certificat d'études électrotechniques : Universités de GRENOBLE, LILLE, LYON, MONTPELLIER.

Diplôme d'ingénieur électricien : Universités de GRENOBLE, NANCY, TOULOUSE.

Brevet d'électricien : Université de POITIERS.

Brevet de conducteur électricien : Université de GRENOBLE.

Diplôme d'ingénieur chimiste : Universités de PARIS, BORDEAUX, LILLE, LYON, MONTPELLIER, NANCY, TOULOUSE.

Diplôme de chimiste : Universités d'AIX-MARSEILLE, ALGER, CLERMONT, RENNES.

Brevet de chimie industrielle : Université de CLERMONT.

Brevet d'études techniques de chimie industrielle : Université de LYON.

Brevet de chimie agricole : Université de CLERMONT.

Diplôme de chimiste agricole : Université de POITIERS.

Diplôme de sciences chimiques et naturelles appliquées à l'agriculture : Université de RENNES.

Diplôme d'agriculture : Université de BESANÇON.

Diplôme d'études agronomiques supérieures : Université de LYON.

Diplôme d'études supérieures agronomiques : Université de NANCY.

Diplôme d'études d'agronomie : Université de CAEN.

Diplôme d'études agricoles : Université de TOULOUSE.

Diplôme d'études coloniales : Université de NANCY.

Diplôme de licencié géologue : Université de LILLE.

Diplôme d'ingénieur géologue : Université de NANCY.

Diplôme de géologue minéralogiste : Université d'ALGER.

Diplôme d'hydrobiologie et de pisciculture : Univté de TOULOUSE.

Certificat d'études supérieures de sciences appliquées au génie civil : Université d'ALGER.

Diplôme d'études supérieures aérodynamiques : Univté de NANCY.

Diplôme d'ingénieur horloger : Université de BESANÇON.

Brevet d'œnologie : Université de DIJON.

Diplôme supérieur d'études œnologiques : Université de DIJON.

Diplôme d'ingénieur papetier : Université de GRENOBLE.

Brevet de conducteur papetier : Université de GRENOBLE.

Diplôme d'études supérieures de brasserie : Université de NANCY.

Diplôme d'ingénieur brasseur : Université de NANCY.

Certificat d'études de l'École de laiterie : Université de NANCY.

Diplôme d'études psycho-physiologiques : Université de LYON.

Certificat de maturité du Collège oriental de l'Université de LYON.

Diplôme d'aptitude à l'enseignement (mention Sciences) du Collège oriental de l'Université de LYON.

Diplôme d'études scientifiques du Collège oriental de l'Université de LYON.

D) — Grades et Diplômes universitaires sanctionnant des études littéraires (*littérature, philosophie, linguistique, histoire, philosophie,* etc.).

Doctorat ès lettres : Universités de PARIS, AIX-MARSEILLE, BESANÇON, BORDEAUX, CAEN, CLERMONT, DIJON, GRENOBLE, LILLE, LYON, MONTPELLIER, NANCY, POITIERS, RENNES, TOULOUSE.

Diplôme d'études universitaires : Universités de PARIS et de BORDEAUX.

Certificat d'études littéraires : Université de POITIERS.

Certificat d'études françaises : Universités de PARIS, BESANÇON, CAEN, CLERMONT, GRENOBLE, LILLE, LYON, NANCY, RENNES, TOULOUSE.

Diplôme de langue française : Université de DIJON.

Brevet de langue française : Université de DIJON.

Diplôme de hautes études de langue et de littérature françaises : Université de GRENOBLE.

Diplôme d'études supérieures de phonétique française : Universités de GRENOBLE et de LILLE.

Certificat de maturité du Collège oriental de l'Université de LYON.

Diplôme d'aptitude à l'enseignement (mention lettres) du Collège oriental de l'Université de LYON.

Diplôme d'études littéraires du Collège oriental de l'Université de LYON.

Certificat d'aptitude à l'enseignement du français à l'étranger : Universités de GRENOBLE et de POITIERS.

Certificat supérieur pour l'enseignement du français à l'étranger : Université de GRENOBLE.

Diplôme d'études pédagogiques supérieures : Université de LYON.

Diplôme d'études psycho-physiologiques : Université de LYON.

Diplôme d'études russes : Universités de DIJON et de LILLE.

Diplôme d'études chinoises : Université de LYON.

Diplôme d'études celtiques : Université de RENNES.

E) — Grades et Diplômes universitaires sanctionnant des études pharmaceutiques.

Doctorat en pharmacie : Universités de PARIS, ALGER, BORDEAUX, LILLE, LYON, MONTPELLIER, NANCY, TOULOUSE.

Diplôme de pharmacien : Universités de PARIS, BORDEAUX, NANCY.

Diplôme d'études de pharmacien de 1re classe : Université de LYON.

Diplôme supérieur d'études de pharmacien de 1re classe : Université de LYON.

Diplôme d'études pharmaceutiques coloniales : Université d'AIX-MARSEILLE.

CHAPITRE III

ÉTABLISSEMENTS EXTÉRIEURS AUX UNIVERSITÉS

Les établissements scientifiques, Instituts, Écoles, etc., qui, en dehors des Universités, représentent l'enseignement supérieur français sont, ou bien des établissements officiels relevant d'une administration publique, ou bien des fondations dues à l'initiative privée. Malgré cette différence d'origine, on les trouvera réunis ci-dessous en un même tableau qui les groupe d'après leurs analogies et les spécialités d'études auxquelles ils se consacrent.

Leur constitution est aussi différente que les objets poursuivis par chacun d'eux. Certains, en effet, sont des établissements de haute culture, voués à l'enseignement et à la recherche pour différents ordres de sciences, tandis que d'autres s'appliquent aux mêmes objets dans un ordre particulier de connaissances. D'autres enfin, et ce sont les plus nombreux, préoccupés à la fois de science théorique et d'applications pratiques, ont pour fonction propre de donner à leurs élèves la formation intellectuelle adaptée à la pratique des diverses professions. Sur ce terrain, certains des Instituts créés par les Universités rivalisent avec les Écoles spéciales et, à ce point de vue, il nous a paru utile de les mentionner à nouveau ici, à côté des Écoles s'occupant de la même spécialité d'études.

Les différences que nous constatons dans la nature et le caractère de ces divers établissements se retrouvent dans leur organisation. Chacun d'eux a son régime d'études, ses conditions particulières d'admission, de scolarité, etc. D'où la nécessité de consacrer à chacun, ou du moins à la plupart d'entre eux, une notice spéciale mentionnant toutes l indications et particularités utiles à connaître. Ces notices   veront leur place dans la seconde partie de ce volume : chaque établissement, École ou Institut, se trouvera mentionné à la suite de l'Université dans le ressort académique de laquelle il est situé. Un index géographique permettra du reste de trouver la place exacte de cette notice.

Toutefois, il importe d'attirer dès maintenant l'attention du lecteur sur les conditions d'admission dans ces établissements et de signaler en particulier aux étudiants étrangers les grandes facilités qu'ils ont pour profiter de leurs enseignements.

Naturellement, en ce qui concerne les Instituts universitaires, les conditions générales d'accès sont celles mêmes que nous avons indiquées pour les Universités. Les conditions particulières seront indiquées avec précision dans les notices consacrées à chacun d'eux.

D'autre part, pour certains établissements comme le Collège de France, le Muséum d'histoire naturelle, etc., l'entrée des cours est absolument libre, pour les étrangers comme pour les Français, et sans aucune obligation de scolarité préalable.

Au contraire, la plupart des Écoles spéciales recrutent leurs élèves par la voie d'un concours ou d'un examen d'admission particulier. Ces concours et ces examens sont organisés en général d'après le programme français des études secondaires, et c'est là, assez souvent, une difficulté réelle pour des candidats ayant fait leurs études secondaires hors de France.

Mais si, de ce fait, les étudiants étrangers peuvent être empêchés d'être admis dans ces Écoles en qualité d'*élèves réguliers*, le plus grand nombre les admettent comme *élèves étrangers* ou comme *auditeurs libres*, sans qu'ils aient autre chose à faire qu'à prouver qu'ils sont en état de suivre avec fruit les enseignements qui y sont donnés. La qualité d'élèves étrangers ou d'auditeurs libres leur permet du reste de profiter dans la plus large mesure des ressources d'enseignement et des moyens d'études de ces Écoles.

Un petit nombre d'établissements sont, en raison de l'exiguité de leurs locaux, obligés de réserver toutes leurs places à nos nationaux. Pour quelques autres, l'admission des étrangers n'est pas de pratique courante, mais ils ouvrent leurs portes aux étrangers qualifiés par leurs études antérieures et dont l'admission est demandée par la voie diplomatique.

Nous recommandons donc aux étudiants étrangers de ne pas renoncer à leur dessein de fréquenter telle ou telle École, sans avoir consulté au préalable leur ambassade ou leur légation sur la possibilité d'y être admis et sans avoir sollicité leur intervention auprès de l'administration de qui relèvent ces Écoles.

Établissements scientifiques et de Hautes Études.

Collège de France, à PARIS, *place Marcellin-Berthelot.*
Muséum d'Histoire naturelle, à PARIS, *57, rue Cuvier.*
École pratique des Hautes Études, à PARIS, *à la Sorbonne.*
École Nationale des Chartes, à PARIS, *à la Sorbonne.*
École spéciale des Langues orientales vivantes, à PARIS, *2, rue de Lille.*
École du Louvre, à PARIS, au *Palais du Louvre.*
Institut Pasteur, à PARIS, *26, rue Dutot.*
Institut Pasteur de LILLE.
Institut Océanographique, à PARIS, *195, rue Saint-Jacques.*

Enseignement des Sciences juridiques, économiques, politiques et sociales.

École libre des Sciences politiques, à PARIS, *27, rue Saint-Guillaume.*
Institut des Sciences économiques et politiques de l'Université de LYON.
École des Hautes Études sociales, à PARIS, *16, rue de la Sorbonne.*
Collège libre des Sciences sociales, à PARIS, *28, rue Serpente.*
Faculté libre de Droit de l'Institut catholique de PARIS, *74, rue de Vaugirard.*
Facultés libres de Droit, à ANGERS, LILLE, LYON et MARSEILLE.
École libre de Droit de NANTES.
École de Législation professionnelle, à PARIS, *16, rue de l'Abbaye.*

Instituts pratiques de Droit des Universités de BORDEAUX, DIJON, LILLE, POITIERS et TOULOUSE.

École de Notariat, à Paris, *127, rue Notre-Dame-des-Champs.*

Écoles de Notariat, à ANGERS, BORDEAUX, DIJON, LIMOGES, LYON, NANTES, POITIERS, RENNES, ROUEN et TOULOUSE.

Enseignement de la Médecine et des Sciences annexes.

École de plein exercice de Médecine et de Pharmacie de NANTES.

Écoles préparatoires de Médecine et de Pharmacie, à AMIENS, ANGERS, LIMOGES, RENNES, ROUEN et TOURS.

Faculté libre de Médecine et de Pharmacie, à LILLE.

Institut de Médecine légale et de Psychiâtrie de l'Université de PARIS.

Institut de Médecine coloniale de l'Université de PARIS.

Institut d'Hygiène de l'Université de LYON.

Institut d'Hygiène de l'Université de TOULOUSE.

Institut Pasteur, à PARIS, *26, rue Dutot.*

Institut Pasteur de LILLE.

École d'Anthropologie, à PARIS, *15, rue de l'École-de-Médecine.*

Institut général psychologique, à PARIS, *14, rue de Condé.*

Institut psycho-physiologique, à PARIS, *49, rue Saint-André-des-Arts.*

École française d'Odontologie, à PARIS, *206, boulevard Raspail.*

École française de Stomatologie, à PARIS, *24, passage Dauphine.*

Institut dentaire de l'Université de NANCY.

École Odontotechnique, à PARIS, *5, rue Garancière.*

École dentaire de Paris, 45, rue de la Tour-d'Auvergne.

École dentaire française, à PARIS, *29, boulevard Saint-Martin.*

Écoles dentaires, à BORDEAUX et à LYON.

Enseignement des Lettres

Faculté libre des Lettres de l'Institut catholique, à PARIS, *74, rue de Vaugirard.*

Facultés libres des Lettres, à ANGERS, LILLE, LYON et TOULOUSE.

Enseignement des Sciences.

École libre des Hautes Études scientifiques, à PARIS, *74, rue de Vaugirard*.

Facultés libres des Sciences, à ANGERS, LILLE, LYON et TOULOUSE.

Enseignement de la Théologie.

Faculté libre de Théologie de l'Institut catholique de PARIS, *74, rue de Vaugirard*.

Facultés libres de Théologie catholique d'ANGERS, LILLE, LYON et TOULOUSE.

Faculté libre de Droit canonique de l'Institut catholique de PARIS.

Faculté libre de Théologie protestante de PARIS, *83, boulevard Arago*.

Faculté libre de Théologie protestante de MONTAUBAN.

Enseignement du Français pour les étrangers.

Cours spéciaux annuels des Universités de BESANÇON, BORDEAUX, CAEN, DIJON, GRENOBLE, LILLE, LYON, MONTPELLIER, NANCY, POITIERS, RENNES et TOULOUSE, de l'*Institut d'Études françaises de Touraine*, à TOURS, et de la *Guilde internationale*, à PARIS, *6, rue de la Sorbonne*.

Cours de vacances des Universités de BESANÇON, BORDEAUX, DIJON, GRENOBLE, LILLE (à *Boulogne-sur-Mer*), LYON, NANCY, RENNES (à *Saint-Malo*), TOULOUSE, et de l'*Institut d'Études françaises de Touraine*, à TOURS.

Cours de vacances de l'Alliance française, à PARIS, *186, boulevard Saint-Germain*, et de la *Guilde internationale*.

Écoles préparatoires à l'enseignement.

École Normale supérieure, à PARIS, *45, rue d'Ulm*.

École Normale supérieure d'Enseignement secondaire des jeunes filles, à SÈVRES (Seine-et-Oise).

École Normale supérieure de l'Enseignement technique, à PARIS, *151, boulevard de l'Hôpital*.

École Normale supérieure d'Instituteurs, à SAINT-CLOUD (Seine-et-Oise).

École Normale supérieure d'Institutrices, à FONTENAY-AUX-ROSES.

Écoles Normales primaires d'Instituteurs et d'Institutrices (1).

Écoles Militaires.

École Supérieure de Guerre, à PARIS, *33, avenue de la Motte-Picquet.*

École Polytechnique, à PARIS, *21, rue Descartes.*

École spéciale militaire, à SAINT-CYR (Seine-et-Oise).

École du Service de Santé militaire, à LYON.

École du Service de Santé militaire, à PARIS, *au Val-de-Grâce, 277, rue Saint-Jacques.*

École du Service des Poudres et Salpêtres, à PARIS, *12, boulevard Henri-IV.*

Écoles de la Marine.

École Supérieure de la Marine, à PARIS, *13, rue de l'Université.*

École d'Application du Génie maritime, à PARIS, *140, boulevard du Montparnasse.*

École Navale, à BREST.

École du Service de santé de la Marine, à BORDEAUX.

École annexe de Médecine navale, à BREST.

École du Commissariat de la Marine, à BREST.

Écoles des Mécaniciens des équipages de la flotte, à BREST.

Écoles d'Hydrographie, à ALGER, BORDEAUX, BOULOGNE, MARSEILLE, NANTES, BREST, BASTIA, DUNKERQUE, LORIENT, TOULON, LE HAVRE, SAINT-BRIEUC, AGDE, GRANVILLE, PAIMPOL, SAINT-MALO et SAINT-TROPEZ.

Écoles d'Enseignement professionnel et technique des pêches maritimes, à BOULOGNE-SUR-MER, DIEPPE, CALAIS, ARCACHON, CONCARNEAU, LE CROISIC, FÉCAMP, CROIX, LES SABLES-D'OLONNE, SAINT-VAAST-LA-HOUGUE.

---

1. Il existe dans la plupart des départements deux Écoles normales primaires, l'une d'Instituteurs, l'autre d'Institutrices.

Enseignement agricole.

Institut National agronomique, à PARIS, 16, *rue Claude-Bernard.*
École Nationale des Eaux et Forêts, à NANCY.
Écoles Nationales d'Agriculture, à GRIGNON (Seine-et-Oise), MONTPELLIER et RENNES.
Institut agronomique de l'Université de LYON.
Institut agricole de l'Université de NANCY.
Institut agricole de l'Université de TOULOUSE.
Institut agricole de BEAUVAIS (Oise).
École Nationale supérieure d'Agriculture coloniale, à NOGENT-SUR-MARNE.
École Supérieure d'Agriculture d'ANGERS.

École Nationale d'Horticulture de VERSAILLES.
École Nationale d'horticulture et de Vannerie de FAYL-BILLOT (Haute-Marne).
École Nationale des Industries agricoles de DOUAI.
Écoles Nationales de l'Industrie laitière, à MAMIROLLE (Doubs) et à POLIGNY (Jura).
École de Laiterie de l'Université de NANCY.
École de Brasserie et de Malterie de l'Université de NANCY.
Institut œnologique de l'Université de DIJON.

Écoles Nationales vétérinaires, à ALFORT (Seine), LYON et TOULOUSE.
École des Haras, au PIN-AU-HARAS (Orne).

Enseignements concernant les Colonies.

École Coloniale, à PARIS, 2, *avenue de l'Observatoire.*
Institut Colonial de l'Université de BORDEAUX.
Institut Colonial de l'Université de NANCY.
Institut de Médecine coloniale de l'Université de Paris.
Cours de Médecine coloniale de l'École de Médecine de MARSEILLE.
École Nationale supérieure d'Agriculture coloniale de NOGENT-SUR-MARNE.
Écoles Coloniales d'Agriculture de TUNIS et de PHILIPPEVILLE (Algérie).

Enseignement technique industriel.

Conservatoire National des Arts et Métiers, à PARIS, *292, rue Saint-Martin*.

École Centrale des Arts et Manufactures, à PARIS, *1, rue Montgolfier*.

École Centrale lyonnaise, à LYON.

Institut industriel du nord de la France, à LILLE.

École spéciale des Travaux publics, du Bâtiment et de l'Industrie, à PARIS, *3, rue Thénard*.

École d'Ingénieurs, à MARSEILLE.

Écoles Nationales des Arts et Métiers de PARIS *(151, boulevard de l'Hôpital)*, AIX, ANGERS, CHALONS-SUR-MARNE, CLUNY (Saône-et-Loire) et LILLE.

Écoles nationales professionnelles, à ARMENTIÈRES (Nord), NANTES, VIERZON (Cher), VOIRON (Isère).

École de la Martinière, à Lyon.

École Nationale des Ponts et Chaussées, à Paris, *28, rue des Saints-Pères*.

École Nationale supérieure des Mines, à PARIS, *60, boulevard Saint-Michel*.

École Nationale des Mines de SAINT-ÉTIENNE.

Institut de Géologie de l'Université de NANCY.

Institut d'Hydrologie de l'Université de TOULOUSE.

Écoles des Maîtres mineurs d'ALAIS et DOUAI.

Institut Électrotechnique de l'Université de GRENOBLE.

Institut Électrotechnique de l'Université de LILLE.

Institut Électrotechnique et de Mécanique appliquée de l'Université de NANCY.

Institut Électrotechnique de l'Université de TOULOUSE.

École Supérieure d'Électricité, à PARIS, *12, rue de Staël*.

École d'Électricité et de Mécanique industrielle, à PARIS, *50, rue Violet*.

École d'Électricité industrielle, à MARSEILLE.

École pratique d'Électricité industrielle, à PARIS, *53, rue Belliard*.

École spéciale de Mécanique et d'Électricité, à PARIS, *20* bis, *rue Bertrand.*

École Bréguet, à PARIS, *81-83, rue Falguière.*

Institut de Chimie appliquée de l'Université de PARIS.

Institut chimique de l'Université de NANCY.

Institut de Chimie de l'Université de TOULOUSE.

Institut de Chimie de l'Université de MONTPELLIER.

Institut et École de Chimie de l'Université de LILLE.

École de Chimie appliquée à l'industrie et à l'agriculture de l'Université de BORDEAUX.

École de Chimie industrielle de l'Université de LYON.

École municipale de Physique et de Chimie industrielles, à PARIS, *10, rue Vauquelin.*

Institut de Chimie industrielle de CLERMONT-FERRAND.

École de Chimie industrielle de ROUEN.

Institut Aérotechnique de l'Université de PARIS, à SAINT-CYR-L'ÉCOLE (Seine-et-Oise).

École Supérieure d'Aéronautique et de Construction mécanique, à PARIS, *92, rue de Clignancourt.*

École Supérieure professionnelle des Postes et Télégraphes, à PARIS, *103, rue de Grenelle.*

Écoles Nationales d'Horlogerie de BESANÇON et de CLUSES (Haute-Savoie).

École de Papeterie de l'Université de GRENOBLE.

École de Tannerie de l'Université de LYON.

École de Brasserie et de Malterie de l'Université de NANCY.

Enseignement technique commercial.

École des Hautes Études commerciales, à PARIS, *43, rue de Tocqueville.*

Institut des Sciences commerciales de l'Université de GRENOBLE.

Institut Commercial de l'Université de NANCY.

Institut Commercial de PARIS, *15, avenue de Wagram.*

École Supérieure pratique de Commerce et d'Industrie, à PARIS, *79, avenue de la République.*

École Supérieure pratique de Commerce et d'Industrie de LILLE.

Écoles Supérieures de Commerce d'ALGER, BORDEAUX, DIJON, LE HAVRE, LYON, MARSEILLE, MONTPELLIER, NANCY, NANTES, ROUEN et TOULOUSE.

Enseignement des Beaux-Arts.

École Nationale et spéciale des Beaux-Arts, à PARIS, *14, rue Bonaparte*.

École du Louvre, à PARIS, *au Palais du Louvre*.

Écoles Nationales des Beaux-Arts, à ALGER, BOURGES, DIJON, LYON, TOULOUSE.

Écoles régionales des Beaux-Arts, à AMIENS, CLERMONT-FERRAND, MONTPELLIER, NANCY, RENNES, ROUEN, SAINT-ÉTIENNE, TOURS.

Écoles Municipales des Beaux-Arts, à ANGERS, AVIGNON, BORDEAUX, CAEN, GRENOBLE, LE HAVRE, LILLE, POITIERS.

École spéciale d'Architecture, à PARIS, *254, boulevard Raspail*.

Écoles régionales d'Architecture, à LILLE, LYON, MARSEILLE, RENNES et ROUEN.

École de Sculpture, à GRENOBLE.

École Nationale des Arts décoratifs, à PARIS, *5, rue de l'École-de-Médecine et 10, rue de Seine*.

Écoles Nationales des Arts décoratifs, à AUBUSSON, LIMOGES et NICE.

École Nationale des Beaux-Arts et des Arts décoratifs de BORDEAUX.

École Nationale des Arts appliqués à l'Industrie de BOURGES.

École Nationale des Arts appliqués à l'Industrie, à ROUBAIX (Nord).

École départementale d'Art appliqué de BORDEAUX.

École des Beaux-Arts et des Sciences industrielles de TOULOUSE.

Écoles régionales des Arts industriels, à REIMS et à SAINT-ÉTIENNE.

Conservatoire National de Musique et de Déclamation, à PARIS, *14, rue de Madrid*.

Conservatoires Nationaux et Écoles Nationales de Musique, à CHAMBÉRY, DIJON, LILLE, LYON, MONTPELLIER, NANCY, NANTES, NÎMES, PERPIGNAN, RENNES, TOULOUSE, AMIENS, CAEN, DOUAI, TOURS, etc.

Schola Cantorum, à PARIS, *269, rue Saint-Jacques*.

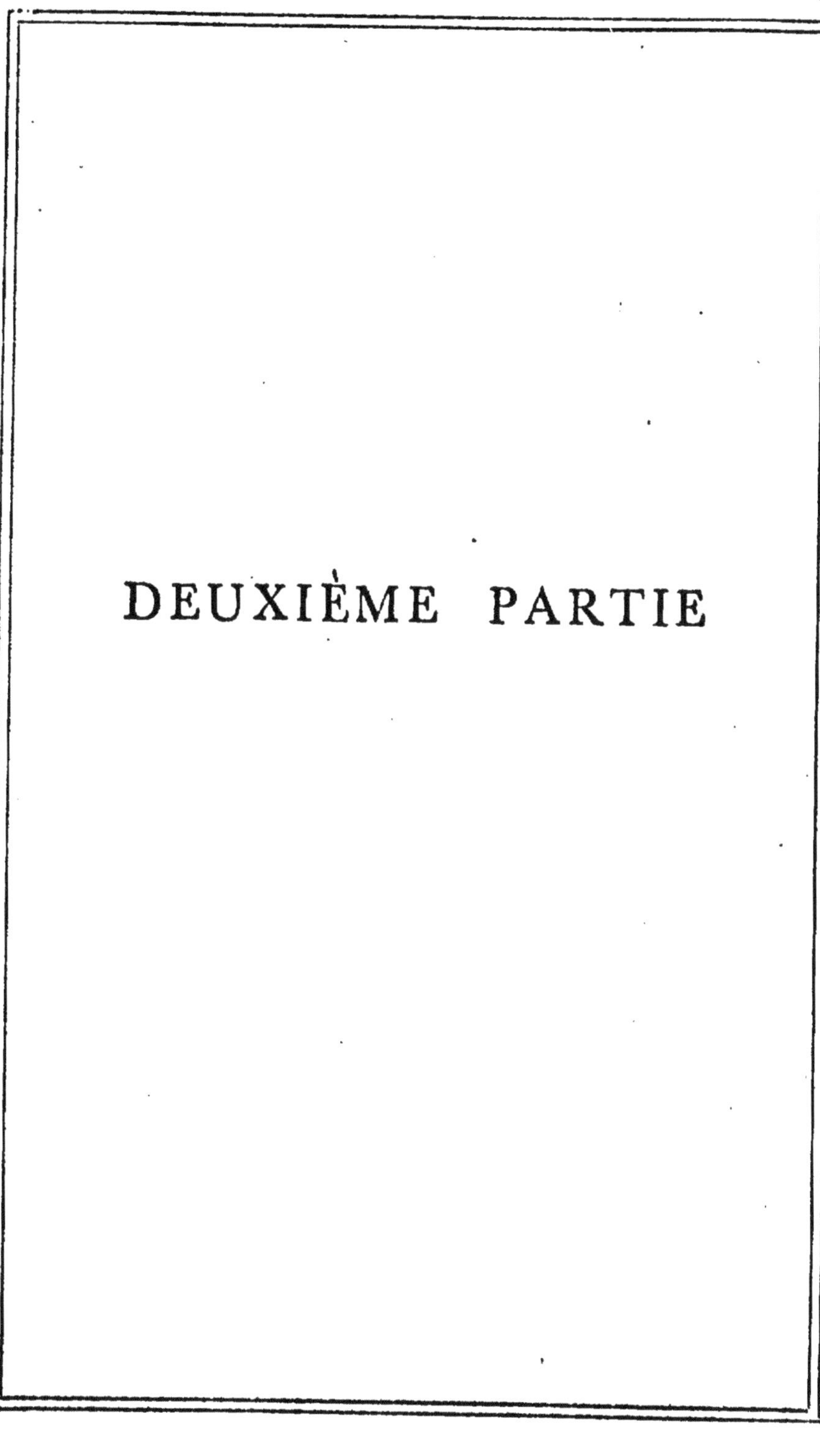

DEUXIÈME PARTIE

UNIVERSITÉ DE PARIS

FACULTÉS ET ÉCOLES DE L'UNIVERSITÉ. L'Université de Paris se compose de quatre Facultés : FACULTÉ DE DROIT, FACULTÉ DE MÉDECINE, FACULTÉ DES SCIENCES et FACULTÉ DES LETTRES, de l'ÉCOLE SUPÉRIEURE DE PHARMACIE et de l'ÉCOLE NORMALE SUPÉRIEURE.

Ces Facultés et Écoles sont pourvues des enseignements et moyens d'études pour la préparation à tous les grades d'État qu'elles confèrent, et de nombreux Instituts leur sont annexés.

ÉTABLISSEMENTS EXTÉRIEURS A L'UNIVERSITÉ. En dehors de l'Université, mais à Paris et dans le ressort académique de Paris, un grand nombre d'établissements d'enseignement supérieur ou technique sont à signaler. On trouvera les indications nécessaires sur les principaux d'entre eux à la suite de la notice consacrée à l'Université de Paris.

CONDITIONS D'ADMISSION. Les conditions pour l'immatriculation et l'inscription sont les mêmes que pour toutes les Universités françaises. Cf. p. 29.

Celles qui concernent les enseignements ou les grades et diplômes propres à l'Université de Paris seront indiquées pour chacun d'eux dans la notice particulière de la Faculté à laquelle ils se rattachent.

ŒUVRES UNIVERSITAIRES. *Bureau des renseignements,* à la Sorbonne. — Le bureau met à la disposition du public tous les renseignements relatifs aux moyens d'études, cours, conférences, laboratoires, musées, bibliothèques, etc., existant à Paris. D'une façon générale, il répond, verbalement ou par écrit, à toutes les questions qui peuvent lui être posées par les étudiants concernant l'organisation de leurs études et leur installation à Paris. Il est ouvert tous les jours de 10 heures à midi et de 2 heures à 4 heures.

Société des Amis de l'Université de Paris, à la Sorbonne, au secrétariat de l'Académie. — Favorise le développement de l'Université de Paris. Ses principaux moyens d'action sont la création de chaires, de cours et de conférences dans les différentes Facultés et Écoles, l'attribution de subventions, la fondation de prix, la création de bourses d'études et de voyages et l'attribution de secours aux étudiants sans fortune.

Comité de Patronage des étudiants étrangers, à la Sorbonne. — Le Comité a pour fonction propre de donner aux étudiants étrangers l'appui matériel et moral dont ils peuvent avoir besoin. Il leur fournit aussi tous les renseignements utiles tant au point de vue des études qu'au point de vue de la vie à Paris.

Association générale des étudiants de Paris, 13 et 15, rue de la Bûcherie. — Association amicale ayant pour but de faciliter la vie matérielle de l'étudiant à Paris et de lui assurer la solidarité intellectuelle et morale. Est admis à faire partie de l'Association, tout étudiant français ou étranger régulièrement inscrit à l'une des Facultés ou Écoles supérieures de Paris.

Association générale des étudiantes de l'Université de Paris, 55, rue Saint-Jacques.

Association corporative des étudiants en médecine, 8, rue Dante.

Association amicale des étudiants en pharmacie de France, 85, boulevard Saint-Michel.

Association amicale des élèves et anciens élèves de la Faculté des Sciences de l'Université de Paris, à la Sorbonne.

Association amicale des élèves et anciens élèves de la Faculté des Lettres de l'Université de Paris, à la Sorbonne.

Cercle catholique des étudiants de Paris, 18, rue du Luxembourg.

Association des étudiants protestants de Paris, 46, rue de Vaugirard.

Association chrétienne d'étudiantes, 67, rue Saint-Jacques.

Foyer de l'étudiante, 67, rue Saint-Jacques.

Section Britannique de l'Université de Paris, à la Sorbonne.

English Debating Club, à la Sorbonne.

Informations pour les étudiants de philologie romane, 11, rue Mazarine.

Centre d'études franco-hispaniques, 96, boulevard Raspail.

Association franco-slave de l'Université de Paris, 67, rue Saint-Jacques.

Association franco-russe de l'Université de Paris, à la Sorbonne.

Association franco-scandinave, 53, avenue de Ségur.

Groupement des Universités et grandes Écoles de France pour les rapports avec l'Amérique latine, 96, boulevard Raspail.

Comité de Patronage des étudiants ottomans en France, Secrétariat général, 103, boulevard Haussmann.

Comité de Patronage des étudiants hongrois, à la Sorbonne.

Alliance Universitaire franco-roumaine, 18, rue Pierre-Curie.

Patronage des étudiants boursiers du gouvernement de la République Argentine, 7, rue Cernuschi.

FACULTÉ DE DROIT

ENSEIGNEMENTS ORDINAIRES. Droit civil. — Législation civile comparée. — Droit civil approfondi et comparé. — Droit criminel et législation pénale comparée. — Législation et procédure criminelles. — Droit commercial. — Droit commercial maritime et législation commerciale comparée. — Droit international privé. — Procédure civile. — Droit constitutionnel. — Droit administratif. — Droit international public. — Droit public. — Droit administratif. — Droit des gens. — Droit romain. — Pandectes. — Histoire générale du droit français. — Histoire du droit public français. — Histoire du droit public romain. — Droit coutumier. — Histoire des traités. — Économie politique. — Science financière. —

Statistique. — Législation et économie industrielles. — Législation et économie coloniales. — Histoire des doctrines économiques. — Législation et économie rurales. — Économie sociale comparée. — Économie politique et législation coloniale. — Sciences auxiliaires de l'histoire du droit.

ENSEIGNEMENTS SPÉCIAUX. *Conférences.* — Destinées à compléter la préparation aux examens, et facultatives; elles sont semestrielles ou annuelles. — *Droit d'inscription :* 50 francs par semestre.

Enseignement préparatoire au certificat de science pénale. — Donné par des professeurs des Facultés de Droit et de Médecine, cet enseignement comprend la criminologie, la science pénitentiaire, le droit pénal, la procédure pénale, la médecine mentale, la médecine légale.

Enseignement préparatoire au certificat d'études administratives et financières. — Le programme de l'enseignement est établi comme suit : Principes généraux de droit constitutionnel et d'organisation administrative. — Matières administratives. — Régime administratif du département de la Seine et de la Ville de Paris. — Législation budgétaire et comptabilité publique. — Législation française des finances. — Science des finances et crédit public. — Économie politique. — Droit fiscal. — Exercices pratiques et exposés oraux sur les matières administratives et financières.

INSTITUTS ANNEXES. *Salles de travail.* — Destinées aux travaux pratiques et aux recherches scientifiques exécutés par les étudiants sous la direction des professeurs, en vue de la préparation au doctorat ou à l'agrégation en droit. Ces salles de travail sont les suivantes : Salles de travail de droit romain. — Salles d'histoire du droit et de droit canonique. — Salle de droit civil. — Salle de droit commercial. — Salle de droit criminel et de science pénale. — Salle de droit public. — Salle d'études économiques et statistiques.

DIPLOMES ET GRADES D'ÉTAT. La Faculté de Droit délivre, aux mêmes conditions que les autres Facultés françaises, le *Certificat de capacité*, la *Licence* et le *Doctorat en droit.* Cf. p. 39.

DIPLOMES UNI-
VERSITAIRES. *Doctorat de l'Université de Paris* (mention
DROIT). — Réservé aux étudiants étran-
gers, régulièrement immatriculés à la Faculté de Droit et titulaires, soit du diplôme de licencié en droit obtenu devant une
Faculté française, soit de tous autres titres français ou étrangers
que la Faculté jugera équivalents à la licence en droit. — *Scolarité* : Deux semestres. — *Épreuves* : Deux examens et soutenance d'une thèse. — *Frais d'études* : 4 inscriptions à 32 fr. 50 :
130 francs; 2 examens à 50 francs : 100 francs. — *Droits de thèse* :
100 francs.

Certificat de science pénale. — Accessible aux étudiants français pourvus du grade de bachelier en droit ou du certificat de capacité, aux étrangers ayant fait des études de droit
dans une Université étrangère et, exceptionnellement, aux
Français et aux étrangers qui, n'ayant pas de diplôme, auront
subi un examen d'admission spécial. — *Scolarité* : Une année.
— *Épreuves* : Présentation d'un mémoire et examen. — *Frais
d'études* : Immatriculation : 30 francs. Exercices pratiques :
100 francs. L'examen est gratuit.

Certificat d'études administratives et financières. — Accessible
aux candidats français et étrangers justifiant du baccalauréat
ou du certificat de capacité en droit. — *Scolarité* : Deux années sanctionnées par un examen. Les candidats suivent l'enseignement complémentaire administratif et financier. — *Frais
d'études* : Immatriculation : 30 francs. Droit spécial : 120 francs.

FACULTÉ DE MÉDECINE

ENSEIGNEMENTS
ORDINAIRES. Anatomie. — Anatomie pathologique. —
Histologie. — Hygiène. — Médecine légale.
Parasitologie. — Pathologie chirurgicale. — Pathologie expérimentale et comparée. — Pathologie médicale. — Pharmacologie. — Physiologie. — Physique médicale. — Thérapeutique.
— Chimie biologique. — Histoire de la médecine. — Opérations
et appareils. — Pathologie interne. — Accouchements. — Pathologie externe. — Oto-rhino-laryngologie.

Cliniques médicale, chirurgicale, de pathologie mentale et des maladies de l'encéphale, des maladies des enfants, des maladies du système nerveux, des maladies cutanées et syphilitiques; thérapeutique, gynécologique, obstétricale, chirurgicale infantile, ophtalmologique, des voies urinaires.

ENSEIGNEMENTS SPÉCIAUX. *Cours de vacances.* — La Faculté de Médecine organise des cours de vacances portant sur diverses spécialités. Les étudiants et docteurs en médecine y sont admis moyennant le payement de droits spéciaux.

Ces cours ont lieu à des dates variables et sont annoncés tous les ans par des affiches spéciales.

Pour tous renseignements, s'adresser au Secrétariat de la Faculté de Médecine.

INSTITUTS ANNEXES. *Institut de Médecine coloniale.* — L'Institut a pour objet de donner aux médecins, destinés à exercer la médecine aux colonies, un enseignement théorique et pratique des maladies tropicales. Les cours et travaux pratiques ont lieu à la Faculté de Médecine. Ils commencent vers le 15 octobre et se terminent à la fin de décembre. L'enseignement clinique est donné toute l'année à l'Hôpital de l'Association des Dames françaises, 93, rue Michel-Ange.

Le programme des cours est le suivant : Technique bactériologique et hématologique. — Parasitologie. — Chirurgie des pays chauds. — Maladies des yeux dans les pays chauds. — Épidémiologie exotique. — Pathologie et hygiène tropicales. — Affections de la peau.

Conditions d'admission : Sont admis à suivre ces cours, les docteurs en médecine, français ou étrangers, les étudiants en médecine pourvus de 16 inscriptions et les internes des hôpitaux. En outre, des personnes dont les études antérieures sont reconnues suffisantes peuvent être admises à prendre part aux travaux pratiques.— *Frais d'études :* Immatriculation : 30 francs. Droits spéciaux : 150 francs. — *Sanction des études :* Examen gratuit permettant d'obtenir le DIPLOME DE MÉDECIN COLONIAL DE L'UNIVERSITÉ DE PARIS.

Institut de Médecine légale et de Psychiatrie. — L'Institut donne un enseignement spécial de la médecine légale et de la psychiâtrie à l'usage des docteurs en médecine aspirant aux fonctions d'experts près les tribunaux.

L'enseignement est complet en deux semestres. Il comprend une partie théorique et une partie pratique. L'enseignement théorique est donné de novembre à fin février ; l'enseignement pratique est donné toute l'année dans des conférences.

Conditions d'admission : Sont admis à suivre les cours, les docteurs en médecine, francais ou étrangers, et les étudiants en médecine ayant subi le 3ᵉ examen du doctorat. — *Frais d'études :* Immatriculation : 30 francs. Droits de laboratoire : 300 francs. — *Sanction des études :* Examen permettant d'obtenir le DIPLOME DE MÉDECIN LÉGISTE DE L'UNIVERSITÉ DE PARIS. — *Droits d'examen et de diplôme :* 100 francs.

Musée Dupuytren, 15, rue de l'École-de-Médecine. — Consacré à l'anatomie pathologique et renfermant un grand nombre de pièces rares. Une annexe consacrée à l'histologie comprend une importante collection de coupes histologiques, mise à la disposition des étudiants.

Musée Orfila, à l'École de Médecine. — Consacré à l'anatomie normale et à la zoologie. Un droguier y est annexé.

Collections de parasitologie. Au Laboratoire de parasitologie. — Elles renferment un très grand nombre de pièces, documents, planches, photographies, etc., se rapportant aux parasites de l'homme et des animaux.

DIPLOMES ET GRADES D'ÉTAT. La Faculté de Médecine délivre, aux mêmes conditions que les autres Facultés françaises, le *Doctorat en médecine,* les *Diplômes de chirurgien-dentiste* et de *sage-femme de 1ʳᵉ et de 2ᵉ classe.* Cf. p. 40.

DIPLOMES UNIVERSITAIRES. *Doctorat de l'Université de Paris* (mention MÉDECINE). — Réservé aux étudiants étrangers qui ont obtenu l'autorisation de faire leurs études médicales en France à la faveur d'une équivalence de baccalauréat. Ce diplôme, qui a la même valeur scientifique que le diplôme d'État correspondant, ne confère pas le droit d'exercer la médecine en France. Pour s'inscrire, les candidats doivent produire le certificat d'études physiques, chimiques et naturelles

(P. C. N.). Ils sont soumis aux mêmes règles de scolarité et subissent les mêmes examens que les aspirants au diplôme d'État. Des dispenses partielles de scolarité peuvent être accordées sur production de titres ou certificats délivrés par une Faculté de médecine de l'étranger. — *Droits :* Les droits de scolarité et d'examens sont les mêmes que pour le diplôme d'État.

Diplôme de médecin colonial. — Cf. ci-dessus : INSTITUT DE MÉDECINE COLONIALE.

Diplôme de médecin légiste. — Cf. ci-dessus : INSTITUT DE MÉDECINE LÉGALE ET DE PSYCHIATRIE.

FACULTÉ DES SCIENCES

ENSEIGNEMENTS ORDINAIRES. Géométrie supérieure. — Analyse supérieure et algèbre supérieure. — Calcul différentiel et calcul intégral. — Théorie des fonctions. — Mécanique rationnelle. — Astronomie mathématique et mécanique céleste. — Astronomie physique. — Mécanique physique et expérimentale. — Physique céleste. — Théorie des nombres. — Mathématiques préparatoires. — Physique mathématique et calcul des probabilités. — Physique. — Chimie. — Chimie organique. — Chimie physique. — Chimie biologique. — Minéralogie. — Zoologie, anatomie et physiologie comparées. — Zoologie. — Physiologie. — Histologie. — Évolution des êtres organisés. — Tératologie. — Biologie générale. — Botanique. — Physiologie végétale. — Biologie agricole. — Géologie. — Pétrographie. — Paléontologie. — Géographie physique.

ENSEIGNEMENTS SPÉCIAUX. Aviation. — Chimie appliquée.

INSTITUTS ANNEXES. *Institut de Chimie appliquée,* 3, rue Michelet. — Forme des ingénieurs-chimistes et prépare les jeunes gens aux carrières industrielles par une solide instruction pratique en chimie. — *Organisation :* Cours complet d'études en trois années. L'enseignement a pour base les cours de chimie de la Faculté des Sciences, mais est complété par un ensemble de conférences et travaux pratiques répartis sur les trois années. — *Admission :* Les élèves sont admis après examen, sans aucune condition de grade. Ils doivent être âgés de 18 ans au moins. Les étrangers sont admis aux mêmes conditions que les nationaux. — *Frais d'études* : 125 francs par trimestre. — *Sanction des études :* Examens permettant d'obtenir, à la fin de la troisième année, le *Diplôme d'ingénieur-chimiste de l'Université de Paris.*

Institut Aérotechnique, à Saint-Cyr-l'École (Seine-et-Oise). — L'Institut a pour objet les recherches et essais concernant la technique des appareils en équilibre ou en mouvement dans l'air.

Pour les travaux et essais à effectuer, les intéressés devront adresser au Directeur une demande indiquant l'objet de ces travaux ou de ces essais. Le Directeur fera savoir si la demande est agréée et quelle provision devra être versée.

Pour être admis à travailler dans les laboratoires, une demande devra également être adressée au Directeur. L'autorisation est accordée pour une durée déterminée et des droits de laboratoire, fixés par trimestre, sont exigés pour les frais généraux.

Informations d'Aérotechnique. — Un centre d'informations, annexé à la chaire d'Aviation et possédant tous les traités et périodiques relatifs à l'Aérotechnique, a été installé à la Faculté des Sciences. Une carte spéciale, délivrée contre versement du droit d'immatriculation de 30 francs, y donne accès.

LABORATOIRES. La Faculté des Sciences possède de nombreux laboratoires destinés à l'enseignement pratique et aux travaux de recherches. Ils sont ouverts aux étudiants, ainsi qu'aux savants français et étrangers, autorisés par les Directeurs.

Il y en a vingt à la Sorbonne même et qui sont ceux de : *Géométrie supérieure.* — *Astronomie physique.* — *Physique (recherches).* — *Physique (enseignement).* — *Chimie physique.* — *Chimie générale.* — *Enseignement de la chimie.* — *Chimie minérale.* — *Chimie organique.* — *Minéralogie.* — *Anatomie comparée.* — *Zoologie, Anatomie et Physiologie comparées.* — *Physiologie ani-*

male. — *Histologie*. — *Géologie*. — *Botanique*. — *Géographie physique*.

Les autres, répartis à Paris et en province, sont les suivantes :

Laboratoire de Physique et de Radioactivité, 12, rue Cuvier.

Laboratoire d'Évolution des êtres organisés et d'Embryologie générale, 3, rue d'Ulm.

Laboratoire de Mécanique physique et expérimentale, 96, boulevard Raspail.

Laboratoire de Chimie biologique, à l'Institut Pasteur, 26, rue Dutot.

Laboratoires pour l'enseignement préparatoire au Certificat d'études physiques, chimiques et naturelles, 12, rue Cuvier.

Laboratoire de Zoologie maritime, à Roscoff (Finistère). — Aménagé pour l'étude de la faune de la Manche, il possède un vivier, un aquarium, une collection classée de la faune marine et terrestre de la région, et des salles de travail munies de tous les instruments nécessaires aux recherches.

Laboratoire de Zoologie maritime, à Banyuls (Pyrénées-Orientales). — Spécialement destiné à l'étude de la faune de la Méditerranée, il possède toutes les installations et les instrument nécessaires aux travaux de recherches.

Laboratoire de Zoologie maritime, à Wimereux (Pas-de-Calais). — Possède tous les instruments de travail nécessaires pour l'étude de la faune marine.

Laboratoire de Biologie végétale, à Fontainebleau (Seine-et-Marne). — Établi à la lisière de la forêt, il est un champ d'études pour les expériences de physiologie végétale qui ne peuvent se poursuivre à l'intérieur d'un laboratoire urbain.

DIPLOMES ET GRADES D'ÉTAT. La Faculté des Sciences délivre, aux mêmes conditions que les autres Facultés françaises, le *Certificat d'études physiques, chimiques et naturelles* (*P. C. N.*), les *Certificats d'études supérieures*, la *Licence*, les *Diplômes d'études supérieures de sciences* et le *Doctorat*. Cf. p. 42.

Les certificats d'études supérieures de sciences, délivrés par la Faculté des Sciences de Paris, sont les suivants : 1° Géométrie supérieure; 2° Analyse supérieure; 3° Calcul différentiel et intégral; 4° Mécanique rationnelle; 5° Mécanique céleste; 6° Astronomie; 7° Mécanique physique et expérimentale; 8° Mathématiques préparatoires à l'étude des sciences physiques (analyse et mécanique); 9° Physique mathématique; 10° Physique générale; 11° Chimie générale; 12° Chimie physique et radioactivité; 13° Chimie appliquée; 14° Chimie biologique; 15° Minéralogie; 16° Zoologie; 17° Histologie; 18° Embryologie générale; 19° Physiologie générale; 20° Botanique; 21° Géologie; 22° Géographie physique; 23° Sciences physiques, chimiques et naturelles.

DIPLOMES UNIVERSITAIRES. *Doctorat de l'Université de Paris* (mention Sciences). — Accessible aux candidats français ou étrangers produisant des titres, diplômes ou travaux scientifiques dont la Faculté apprécie la valeur. — *Scolarité :* Une année. — *Épreuves :* Soutenance d'une thèse et discussion de questions proposées par la Faculté. — *Frais d'études :* Immatriculation : 30 francs; 4 droits trimestriels de laboratoire variant de 50 francs à 150 francs. — *Droit d'examen :* 130 francs.

Diplôme d'ingénieur-chimiste. — Cf. ci-dessus : Institut de Chimie appliquée.

FACULTÉ DES LETTRES

ENSEIGNEMENTS. *Sciences philosophiques :* Philosophie. — Philosophie et psychologie. — Psychologie expérimentale. — Logique et méthodologie des sciences. — Histoire de la Philosophie ancienne. — Philosophie du moyen âge. — Histoire de la Philosophie moderne. — Histoire de la Philosophie dans ses rapports avec les sciences. — Histoire de l'Économie sociale. — Sociologie.

Sciences historiques : Histoire ancienne. — Histoire ancienne des peuples de l'Orient. — Histoire de la civilisation des peuples de l'Extrême-Orient. — Histoire de la religion hébraïque. — Histoire grecque. — Histoire romaine. — Histoire byzantine. — Histoire du moyen âge. — Méthode historique. — Histoire politique et diplomatique des temps modernes. — Histoire de la Révolution française. — Histoire moderne et contemporaine. — Histoire coloniale. — Histoire du christianisme dans l'antiquité et au moyen âge. — Histoire du christianisme dans les temps modernes. — Histoire des idées et de la littérature chrétiennes du XVI° au XIX° siècle. — Archéologie. — Histoire de l'art chrétien au moyen âge. — Histoire de l'art. — Histoire de la musique. — Sciences auxiliaires de l'Histoire.

Géographie : Géographie. — Géographie et topographie. — Histoire et géographie de l'Afrique du Nord.

Lettres et philologie anciennes : Éloquence grecque. — Poésie grecque. — Langue et littérature grecques. — Éloquence latine. — Poésie latine. — Langue et littérature latines. — Grammaire comparée des langues indo-européennes. — Métrique grecque et latine. — Langues et littératures de l'Inde.

Lettres et philologie modernes : Poésie française. — Éloquence française. — Langue et littérature françaises. — Littérature française comparée. — Littérature du moyen âge et Philologie romane. — Histoire de la langue française. — Grammaire historique de la langue française. — Langue et littérature anglaises. — Langue et littérature allemandes. — Langue et littérature italiennes. — Langue et littérature espagnoles. — Langues et littératures romanes. — Langue et littérature russes. — Langues et littératures scandinaves. — Langue et littérature hongroises.

INSTITUTS ANNEXES. La Faculté des Lettres a organisé, en vue de faciliter certaines études spéciales, des Instituts où sont réunis tous les instruments de travail nécessaires. Chacun de ces Instituts possède une bibliothèque, des collections de photographies, des clichés de projections, des collections de cartes et de plans, etc. Sont admis à travailler dans les Instituts les étudiants présentés par un professeur et autorisés par le Doyen.

Ces Instituts sont les suivants :

Institut d'Archéologie, qui a comme annexe un musée de moulages;

Institut d'Histoire de l'Art, qui a comme annexe un musée de moulages ;

Institut de Phonétique, comprenant les Archives de la parole et le cours de Physiologie de la parole ;

Institut d'Épigraphie grecque ;

Institut de Géographie ;

Institut de Géographie coloniale ;

Institut d'Études slaves ;

Séminaire de Philologie roumaine ;

Salles d'études grecques ;

Laboratoire de Philologie romane et française.

Salles de travail. — Ouvertes aux étudiants de licence, de diplôme d'études et d'agrégation.

Une salle spéciale pourvue d'une bibliothèque est réservée aux étudiants étrangers aspirant au certificat d'études françaises.

DIPLOMES ET GRADES D'ÉTAT. La Faculté des Lettres délivre, aux mêmes conditions que les autres Facultés françaises, la *Licence*, les *Diplômes d'études supérieures* et le *Doctorat*. Cf. p. 45.

DIPLOMES UNIVERSITAIRES. *Doctorat de l'Université de Paris* (mention LETTRES). — Accessible aux étudiants français et étrangers justifiant du diplôme de licencié ès lettres ou de titres et diplômes reconnus équivalents par la Faculté. — *Scolarité :* Quatre semestres. Elle peut être accomplie en partie dans un des établissements scientifiques de Paris ou dans une autre Université française ou étrangère. — *Épreuves :* Soutenance d'une thèse et interrogations. — *Frais d'études :* Immatriculation : 60 francs. — *Droit d'examen :* 140 francs.

Diplôme d'études universitaires. — Ce diplôme porte l'une des mentions suivantes : *Philosophie, Lettres et philologie, Histoire, Géographie.* Il est accessible aux étudiants français et étrangers sans aucune condition d'âge ni de grade. — *Scolarité :* Les candidats doivent être immatriculés à la Faculté pendant deux années et suivre au moins trois cours ou conférences. — *Épreuves :* Présentation d'un mémoire et examen.—*Frais d'études :* Immatriculation : 60 francs. — *Droit d'examen :* 120 francs.

Certificat d'études françaises. — Réservé aux étudiants étrangers et accessible sans aucune condition d'âge ni de grade. — *Scolarité :* Une année. — *Épreuves :* Examen comprenant des épreuves écrites et des épreuves orales. — *Frais d'études :* Immatriculation : 30 francs. — *Droit d'examen :* 100 francs.

ÉCOLE SUPÉRIEURE DE PHARMACIE

ENSEIGNEMENTS. Chimie analytique. — Pharmacie galénique. — Chimie minérale. — Zoologie. — Matière médicale. — Physique. — Chimie biologique. — Hydrologie et minéralogie. — Botanique. — Cryptogamie. — Chimie organique. — Pharmacie chimique. — Toxicologie.

INSTITUTS ANNEXES. *Jardin botanique.* — Renferme toutes les plantes indigènes employées en pharmacie, un grand nombre d'espèces de la flore parisienne et de vastes serres dans lesquelles sont cultivées les plantes médicinales exotiques.

Collections. — L'École supérieure de Pharmacie possède de grandes et importantes collections directement rattachées aux chaires dont elles portent le nom. Ces collections sont les suivantes : *Collections de Matière médicale, Collections de Zoologie, de Minéralogie, de Cryptogamie.*

DIPLOMES ET GRADES D'ÉTAT. Les grades d'État délivrés par l'École supérieure de Pharmacie sont le *Diplôme de pharmacien,* le *Diplôme supérieur de pharmacien* et les *Certificats d'aptitude à la profession d'herboriste.* Cf. p. 45.

DIPLOMES UNIVERSITAIRES. *Doctorat de l'Université de Paris* (mention PHARMACIE). — Accessible aux candidats français justifiant du diplôme de pharmacien et aux candidats étrangers présentant des attestations d'études, diplômes, titres scientifiques obtenus à l'étranger ou en France et justifiant de deux certificats d'études correspondant à deux examens subis

devant les jurys de l'École et portant sur les matières suivantes :
1º Pharmacie chimique et toxicologie; 2º Pharmacie galénique
et matière médicale. — *Scolarité :* Une année. — *Épreuve :* Soutenance d'une thèse. — *Frais d'études :* Immatriculation : 30 francs.
Droits de laboratoire : 600 francs. — *Droit de thèse :* 100 francs.

Diplôme de pharmacien de l'Université de Paris. — Réservé aux
étudiants étrangers, ce diplôme a la même valeur scientifique
que le diplôme d'État correspondant, mais ne confère pas le
droit d'exercer la profession de pharmacien en France.

Les étudiants étrangers doivent obtenir l'équivalence du
baccalauréat. Ils suivent ensuite les mêmes cours, sont astreints
aux mêmes obligations de stage et subissent les mêmes examens
que les étudiants français. — *Frais d'études.* Les droits à acquitter sont les mêmes que pour le diplôme d'État correspondant.
Cf. p. 46.

ÉCOLE NORMALE SUPÉRIEURE

L'École normale supérieure a pour objet propre de former
des professeurs pour toutes les branches de l'enseignement
secondaire.

Organisation. — L'École est divisée en deux sections : *Section des lettres* et *Section des sciences.* Le régime de l'École
est mixte. Elle comprend des internes et des externes, auxquels
des bourses sont attribuées. Les élèves sont immatriculés à
l'Université dont ils suivent les cours. Mais, en outre, des enseignements spéciaux complémentaires leur sont donnés par des
maîtres des Facultés des Sciences et des Lettres.

Conditions d'admission. — Les élèves sont recrutés au concours.
Ce concours est commun à l'École normale et aux bourses de
licence. Le nombre des candidats à admettre dans chacune des
sections est fixé chaque année par arrêté ministériel. Des élèves
étrangers peuvent être admis à l'École dans la limite des places
disponibles et sur demande du représentant de leur pays.

ÉTABLISSEMENTS EXTÉRIEURS A L'UNIVERSITÉ

I. — ÉTABLISSEMENTS SCIENTIFIQUES ET DE HAUTES ÉTUDES

Collège de France
place Marcellin-Berthelot

Créé en 1530 par François Ier, le Collège de France a pour fonction essentielle de contribuer au progrès de la science par des travaux, des recherches, des enseignements et enfin par des missions et des publications, sans préoccupation de préparer à aucun grade ou diplôme.

Enseignements. — Mécanique analytique et mécanique céleste. — Mathématiques. — Physique générale et mathématique. — Physique générale et expérimentale. — Chimie minérale. — Chimie organique. — Médecine. — Biologie générale. — Histoire naturelle des corps inorganiques. — Histoire naturelle des corps organisés. — Embryogénie comparée. — Histologie comparée. — Physiologie expérimentale et comparée. — Géologie. — Histoire générale des sciences. — Histoire des législations comparées. — Économie politique. — Enseignement et étude des faits économiques et sociaux. — Histoire du travail. — Histoire des religions. — Philosophie sociale. — Sociographie et sociologie musulmanes. — Esthétique et histoire de l'art. — Épigraphie et antiquités romaines. — Épigraphie et antiquités grecques. — Épigraphie et antiquités sémitiques. — Philologie et archéologie égyptiennes. — Philologie et archéologie assyriennes. — Langues, histoire et archéologie de l'Asie centrale. — Histoire de l'Afrique du Nord. — Langue et littérature arabes. — Numismatique de l'antiquité et du moyen âge. — Langues et littératures chinoises et tartares-mandchoues. — Langue et littérature sanscrites. — Langue et littérature grecques.

— Philologie latine. — Histoire de la littérature latine. — Histoire et antiquités nationales. — Philosophie moderne. — Langue et littérature françaises du moyen âge. — Langue et littérature françaises modernes. — Langues et littératures d'origine germanique. — Langues et littératures de l'Europe méridionale. — Langues et littératures celtiques. — Langues et littératures d'origine slave. — Grammaire comparée. — Géographie humaine.

Cours complémentaires : Antiquités américaines. — Mathématiques. — Assurances sociales. — Histoire et philologie indochinoises.

Tous ces enseignements sont répartis en deux semestres de cours, dont l'un commence le 1er lundi de décembre et l'autre le lundi qui suit la semaine de Pâques.

Laboratoires et stations. — Pour les travaux et recherches scientifiques, le Collège de France possède les laboratoires suivants :

Laboratoires de physique générale et expérimentale. — Chimie minérale. — Chimie organique. — Médecine. — Biologie générale. — Histoire naturelle des corps inorganiques. — Histoire naturelle des corps organisés. — Embryogénie comparée. — Anatomie générale. — Phonétique expérimentale. — Physique générale et mathématique. — Zoologie et physiologie maritimes, à Concarneau. — Physique et chimie végétales, à Meudon. — Station physiologique du Parc des Princes.

En outre, un certain nombre de laboratoires, compris dans l'organisation générale de l'École des Hautes Études, sont installés au Collège de France. Ce sont ceux de :

Chimie organique. — Histologie. — Physique biologique. — Cytologie. — Physiologie. — Médecine expérimentale. — Géologie physique. — Hygiène expérimentale.

Conditions d'admission. — Les cours du Collège de France sont publics et gratuits. Par contre, l'accès des laboratoires et stations n'est accordé qu'aux personnes autorisées par les professeurs-directeurs et justifiant d'études scientifiques suffisantes.

Sanction des études. — Le Collège de France ne confère aucun grade et ne délivre aucun diplôme. Toutefois, chaque professeur peut délivrer, soit des *Certificats d'assiduité*, soit des *Certificats de recherches* ou *d'études*, qui sont visés par l'administrateur.

Muséum d'Histoire naturelle
57, *rue Cuvier*

Le Muséum a pour objet de pourvoir à l'enseignement public de l'histoire naturelle; mais, par ses enseignements et par les travaux accomplis dans ses laboratoires, il est aussi un établissement de science pure, de recherche libre et désintéressée.

Enseignements. — Anatomie comparée. — Anthropologie. — Botanique (Organographie et physiologie végétales). — Botanique (Phanérogames). — Botanique (Cryptogames). — Culture. — Chimie appliquée aux corps organiques. — Géologie. — Minéralogie. — Paléontologie. — Pathologie comparée. — Physiologie générale. — Physique appliquée à l'histoire naturelle. — Physique végétale. — Zoologie (Animaux articulés). — Zoologie (Reptiles, batraciens et poissons). — Zoologie (Annélides et mollusques). — Zoologie (Mammifères et oiseaux).

Tous ces cours ont lieu pendant un semestre, semestre d'été ou semestre d'hiver. En outre, pendant le semestre d'été, il est fait deux cours de dessin appliqué à l'histoire naturelle, l'un concernant les animaux, l'autre concernant les plantes.

Laboratoires. — A chacune des chaires énumérées ci-dessus est attaché un laboratoire. Le Muséum possède, en outre, un Laboratoire maritime à Saint-Vaast-la-Hougue, un Laboratoire colonial et un Laboratoire de spéléologie.

Collections et annexes. — Au Muséum appartiennent d'importantes collections anatomiques, zoologiques, géologiques, paléontologiques et botaniques. Il possède aussi une *Ménagerie*, une *École de botanique* et un *Jardin botanique* ainsi que de vastes serres de plantes exotiques et de plantes coloniales.

Conditions d'admission. — Les cours du Muséum sont publics et gratuits. Pour suivre les conférences et travaux pratiques, il est nécessaire de se faire inscrire aux laboratoires spéciaux, mais aucun diplôme n'est exigé et les étrangers sont admis à s'inscrire au même titre que les Français.

Sanction des études. — Le Muséum ne confère aucun grade et ne délivre aucun diplôme. Toutefois, un *Certificat d'assiduité* peut être délivré en fin d'année aux auditeurs réguliers par les professeurs dont ils ont suivi les cours.

École pratique des Hautes Études
à la Sorbonne

L'École pratique des Hautes Études a pour objet propre de placer, à côté de l'enseignement théorique, les exercices pratiques qui peuvent le fortifier et l'étendre.

Organisation. — L'École est divisée en cinq sections : 1° *Sciences historiques et philologiques;* 2° *Sciences mathématiques;* 3ᵛ *Sciences physico-chimiques;* 4° *Sciences naturelles et physiologiques;* 5ⁿ *Sciences religieuses.* Mais, seules, la section des Sciences historiques et philologiques et celle des Sciences religieuses sont centralisées, et, installées à la Sorbonne, ont une existence véritable et autonome. Les autres sont constituées par des enseignements et des laboratoires disséminés au Muséum, au Collège de France, dans les Facultés de Paris et même des départements.

I. Section des sciences historiques et philologiques. — Philologie grecque. — Philologie byzantine et néo-grecque. — Épigraphie et antiquités grecques. — Philologie latine. — Épigraphie latine et antiquités romaines. — Histoire. — Histoire des doctrines économiques. — Histoire des doctrines contemporaines de psychologie physiologique. — Géographie historique. — Grammaire comparée. — Phonétique générale et comparée. — Langues et littératures romanes. — Dialectologie de la Gaule romane. — Histoire littéraire de la Renaissance. — Langue sanscrite. — Langues zende et pehlvie. — Langues hébraïque et syriaque. — Langue arabe. — Langue éthiopienne-hymiarite et langues touraniennes. — Philologie et antiquités assyriennes. — Archéologie orientale. — Philologie et antiquités égyptiennes. — Histoire ancienne de l'Orient. — Travaux paléographiques.

II. Section des sciences mathématiques. — Mécanique physique et expérimentale. — Astronomie et mécanique. — Applications de l'analyse à la géométrie.

III. Section des sciences physico-chimiques. — L'enseignement est donné dans des laboratoires installés au Collège de France, à la Sorbonne, à l'École normale supérieure, à la Faculté des Sciences de Lille, au Muséum, à l'Institut Pasteur et au Parc Saint-Maur.

Un Institut d'Hydrologie et de Climatologie est en outre rattaché à cette section; il a son siège au Collège de France.

IV. Section des sciences naturelles. — L'enseignement est donné dans des laboratoires installés au Collège de France, à la Sorbonne, à la Faculté de Médecine, à l'École de Pharmacie, au Muséum, à la Faculté des Sciences de Lille, à l'Asile de Villejuif, à la Station maritime de Roscoff, à la Station maritime de Banyuls-sur-Mer, à Wimereux-Ambleteuse, à Cette, Tatihou, Fontainebleau et Beaulieu.

V. Section des sciences religieuses. — Religions des peuples non civilisés. — Religions de l'Extrême-Orient. — Religions de l'Inde. — Religions de l'Amérique précolombienne. — Religions primitives de l'Europe. — Christianisme byzantin. — Religions de l'Égypte. — Religions assyro-babyloniennes. — Religion d'Israël et des Sémites occidentaux. — Judaïsme talmudique et rabbinique. — Islamisme et religion de l'Arabie. — Religions de la Grèce et de Rome. — Littérature chrétienne et histoire de l'Église. — Histoire des doctrines et des dogmes. — Histoire du droit canon. — Histoire de l'Église catholique. — Histoire des anciennes Églises d'Orient.

Conditions d'admission. — Les cours sont publics et gratuits. Aucune condition d'âge, de nationalité ou de grade n'est exigée pour l'inscription. Mais pour être admis dans un des laboratoires, il faut être agréé par le Directeur.

Sanction des études. — Le cours normal des études étant de trois années, les auditeurs réguliers peuvent à la fin de la première année recevoir le titre d'élèves titulaires, et, au bout de trois ans, ils peuvent, sur production d'un mémoire, obtenir le titre d'élève diplômé.

École nationale des Chartes

à la Sorbonne

L'École a pour fonction propre de former des archivistes paléographes et de faire l'éducation professionnelle du personnel des archives et des bibliothèques publiques. Le cours normal des études est de trois années. L'enseignement de l'École est gratuit.

Enseignements. — Paléographie. — Philologie romane. — Bibliographie et service des bibliothèques. — Diplomatique. Histoire des institutions politiques, administratives et judiciaires de la France. — Sources de l'histoire de France. — Service des archives. — Histoire du droit civil et du droit canonique au moyen âge. — Archéologie du moyen âge.

Conditions d'admission. — Les élèves de l'École des Chartes se recrutent par la voie d'un concours annuel. Pour être admis à s'y présenter, il faut être Français, avoir moins de 30 ans et être pourvu du baccalauréat.

Les étrangers doivent produire un diplôme équivalent au baccalauréat français; ils sont dispensés du concours d'admission et sont nommés élèves à titre étranger.

L'École admet encore des auditeurs libres, qui n'ont d'autre formalité à remplir que celle de se faire inscrire au Secrétariat de l'École.

Sanction des études. — Examens semestriels permettant d'obtenir, à la fin de la 3ᵉ année et après soutenance d'une thèse, le *Diplôme d'archiviste-paléographe.*

École spéciale des Langues orientales vivantes

2, rue de Lille

L'École a pour objet l'enseignement des langues orientales vivantes, d'une utilité reconnue pour la politique et le commerce.

Organisation. — Le cours normal des études est de trois années, mais la durée peut en être abrégée en raison des études antérieures faites par les élèves. La scolarité peut aussi être en partie accomplie à l'étranger.

Enseignements. — Arabe littéral. — Arabe vulgaire. — Arabe oriental. — Persan. — Turc. — Chinois. — Annamite. — Siamois (Thaï). — Japonais. — Hindoustani et Tamoul. — Arménien. — Grec moderne. — Russe. — Roumain. — Géographie, histoire et législation des États de l'Extrême-Orient.

COURS COMPLÉMENTAIRES. — Abyssin. — Malais. — Malgache. — Langues soudanaises. — Géographie, histoire et législation des États musulmans.

COURS LIBRES. — Cambodgien. — Hongrois.

Conditions d'admission. — Pour être élève régulier, il faut être Français, âgé de 16 ans au moins et de 24 ans au plus, et justifier du baccalauréat.

Les étrangers peuvent aussi être admis comme élèves réguliers par décision du ministre de l'Instruction publique, sur l'avis du Conseil de perfectionnement. L'École admet enfin des auditeurs libres, sans aucune condition d'âge, de grade ou de nationalité.

Droits d'inscription. — 50 francs par semestre.

Sanction des études. — Examens à la fin de chaque année, permettant d'obtenir, après la 3ᵉ année, le *Diplôme d'élève breveté de l'École des Langues orientales vivantes.*

Institut Pasteur

26, rue Dutot

L'Institut Pasteur est à la fois un centre de recherches scientifiques, une maison de haut enseignement, et, par certains de ses services, un établissement médical.

Organisation. — Il se divise en trois sections principales : *Section microbiologique.* — *Section sérothérapique.* — *Section de chimie biologique.*

I. SECTION MICROBIOLOGIQUE. — Cette section comprend les services des *vaccins,* de la *rage,* des *laboratoires de recherches* et de la *microbie technique.*

Ce dernier service organise chaque année une série de 95 conférences, consacrées à la microbiologie et suivies de travaux pratiques. Les droits d'études sont de 100 francs.

II. SECTION SÉROTHÉRAPIQUE. — Service de la préparation des sérums. En plus des laboratoires qui lui sont affectés à l'Institut même, cette section possède à Garches (Seine-et-Oise) des installations pour les animaux immunisés.

III. SECTION DE CHIMIE BIOLOGIQUE. — Cette section comprend le *Laboratoire de chimie biologique,* le *Service des fermentations,* le *Laboratoire de chimie agricole* et le *Laboratoire d'enseignement pratique de la chimie biologique.* Un enseignement théorique et pratique comprenant des cours et des manipulations y est donné chaque année, pendant un trimestre, à partir de novembre. Les droits à payer pour l'enseignement, l'usage du laboratoire et la fourniture du matériel de travail sont de 250 francs. Un *Certificat de présence et d'études* peut être délivré gratuitement aux travailleurs ayant suivi régulièrement les cours et les exercices pratiques.

École libre des Sciences politiques

27, rue Saint-Guillaume

Le programme de l'École libre des Sciences politiques comprend l'ensemble des sciences nécessaires à la formation de l'homme politique, du fonctionnaire et du citoyen instruit.

Organisation. — Les cours et conférences sont distribués en cinq sections : *Section administrative; Section économique et financière; Section économique et sociale ; Section diplomatique; Section générale* (Droit public et histoire). La durée normale des études est de trois ans. Une année complémentaire, composée de cours spéciaux et de conférences d'application, est ouverte aux élèves diplômés.

Conditions d'admission. — L'École reçoit des élèves et des auditeurs français et étrangers. Ils n'ont à justifier d'aucun grade universitaire et ne subissent aucun examen d'entrée.

Frais d'études. — Inscription d'ensemble pour le cours normal d'études : 350 francs par an. — Inscription partielle donnant entrée à un cours ou à une conférence par semaine : 70 francs par an. — Inscription d'ensemble pour l'année complémentaire : 250 francs.

Sanction des études. — Dans chaque section, un examen partiel a lieu à la fin de chaque année et un examen général à la fin des études. Un diplôme est décerné aux candidats qui ont subi avec succès ces épreuves. Les droits d'examens et de diplôme sont de 140 francs.

École des Hautes Études sociales

16, rue de la Sorbonne

Organisée spécialement en vue de l'enseignement des sciences sociales, l'École comprend quatre sections : *École de morale, de philosophie et de pédagogie. — École sociale. — École d'art. — École de journalisme et de préparation à la vie publique.*

Conditions d'admission. — L'École admet comme élèves les Français et les étrangers sans aucune condition d'âge ni de grade.

Frais d'études. — Les frais d'études comprennent un droit général d'inscription de 20 francs et un droit spécial de 10 francs par section. Ces droits sont réduits de moitié pour les professeurs et étudiants.

Sanction des études. — Examens permettant d'obtenir dans chaque section, après soutenance d'un mémoire original, le diplôme de cette section. Le *Diplôme des Hautes Études sociales* est accordé aux élèves possédant deux diplômes de section, dont l'un doit être obligatoirement celui de l'École sociale.

Collège libre des Sciences sociales

28, rue Serpente

Le Collège, qui a pour objet propre l'étude des doctrines sociales, est divisé en trois sections principales : *Études historiques et descriptives. — Théorie et méthode. — Technologie.*

Conditions d'admission. — Le Collège est ouvert aux étudiants français et étrangers sans aucune condition d'âge ou de grade. Le droit d'inscription est de 30 francs par an. Ce droit est réduit à 10 francs pour les professeurs ou étudiants.

Sanction des études. — Attestations d'études délivrées après soutenance d'un mémoire original. Un *Certificat d'études sociales* est délivré aux personnes ayant suivi les cours pendant deux ans et possédant trois attestations d'études.

II. ÉCOLES PRÉPARATOIRES A L'ENSEIGNEMENT

École normale supérieure
d'enseignement secondaire des jeunes Filles

à SÈVRES *(Seine-et-Oise)*

L'École a pour objet de former le personnel féminin destiné à enseigner dans les lycées et collèges de jeunes filles.

Organisation. — L'enseignement est donné en vue de la préparation au certificat d'aptitude et à l'agrégation de l'enseignement secondaire des jeunes filles. Le cours normal des études est de 3 ans. Le régime de l'École est l'internat. Toutefois un certain nombre d'élèves peuvent être admises comme externes, demi-pensionnaires et auditrices libres. L'enseignement et la pension sont gratuits.

Conditions d'admission. — Les élèves se recrutent par la voie du concours. Les aspirantes doivent avoir 18 ans au moins et 24 ans au plus, être pourvues du diplôme de fin d'études secondaires des jeunes filles ou du brevet supérieur ou d'un diplôme de bachelier. Elles sont admises comme élèves régulières internes. — Toutefois, des Françaises ayant subi le concours d'admission peuvent être autorisées à suivre les cours en qualité de demi-pensionnaires, d'externes ou d'auditrices libres.

Des étrangères peuvent être admises sans concours comme élèves internes, demi-pensionnaires, externes ou auditrices libres, dans la limite des places disponibles et sur demande du représentant de leur pays.

École normale supérieure d'Instituteurs

à SAINT-CLOUD *(Seine-et-Oise)*

L'objet propre de l'École est de former des professeurs pour les écoles normales primaires d'instituteurs et pour les écoles primaires supérieures de garçons.

Organisation. — L'École comprend deux sections : *Section des lettres* et *Section des sciences*. Dans chacune des sections le cours normal des études est de 3 ans. Le régime de l'École est l'internat; toutefois un certain nombre d'élèves peuvent être admis comme demi-pensionnaires, externes et auditeurs libres. L'enseignement et la pension sont gratuits.

Conditions d'admission. — Les élèves se recrutent par la voie du concours. Les candidats doivent avoir de 19 à 25 ans et être pourvus du brevet supérieur ou d'un baccalauréat. Ils sont admis comme élèves réguliers internes. Toutefois, des Français ayant subi le concours peuvent être autorisés à suivre les cours en qualité de demi-pensionnaires, d'externes ou d'auditeurs libres.

Les étrangers peuvent être admis sans concours comme élèves internes, demi-pensionnaires, externes ou auditeurs libres, dans la limite des places disponibles et sur demande du représentant de leur pays.

École normale primaire supérieure d'Institutrices

à FONTENAY-AUX-ROSES (*Seine*)

L'École forme des professeurs pour les écoles normales primaires de jeunes filles et pour les écoles primaires supérieures.

Organisation. — Le régime de l'École, les conditions d'admission, la durée et la sanction des études sont les mêmes que pour l'École normale supérieure d'Instituteurs de Saint-Cloud. Cf. ci-dessus, p. 89.

École normale de l'Enseignement technique

151, boulevard de l'Hôpital

L'École a pour objet propre la préparation technique et pédagogique du personnel enseignant des écoles techniques relevant du ministère du Commerce.

Organisation. — L'École reçoit des élèves des deux sexes, répartis en deux sections : *Section industrielle* et *Section commerciale*.

La durée normale des études est de deux années. Le régime de l'École est l'externat et l'enseignement est gratuit.

Conditions d'admission. — Aucun grade ou diplôme n'est exigé pour l'inscription en vue du concours, mais les candidats titulaires de certains diplômes peuvent après le concours être admis directement en 2ᵉ année.

L'École recrute ses élèves par la voie d'un concours. Des candidats étrangers peuvent être admis sans concours, dans la limite des places disponibles, à la condition de posséder des connaissances suffisantes et sur demande du représentant diplomatique de leur pays.

Sanction des études. — A la fin de leur 2ᵉ année d'études, les élèves subissent les examens du concours pour l'obtention du *Certificat d'aptitude au professorat industriel* ou du *Certificat d'aptitude au professorat commercial.*

École normale primaire d'Instituteurs

10, rue Molitor

École normale primaire d'Institutrices

56, boulevard des Batignolles

Les Écoles normales primaires sont destinées à former des instituteurs et des institutrices pour les écoles primaires élémentaires et les écoles maternelles.

Organisation. — Le cours normal des études est de trois années. Il comprend des matières communes aux jeunes gens et aux jeunes filles et des matières spéciales. L'instruction générale est donnée en 1ʳᵉ et en 2ᵉ année; l'instruction pratique et professionnelle, en 3ᵉ année. Pendant la 3ᵉ année, les élèves font au moins deux mois d'enseignement pratique à l'école primaire annexée à l'École normale. Le régime de ces Écoles est l'internat; toutefois, des élèves français et étrangers peuvent être admis à titre de demi-pensionnaires, d'externes ou d'auditeurs libres. L'enseignement et la pension sont gratuits.

Conditions d'admission. — L'admission a lieu par voie de concours. Les candidats doivent avoir 16 ans au moins et

18 ans au plus et posséder le brevet élémentaire. Ils s'engagent à servir pendant dix ans dans l'enseignement public.

Les étrangers peuvent être admis sans concours en qualité d'élèves, mais seulement dans la limite des places disponibles et sur demande du représentant de leur pays.

Les Écoles normales admettent des auditeurs et auditrices libres externes. Pour les étrangers, la demande doit être faite par le représentant de leur pays.

. *Sanction des études*. — Les élèves passent le brevet supérieur à la fin de la 2e année, et l'examen de fin d'études normales à la fin de la 3e année. A la sortie de l'École, ils ont droit aux premiers emplois vacants dans le département.

III. ÉCOLES D'ENSEIGNEMENT TECHNIQUE INDUSTRIEL

Conservatoire national des Arts et Métiers

292, rue Saint-Martin

Le Conservatoire national des Arts et Métiers a pour objet l'étude des sciences appliquées aux arts. C'est à la fois un établissement d'enseignement et un musée possédant de riches collections et une importante bibliothèque.

Enseignements. — Le Conservatoire donne, du 1er novembre à fin avril de chaque année, des enseignements réguliers portant sur les matiè.es suivantes :

Géométrie appliquée aux arts. — Mécanique. — Machines. — Constructions civiles. — Physique appliquée aux arts. — Électricité industrielle. — Chimie générale dans ses rapports avec l'industrie. — Chimie industrielle. — Métallurgie et travail des métaux. — Chimie appliquée aux industries des matières colorantes, blanchiment, teinture, impressions et apprêts. — Chimie appliquée aux industries des chaux et ciments, céramique et verrerie. — Chimie agricole et analyse chimique. — Agriculture. — Filature et tissage. — Économie politique et législation industrielle. — Économie industrielle et statistique. — Art appliqué aux métiers. — Associations ouvrières. — Assurance et prévoyance sociales. — Droit commercial. — Économie sociale. — Hygiène industrielle. — Géographie industrielle et commerciale. — Indépendamment des cours réguliers, il est fait au Conservatoire des conférences qui ont lieu le dimanche.

Conditions d'admission. — Tous les enseignements du Conservatoire étant publics et gratuits, aucune formalité n'est exigée pour l'admission. Toutefois les auditeurs qui désirent, en fin d'année, obtenir un *Certificat d'assiduité* ou *d'études*, doivent, avant le 15 novembre, se faire inscrire et demander une carte d'identité nominative. La délivrance de cette carte n'est du reste soumise à aucune condition d'âge, de nationalité ou d'études antérieures.

Sanction des études. — Examens permettant aux auditeurs ayant suivi régulièrement les cours, concernant un ordre déterminé de connaissances, d'obtenir un *Certificat annuel*. Les titulaires des certificats annuels concernant le cycle complet de deux cours peuvent, après un nouvel examen, recevoir le *Diplôme d'études du Conservatoire national des Arts et Métiers.*

École nationale supérieure des Mines

60, boulevard Saint-Michel

Le but spécial de l'École est de former les ingénieurs du corps des mines et de donner l'enseignement technique nécessaire aux jeunes gens qui se destinent, dans l'industrie privée, à l'exploitation des mines. Elle exécute pour les administrations et les particuliers les essais ou analyses qui peuvent aider aux progrès de cette industrie.

L'École possède une bibliothèque et de riches collections consacrées spécialement à l'industrie minière.

Organisation. — La durée normale des études est de trois années de *cours spéciaux*, précédés d'une année de *cours préparatoires*, destinés à donner les connaissances nécessaires pour suivre les cours spéciaux. Le régime de l'École est l'externat; les frais d'études sont de 500 francs par an.

Enseignements. — *Cours spéciaux :* Minéralogie et pétrographie. — Paléontologie animale. — Paléontologie végétale. — Géologie. — Exploitation des mines. — Métallurgie. — Analyse minérale. — Métallurgie générale et chimie industrielle. — Géologie appliquée. — Machines et construction de machines. — Chemins de fer. — Construction et résistance des matériaux. — Électricité industrielle. — Législation. — Économie industrielle. — Topographie. — Hygiène industrielle. — Automobilisme. — Aviation. — Langue allemande et langue anglaise.

Cours préparatoires : Analyse et géométrie descriptive. — Mécanique. — Physique. — Chimie générale.

Conditions d'admission. — A. *Aux cours spéciaux :* Sont admis directement les anciens élèves de l'École Polytechnique classés comme élèves au corps des mines. Les élèves externes se recrutent par voie de concours. Les candidats français doivent être âgés de 17 ans au moins et de 20 ans au plus. Des élèves étrangers peuvent être admis, sans condition d'âge, à la suite d'un examen de capacité, sur demande du représentant de leur pays. —B. *Aux cours préparatoires :* Après examen, que peuvent subir les candidats étrangers au même titre que les Français, sur demande du représentant de leur pays.

Des auditeurs libres peuvent, avec l'autorisation du directeur, être admis à assister aux cours oraux.

Sanction des études. — Examen permettant en fin d'études, aux élèves externes français et étrangers, d'obtenir, suivant la moyenne de leurs notes, soit le *Diplôme d'ingénieur civil des mines,* soit un *Certificat d'études.*

École nationale des Ponts et Chaussées

20, rue des Saints-Pères

Le but spécial de l'École est de former les ingénieurs nécessaires au recrutement du corps des Ponts et Chaussées; mais, en plus des élèves ingénieurs, elle admet à recevoir son enseignement des élèves externes de nationalité française et des élèves étrangers.

Organisation. — La durée normale des études est de trois ans de *cours spéciaux,* précédés d'une année de *cours préparatoires* destinés à donner les connaissances nécessaires pour suivre les cours spéciaux. L'enseignement de l'École est gratuit et le régime est l'externat.

Enseignements. — Mécanique appliquée. — Matériaux de construction. — Procédés généraux de construction. — Ponts. — Routes et voies ferrées sur chaussées. — Leçons de topométrie et cubature des terrasses. — Navigation intérieure. — Travaux maritimes. — Chemins de fer. — Électricité appliquée. — Minéralogie et géologie. — Machines à vapeur et autres moteurs thermiques. — Architecture civile. — Hydraulique agricole et urbaine. — Économie politique. — Économie sociale. — Droit administratif. — Travaux graphiques. — Langue allemande. — Langue anglaise.

Conditions d'admission. — A. *Aux cours spéciaux :* Sont admis directement les anciens élèves de l'École Polytechnique classés comme élèves ingénieurs au corps des Ponts et Chaussées. Tous les autres élèves se recrutent par la voie d'un concours. Les étrangers sont admis à y prendre part au même titre que les Français, mais sur demande spéciale du représentant de leur pays. — B. *Aux cours préparatoires :* Par la voie d'un concours auquel les étrangers peuvent prendre part au même titre que les Français et sur demande du représentant de leur pays.

Des auditeurs libres peuvent, avec l'autorisation du directeur, être admis à assister aux cours oraux.

Sanction des études. — Examen permettant en fin d'études, aux élèves externes français et étrangers, d'obtenir, suivant la moyenne de leurs notes, soit le *Diplôme d'ingénieur des constructions civiles*, soit un *Certificat d'études.*

École centrale des Arts et Manufactures

1, rue Montgolfier

L'École centrale des Arts et Manufactures est destinée à former des ingénieurs pour toutes les branches de l'industrie et pour les travaux et services publics dont la direction n'appartient pas nécessairement aux ingénieurs de l'État.

Organisation. — Le cours d'études est complet en trois ans. Le régime de l'École est l'externat.

Enseignements. — Travaux publics. — Exploitation des mines.

— Métallurgie du fer et de l'acier. — Construction de machines. — Mécanique appliquée. — Applications industrielles de la chimie minérale. — Applications industrielles de la chimie organique et agricole. — Chemins de fer.

Physique industrielle. — Chimie analytique. — Électricité industrielle. — Mécanique appliquée à la résistance des matériaux. — Constructions métalliques. — Constructions civiles. — Machines thermiques. — Législation industrielle.

Analyse mathématique. — Mécanique générale. — Physique générale. — Géométrie descriptive. — Organes des machines. — Minéralogie et géologie. — Chimie générale. — Architecture et constructions civiles. — Salubrité et hygiène. — Dessin d'architecture. — Dessin de machines. — Métallurgie générale. — Métallurgie des métaux autres que le fer.

Conditions d'admission. — Les élèves de l'École sont recrutés par la voie du concours. Les étrangers sont admis à y prendre part aux mêmes conditions que les nationaux. Toutefois ils peuvent être autorisés à remplacer la composition française par une composition dans leur langue maternelle.

Frais d'études. — Les frais d'études sont de 900 francs pour la 1re année et de 1.000 francs pour chacune des deux autres.

Sanction des études. — Examens permettant d'obtenir à la fin de la 3e année, suivant la moyenne des notes, le *Diplôme d'ingénieur des Arts et Manufactures* ou un *Certificat de capacité.*

École professionnelle supérieure
des Postes et Télégraphes

103, rue de Grenelle

L'École est divisée en deux sections : l'une prépare aux services administratifs en vue de l'accès aux grades supérieurs; l'autre, plus spécialement consacrée au service technique, forme les ingénieurs des Postes et Télégraphes.

Le cours normal des études dans chacune des sections est de deux ans.

Conditions d'admission. — Les candidats sont admis par voie de concours, sauf pour les anciens élèves de l'École Polytechnique, nommés dans l'administration des Postes et Télégraphes. L'École reçoit en outre des auditeurs libres français et étrangers. Les demandes d'admission des étrangers, tant en qualité d'élèves que d'auditeurs libres, doivent être adressées à M. le ministre du Commerce par le représentant de leur pays.

Sanction des études. — Examen permettant d'obtenir en fin d'études un brevet de capacité.

École spéciale des Travaux publics, du Bâtiment et de l'Industrie
3, rue Thénard

Cette École est une école d'ingénieurs et comprend cinq sections d'études distinctes : *École des travaux publics. — École du bâtiment. — École d'application de l'électricité. — École des mines. — École des géomètres et topographes.*

Organisation. — L'enseignement est donné sur place ou par correspondance. Ce dernier mode d'enseignement est complété par la pratique du métier ou par un stage fait, soit à l'École, soit dans une maison industrielle. La durée des études pour l'enseignement sur place est de trois ans pour l'*École des travaux publics* et de deux ans pour les autres sections.

Un vaste polygone, situé à Arcueil-Cachan, et comprenant laboratoires, ateliers, musées, types de constructions, chemin de fer électrique, etc., permet de faire toutes les applications des cours professés.

Frais d'études. — Les droits à payer pour l'enseignement sur place sont de 600 francs par an pour les cours techniques élémentaires et de 700 francs pour les cours techniques supérieurs. Pour l'enseignement par correspondance, le taux moyen est de 15 francs par mois.

École municipale de Physique et de Chimie industrielles
10, rue Vauquelin

L'École a pour objet de donner une instruction spéciale scientifique et pratique aux jeunes gens qui se destinent à remplir les fonctions d'ingénieurs dans les industries physiques et chimiques.

Organisation. — La durée normale des études est de trois ans. Le régime de l'École est l'externat. L'enseignement est gratuit pour les élèves domiciliés dans le département de la Seine; pour les autres, les frais d'études sont de 1.200 francs par an.

Conditions d'admission. — L'École recrute par un concours les quarante élèves que l'état de ses locaux lui permet d'admettre chaque année. Sur ce nombre, trente places sont réservées aux jeunes gens domiciliés dans le département de la Seine. Les candidats doivent être âgés de 15 à 19 ans. L'École ne peut recevoir d'élèves étrangers.

Sanction des études. — Examens permettant d'obtenir, à la fin de la 3e année, le *Diplôme d'ingénieur de l'École de Physique et de Chimie industrielles.*

École nationale des Arts et Métiers

151, boulevard de l'Hôpital

L'École a pour objet de former des élèves capables de devenir des chefs d'atelier et des industriels versés dans la pratique des arts mécaniques.

Enseignement. — L'enseignement est celui de toutes les Écoles du même type; il comprend des cours théoriques et des travaux pratiques exécutés dans les ateliers; mais la durée des études est de quatre ans au lieu de trois et le régime de l'École est l'externat avec repas de midi obligatoire.

Conditions d'admission. — Les élèves sont recrutés par voie de concours. Ils doivent être domiciliés dans le département de la Seine, être âgés de 15 ans au moins et de 17 ans au plus et justifier d'un des titres suivants : certificat d'études primaires supérieures, diplôme de 1re classe de la section de génie civil de l'École La Martinière de Lyon, certificat d'études secondaires délivré à l'issue du 1er cycle des lycées et collèges.

Des élèves étrangers peuvent être admis, sans concours, dans la limite des places disponibles et sur demande du représentant de leur pays.

Frais d'études. — Prix de la pension : 500 francs par an, les trois premières années, et 600 francs la quatrième.

Sanction des études. — Examen de fin d'études permettant

d'obtenir, suivant la moyenne des notes, le *Brevet d'ingénieur des Écoles nationales d'Arts et Métiers* ou le *Diplôme d'ancien élève des Écoles des Arts et Métiers.*

École nationale d'Arts et Métiers
de Châlons-sur-Marne

L'École forme des élèves capables de devenir des chefs d'atelier et des industriels versés dans la pratique des arts mécaniques.

L'enseignement théorique donné dans les cours et conférences est complété par un enseignement pratique donné dans quatre ateliers spéciaux : ajustage, menuiserie et modèles, fonderie, forges et chaudronnerie.

Organisation. — Le régime de l'École est l'internat. La durée des études est de trois années. Prix de la pension : 700 francs par an.

Conditions d'admission. — Les élèves sont admis par voie de concours; les candidats doivent être Français, âgés de 15 ans au moins et de 18 ans au plus, le 1er octobre de l'année du concours. Ils doivent en outre justifier, soit du certificat d'études pratiques industrielles, soit du certificat d'études primaires supérieures, soit du diplôme de 1re classe de la section du génie civil de l'École La Martinière de Lyon, soit du certificat de 3e année de la section industrielle de l'École professionnelle de l'Est, à Nancy, soit enfin du certificat d'études du 1er cycle des lycées et collèges.

Des étrangers peuvent être admis, sans concours, dans la limite des places disponibles et sur demande adressée par le représentant de leur pays.

Sanction des études. — Suivant le nombre de points obtenus à l'examen de sortie, les élèves reçoivent un *Brevet d'ingénieur des Écoles d'Arts et Métiers* ou un *Diplôme d'ancien élève des Écoles des Arts et Métiers.*

École supérieure d'Électricité

12, rue de Staël

L'École forme des ingénieurs pour toutes les industries électriques. Une section spéciale est consacrée à la télégraphie sans fil.

Organisation. — L'enseignement de l'École est à la fois théorique et pratique. Il comprend, d'une part, des cours sur les applications industrielles de l'électricité, sur les mesures électriques, des conférences sur des sujets spéciaux et, d'autre part, des exercices de laboratoire, essais de machines, travaux d'atelier, visites d'usines, stages dans les établissements industriels, etc.

Le cours normal d'études est d'une année, du 1er novembre au 1er août. Pour la section spéciale de télégraphie sans fil, les cours ont une durée de trois mois.

Conditions d'admission. — Les élèves sont recrutés par la voie du concours ; toutefois, les Français anciens élèves de certaines grandes Écoles et titulaires de certains grades, ainsi que les étrangers dont les titres scientifiques ont été reconnus suffisants, sont dispensés du concours d'entrée. L'École admet en outre des auditeurs libres français et étrangers.

Dans la section spéciale de télégraphie sans fil, les admissions se font uniquement sur titres.

Frais d'études. — Les droits à payer par les élèves réguliers sont de 1.000 francs, plus 50 francs pour frais d'outillage. Pour la Section spéciale de télégraphie sans fil, les frais d'études sont de 750 francs. Les droits à payer par les auditeurs libres varient selon le nombre et la nature des cours et exercices suivis.

Sanction des études. — Examen de fin d'année, permettant d'obtenir le *Diplôme d'ingénieur-électricien.*

École d'Électricité et de Mécanique industrielles

50, rue Violet

L'École a pour but de former des ingénieurs électriciens.

Organisation. — L'enseignement comprend : 1º un *Cours pré-*

paratoire aux cours normaux, d'une durée d'un an; 2º les *Cours normaux*, répartis en trois années et organisés de façon à permettre aux élèves qui les ont suivis de subir les examens d'admission à l'ÉCOLE SUPÉRIEURE D'ÉLECTRICITÉ.

Conditions d'admission. — Les élèves sont admis sans condition d'âge, de grade ou de nationalité. L'École admet aussi des auditeurs libres.

Frais d'études. — *A) Cours préparatoire.* Internat : 1.100 francs. Demi-pension : 750 francs. Externat : 500 francs. — *B) Cours normaux.* Internat : de 1.200 à 1.600 francs. Demi-pension : de 700 à 1.100 francs. Externat : de 600 à 800 francs.

Sanction des études. — Examen de fin d'études permettant d'obtenir soit un *Diplôme d'ingénieur électricien*, soit un *Diplôme de fin d'études*, selon le total des points obtenus.

École pratique d'Électricité industrielle

54, rue Belliard

L'École a pour but de former des ingénieurs électriciens par un enseignement pratique approprié.

Organisation. — La durée normale des études est de deux années. L'enseignement comprend des cours, des conférences, des travaux pratiques et des exercices d'installation électrique. Il est complété par des visites d'usines et par un stage. Des cours spéciaux de construction d'automobiles, d'aéronautique et d'aviation, ainsi qu'un *Cours préparatoire* sont annexés à l'École.

Conditions d'admission. — L'école reçoit, en qualité d'élèves internes, demi-pensionnaires ou externes, les étudiants français ou étrangers. Elle admet aussi des auditeurs libres.

Frais d'études. — Les frais d'études sont de 650 francs pour la première année et de 700 francs la deuxième. — Pour les prix de la pension et de la demi-pension, demander à la Direction de l'École la notice spéciale.

Sanction des études. — Examen permettant d'obtenir à la fin de la 2ᵉ année, soit un *Diplôme d'ingénieur électricien*, soit un *Certificat de capacité.*

École Bréguet

81-83, rue Falguière

Le but de l'École Bréguet, dite aussi *École théorique et pratique d'Électricité et de Mécanique*, est de former des ingénieurs praticiens pour les industries électriques et mécaniques.

Organisation. — L'École comprend des *Cours normaux* de deux années d'études et des *Cours préparatoires*. Les élèves sont externes, demi-pensionnaires ou internes.

Conditions d'admission. — L'École admet sans concours ni examen des élèves français et étrangers. Toutefois, ils sont classés, selon le degré de leurs connaissances, soit dans les cours normaux, soit dans les cours préparatoires.

Frais d'études. — *A) Cours préparatoire.* Internat : 1.500 francs par an. Demi-pension : 1.100 francs. Externat : 900 francs. — *B) Cours normaux.* Internat : 1.600 francs. Demi-pension : 1.200 francs. Externat : 950 francs.

Sanction des études. — Examen à la fin de la 2e année permettant d'obtenir le *Diplôme d'ingénieur* de l'École.

École spéciale de Mécanique et d'Électricité

20 bis, rue Bertrand

L'enseignement donné à cette École s'adresse spécialement aux jeunes gens sortant des classes de mathématiques des lycées et peut servir de préparation à l'ÉCOLE SUPÉRIEURE D'ÉLECTRICITÉ.

Organisation. — La durée des études est de deux ans. Le programme de la 1re année comporte essentiellement la préparation au concours d'entrée à l'ÉCOLE SUPÉRIEURE D'ÉLECTRICITÉ. La 2e année d'études, d'un caractère plus industriel, est consacrée à des exercices pratiques.

Conditions d'admission. — Sont admis à suivre l'enseignement de l'École, les jeunes gens qui possèdent le baccalauréat ou qui justifient d'études suffisantes en mathématiques.

Frais d'études. — 600 francs par an.

Sanction des études. — Examen permettant d'obtenir le *Diplôme de fin d'études* de l'École.

École supérieure d'Aéronautique
et de Construction mécanique

92, rue de Clignancourt

L'École est destinée à former des ingénieurs pour les industries mécaniques en général, et, plus spécialement, pour l'aéronautique, la construction des automobiles et l'industrie frigorifique.

Organisation. — L'École comprend un *Cours préparatoire* et une *Année spéciale*. Les études théoriques et techniques sont complétées par des travaux manuels exécutés dans les ateliers de l'École. Le régime de l'École est l'externat.

Conditions d'admission. — Les élèves français et étrangers sont admis, après examen, au *Cours préparatoire* ou à l'*Année spéciale*, suivant le degré de leurs connaissances. Les candidats munis de titres reconnus suffisants peuvent être dispensés des examens d'admission. L'École admet des auditeurs libres.

Frais d'études. — Cours préparatoire : 700 francs. Année spéciale : 1.100 francs.

Sanction des études. — Examen permettant d'obtenir, à la fin de l'année spéciale, le *Diplôme d'ingénieur des constructions aéronautiques et mécaniques.* — Droit de diplôme : 50 francs.

IV. ÉCOLES D'ENSEIGNEMENT COMMERCIAL

École des Hautes Études commerciales

43, rue de Tocqueville

L'École des Hautes Études commerciales est destinée à donner aux jeunes gens qui sortent des lycées, des collèges et des écoles de commerce, les connaissances techniques et les notions générales nécessaires pour arriver le plus promptement possible à la direction des affaires dans le Commerce, l'Industrie, la Banque, etc., en France, dans les colonies et à l'étranger.

Organisation. — Le cours normal d'études est de deux années. L'enseignement est commun à tous les élèves de 1re année. En 2e année, et pour quelques cours seulement, il est spécialisé et les élèves sont répartis, suivant la carrière à laquelle ils se destinent, entre quatre sections : *Commerce et Industrie. — Commerce et Banque. — Commerce et Colonies. — Section consulaire.*

Un cours spécial prépare aux concours pour l'admission dans les carrières diplomatique et consulaire.

L'École reçoit des internes, des demi-pensionnaires et des externes. Les frais d'études sont, pour ces diverses catégories d'élèves, respectivement fixés à 2.400, 1.300 et 1.000 francs par an.

Conditions d'admission. — L'admission à l'École a lieu, pour tous les candidats indistinctement, à la suite d'un examen. Minimum d'âge : 17 ans.

L'École admet des auditeurs libres français et étrangers.

Sanction des études. — Examen permettant d'obtenir en fin d'études un diplôme, délivré par M. le ministre du Commerce et de l'Industrie.

École supérieure pratique de Commerce et d'Industrie

79, avenue de la République

L'École a pour but de former pour le Commerce, la Banque, l'Industrie, les Administrations, etc., des jeunes gens capables de devenir, soit des chefs de maison, soit des chefs de service, soit des employés supérieurs.

A cet établissement est annexée une *École supérieure de navigation maritime* qui prépare à la profession de capitaine au long cours.

Organisation. — L'enseignement est réparti entre deux cycles : le premier d'une durée de trois ans, le second d'une durée de deux ans. Les enseignements du second cycle complètent ceux donnés dans le premier.

Pour chacun des cycles, l'École reçoit des internes, des demi-pensionnaires et des externes dont les prix de pension sont respectivement fixés à 1.400, 700 et 400 francs par an.

A l'École supérieure de navigation maritime, la durée des études est de deux années.

Conditions d'admission. — Les élèves doivent subir un examen d'admission, dont sont dispensés les candidats français possédant l'un des diplômes suivants : baccalauréat, brevet élémentaire, certificat d'études primaires supérieures, et les étrangers titulaires de certificats jugés équivalents. L'École admet aussi des auditeurs libres.

L'École supérieure de navigation maritime se recrute par voie de concours.

Sanction des études. — Examens permettant d'obtenir en fin d'études, suivant la moyenne des notes, le *Diplôme* ou le *Certificat d'études commerciales supérieures.*

Pour l'École supérieure de navigation maritime, l'examen de sortie, subi avec succès, donne droit au *Certificat d'aptitude* (examen de théorie) *pour le Brevet supérieur de capitaine au long cours.*

Institut commercial

15, avenue de Wagram

L'Institut commercial se propose le même objet général que l'École supérieure pratique de commerce et d'industrie, mais il prépare plus spécialement à l'exportation.

Une succursale a été établie à Liverpool, qui constitue une école d'application pour la préparation des représentants de commerce à l'étranger. Les élèves suivent les cours de la section commerciale de l'Université de Liverpool.

Organisation. — Les conditions d'admission, le programme des études et les sanctions, diplômes et certificats sont à peu près les mêmes que pour l'École supérieure de commerce et d'industrie.

V. ÉCOLES D'ENSEIGNEMENT DES BEAUX-ARTS

École nationale et spéciale des Beaux-Arts
14, rue Bonaparte

L'École donne l'enseignement des arts du dessin, de la peinture, de la sculpture, de l'architecture, de la gravure et de la lithographie.

Organisation. — L'enseignement comprend des cours, des exercices et travaux d'atelier.

Les cours sont répartis en trois sections distinctes : I. *Section de peinture et de sculpture* ; II. *Section d'architecture* ; III. *Sections de peinture, sculpture et architecture.*

Les ateliers de l'École sont ceux de peinture, sculpture, architecture, gravure en taille-douce, gravure sur médailles et pierres fines, gravure sur bois, gravure à l'eau-forte, lithographie.

L'enseignement de l'École est gratuit.

Conditions d'admission. — Les cours sont publics; des cartes d'admission sont délivrées sans aucune condition d'âge, de nationalité ou d'études antérieures.

L'École proprement dite recrute ses élèves par la voie du concours. Sont admis à concourir, à condition de justifier d'études artistiques antérieures, les Français, hommes et femmes âgés de plus de quinze ans et de moins de trente ans.

Les étrangers sont admis à concourir dans les mêmes conditions que les Français, sur demande du représentant diplomatique de leur pays. Ils sont admis en plus du nombre fixé pour les élèves français et en aussi grand nombre que les locaux le permettent.

En outre, les Français et les étrangers peuvent, sans être élèves de l'École, être admis dans les ateliers, à la condition d'être agréés par le professeur.

Sanction des études. — Examens et concours permettant d'obtenir des titres et récompenses.

École du Louvre

Palais du Louvre

L'École a pour objet général d'utiliser pour l'instruction du public les collections des musées nationaux et de tirer de celles-ci l'enseignement qu'elles renferment. Son objet spécial est de former un personnel capable d'être employé dans les musées français ou dans l'organisation des missions scientifiques et des fouilles.

Organisation. — Le cours normal des études est de trois ans et l'enseignement est gratuit. Les cours commencent dans la première quinzaine de décembre et finissent le 15 juin.

Enseignements. — Archéologie nationale. — Archéologie orientale et céramique antique. — Archéologie égyptienne. — Archéologie grecque et romaine. — Antiquités sémitiques. — Histoire de la peinture. — Histoire de la sculpture du moyen âge, de la Renaissance et des temps modernes. — Histoire de l'art français aux XVIIe et XVIIIe siècles. — Histoire des arts au XIVe siècle. — Histoire des arts appliqués à l'industrie en France.

Conditions d'admission. — L'École admet des élèves et des auditeurs libres, français et étrangers, sans aucune condition d'âge ni de grade.

Sanction des études. — Examens de fin d'année permettant d'obtenir, à la fin de la 3e année et après soutenance d'une thèse, le titre d'*Élève diplômé de l'École du Louvre.*

École nationale des Arts décoratifs

5, rue de l'École-de-Médecine et 10, rue de Seine

L'École a pour objet de former pour les industries décoratives des artistes et de bons ouvriers d'art. En même temps, elle prépare aux examens des divers certificats d'aptitude à l'enseignement du dessin.

Organisation. — L'École des Arts décoratifs comprend deux sections : l'une, pour les jeunes gens, est installée au siège même de l'École, 5, rue de l'École-de-Médecine; l'autre, réservée aux jeunes filles, est installée dans un immeuble spécial, 10, rue de Seine.

Dans chacune de ces sections, les enseignements sont répartis en trois divisions correspondant à chacune des spécialités enseignées par l'École : *Dessin, Sculpture* et *Architecture*. Pour chacune de ces spécialités, l'enseignement est donné par des cours théoriques et dans des ateliers où se fait surtout l'application pratique.

L'enseignement de l'École est gratuit.

Conditions d'admission. — Les élèves de l'École sont recrutés par voie de concours. Pour s'y présenter, les jeunes gens doivent avoir 13 ans au moins et 30 ans au plus. Pour les jeunes filles l'âge minimum est le même, mais la limite supérieure est fixée à 25 ans.

Les étrangers et étrangères sont admis à concourir dans les mêmes conditions que les Français, mais leur admission au concours doit être demandée par le représentant de leur nation.

Sanction des études. — Examens et concours permettant d'obtenir, en cours d'études, des prix et médailles, et, à la sortie de l'École, des certificats attestant les études faites.

École spéciale d'Architecture

254, boulevard Raspail

L'enseignement de l'École est donné dans un cours normal de trois années d'études. L'École possède en outre un enseignement préparatoire à ses cours normaux.

Les frais d'études sont de 1.000 francs par an.

Conditions d'admission. — Sont admis comme élèves, après examen, les Français et étrangers, hommes et femmes, sans limite d'âge. L'École reçoit aussi des auditeurs libres.

Sanction des études. — Concours, à la fin de la troisième année, en vue du classement de sortie et de l'obtention du *Diplôme* de l'École. L'École délivre aussi, à la suite d'épreuves spéciales, des *Certificats d'architecte salubriste, d'architecte plasticien* et *d'architecte technicien.*

Conservatoire national
de Musique et de Déclamation

14, rue de Madrid

Le Conservatoire est consacré à l'enseignement de la musique vocale et instrumentale et de la déclamation dramatique et lyrique. Il comprend une école, une bibliothèque et un musée.

Organisation. — Le cours des études varie de trois ans à cinq ans. L'enseignement est gratuit.

Enseignements. — Solfège et théorie musicale. — Harmonie, orgue et composition. — Chant, déclamation lyrique. — Piano, harpe. — Instruments à archet. — Instruments à vent. — Classe d'ensemble. — Lecture à haute voix, diction, déclamation dramatique. — Histoire générale de la musique. — Histoire et littérature dramatiques.

Conditions d'admission. — Les élèves se recrutent par la voie du concours. Les aspirants étrangers peuvent être admis à concourir, par autorisation spéciale du ministre de l'Instruction publique et sur demande du représentant diplomatique de leur pays.

VI. ÉCOLES D'ENSEIGNEMENT AGRICOLE

Institut national agronomique

16, rue Claude-Bernard

L'Institut se compose de l'École supérieure d'agriculture, où sont groupés l'administration, les salles d'enseignement, les laboratoires, la bibliothèque, etc., et, comme annexes, de divers établissements de recherches et d'expérimentation, notamment d'un champ de démonstrations et d'un domaine d'études sis à Noisy-le-Roi (Seine-et-Oise).

Organisation. — Le cours normal des études est de trois ans et les enseignements donnés sont les suivants :

Économie rurale. — Physique et météorologie. — Géographie

appliquée à l'agriculture. — Chimie appliquée à l'agriculture.
— Technologie agricole. — Biologie des végétaux cultivés en
France et aux colonies. — Zoologie. — Mathématiques. —
Génie rural. — Mécanique. — Agriculture générale et spéciale. — Sylviculture. — Législation rurale et droit administratif. — Zootechnie. — Viticulture. — Cultures coloniales. — Anatomie et physiologie. — Aménagement agricole
des eaux. — Dessin graphique. — Chimie analytique. —
Hippologie. — Économie politique. — Comptabilité. — Mathématiques appliquées. —Arboriculture et horticulture. —Pathologie végétale. — Pisciculture. — Agriculture comparée. —
Chimie organique appliquée aux produits agricoles. — Microbiologie.

L'enseignement pratique est donné dans sept laboratoires et
stations.

Conditions d'admission. — Les élèves sont recrutés par la voie
du concours. Les candidats doivent avoir 17 ans révolus pour
être admis à s'y présenter.

Une section spéciale reçoit des élèves étrangers admis par la
voie d'un concours particulier, sans que leur nombre puisse
dépasser dix.

L'École admet aussi, sans aucune condition d'âge ou de
nationalité, un certain nombre d'auditeurs libres.

Sanction des études. — Examen de fin d'études permettant
d'obtenir, suivant la moyenne des notes, soit le *Diplôme d'ingénieur agronome*, soit un *Certificat d'études agronomiques.*

École nationale d'Agriculture de Grignon

à GRIGNON *(Seine-et-Oise)*

L'École a pour objet l'éducation professionnelle des jeunes
gens qui se destinent soit à la direction d'exploitations rurales,
soit à l'enseignement agricole.

Organisation. — L'enseignement théorique est donné dans des
cours et conférences; l'enseignement pratique est donné dans
des laboratoires, stations agronomiques et par des applications
faites sur le terrain.

La durée normale des études est de deux années et demie.

Les élèves peuvent être internes ou externes; ils choisissent dans l'ordre de leur admission.

Enseignements. — Agriculture. — Génie rural. — Zootechnie. — Chimie agricole. — Géologie. — Botanique. — Technologie. — Économie et législation rurales. — Hygiène. — Zoologie et Entomologie. — Sylviculture. — Viticulture. — Physique et chimie agricoles. — Apiculture. — Sériciculture. — Arboriculture. — Pisciculture. — Microbiologie. — Pathologie végétale. — Marchés et transactions agricoles.

Conditions d'admission. — Les élèves réguliers se recrutent par la voie du concours. Les candidats doivent avoir 17 ans révolus. Aucun grade n'est exigé. Les étrangers peuvent se présenter au concours d'admission dans les mêmes conditions que les nationaux. Ils sont admis en qualité d'élèves externes, mais ils peuvent aussi être admis à l'internat, dans la limite des places disponibles.

L'École admet, en outre, des Français et des étrangers en qualité d'auditeurs libres.

Frais d'études. — Pension : 1.200 francs par an. Demi-pension : 600 francs. Externat : 400 francs.

Sanction des études. — Examens permettant d'obtenir, à la fin du cours d'études, le *Diplôme d'ingénieur agricole.*

École nationale supérieure d'Agriculture coloniale

à NOGENT-SUR-MARNE *(Seine)*

L'École se propose de donner les connaissances nécessaires à ceux qui veulent se livrer à la pratique de l'agriculture aux colonies ou occuper un poste dans l'administration agricole.

Organisation. — La durée des études est d'une année. Le régime de l'École est l'externat.

Enseignements. — Agriculture coloniale. — Culture des plantes alimentaires. — Botanique coloniale. — Technologie coloniale. — Zootechnie coloniale. — Génie rural colonial. — Pathologie végétale. — Hygiène coloniale. — Économie rurale appliquée aux colonies. — Administration coloniale. — Matières premières coloniales.

Conditions d'admission. — Sont admis sur simple demande, comme élèves réguliers, les candidats titulaires, soit du diplôme de l'Institut national agronomique, des Écoles nationales d'agriculture, de l'École d'horticulture de Versailles, de l'École coloniale de Tunis, de l'École coloniale, de l'École centrale des Arts et Manufactures ou de l'École municipale de physique et de chimie de Paris, soit de la licence ès sciences naturelles ou ès sciences physiques.

L'École admet aussi des élèves libres qui peuvent suivre les cours, les exercices de laboratoire et les travaux pratiques, et des auditeurs libres qui ne peuvent suivre que les cours.

Frais d'études. — Les droits à payer sont de 500 francs par an pour les élèves réguliers et les élèves libres, et de 100 francs par semestre pour les auditeurs libres.

Sanction des études. — Examen permettant aux élèves réguliers d'obtenir, à la fin de l'année, le *Diplôme de l'École* et aux élèves libres un *Certificat d'études.*

École nationale d'Horticulture de Versailles

L'École se propose de former des horticulteurs, des chefs de culture, des chefs de jardins botaniques, des professeurs d'horticulture, des architectes paysagistes, des agents de culture pour les colonies, etc.

Organisation. — La durée des études est de trois années. L'enseignement est gratuit. Le régime de l'École est l'externat.

Enseignements. — Architecture des jardins et des serres. — Culture potagère de plein air et de primeurs. — Génie rural. — Botanique. — Floriculture de plein air et de serres. — Arboriculture d'ornements. — Entomologie et zoologie. — Pathologie végétale. — Horticulture industrielle et commerciale. — Physique. — Météorologie. — Chimie. — Mathémathiques appliquées. — Lever de plans et nivellement. — Cultures méridionales et coloniales. — Arboriculture fruitière et pomologie. — Dessin. — Comptabilité.

Conditions d'admission. — Les élèves se recrutent par la voie d'un concours. Aucun diplôme n'est exigé. Les étrangers sont admis aux mêmes conditions que les nationaux.

Sanction des études. — Examens permettant d'obtenir, à la fin de la troisième année, un *Diplôme* délivré par le ministre de l'Agriculture.

École nationale vétérinaire d'Alfort
à ALFORT *(Seine)*

L'École a pour objet d'assurer la formation scientifique des vétérinaires.

Organisation. — La durée des études est de quatre années. Les élèves peuvent être internes, demi-pensionnaires ou externes.

Enseignements. — Physique et météorologie. — Chimie organique et biologique. — Pharmacie. — Botanique. — Géologie. — Zoologie. — Matière médicale. — Anatomie descriptive et comparée. — Tératologie. — Extérieur du cheval. — Anatomie pathologique. — Embryologie. — Histologie normale et pathologique. — Physiologie et thérapeutique. — Pathologie générale. — Pathologie et clinique médicales. — Pathologie et clinique chirurgicales. — Ferrure. — Pathologie bovine, ovine et porcine. — Obstétrique. — Maladies parasitaires. — Pathologie des maladies contagieuses. — Jurisprudence et médecine légale. — Technique microbiologique. — Inspection des viandes et police sanitaire. — Hygiène générale et zootechnie.

Conditions d'admission. — Les élèves sont recrutés par la voie d'un concours. Les candidats doivent avoir 17 ans au moins et 25 ans au plus et être pourvus du diplôme de bachelier. Les étrangers peuvent être admis sans concours, en qualité d'externes, sur demande du représentant diplomatique de leur pays, à la condition de posséder un diplôme de l'enseignement secondaire de leur pays d'origine.

Frais d'études. — La rétribution scolaire est de 600 francs par an pour l'internat, de 400 francs pour la demi-pension et de 200 francs pour l'externat.

Sanction des études. — Examens permettant d'obtenir à la fin de la 4e année d'études le *Diplôme de vétérinaire.* Les élèves étrangers reçoivent un *Certificat d'aptitude à l'exercice de la médecine vétérinaire* ayant, au point de vue scientifique, la même valeur que le diplôme, mais ne leur conférant pas le droit d'exercer en France.

VII. ÉCOLES MILITAIRES ET DE LA MARINE

École supérieure de Guerre

33, avenue de La Motte-Picquet

L'École est destinée à développer les hautes études militaires en France. Le cours normal des études est de deux ans.

Conditions d'admission. — Les élèves sont admis par voie de concours. Ne peuvent être admis que les capitaines et les lieutenants ayant au moins cinq ans de grade d'officier, dont trois ans de service effectif.

Les officiers étrangers, proposés par leur gouvernement et agrées par le ministre de la Guerre en France, peuvent être admis à l'École.

L'École admet des officiers auditeurs libres.

Sanction des études. — Examens permettant d'obtenir en fin d'études le *Brevet d'état-major.*

École Polytechnique

21, rue Descartes

L'École est destinée à assurer le recrutement des ingénieurs des différents services de l'État et celui des officiers de l'artillerie et du génie.

Organisation. — Le cours normal des études est de deux ans. L'École est soumise au régime militaire. Le prix de la pension est de 1.000 francs par an.

Conditions d'admission. — Les élèves sont admis par voie de concours; ils doivent être âgés de 17 à 21 ans et munis de la première partie du baccalauréat.

Des auditeurs étrangers peuvent être admis en qualité d'externes après examen spécial et sur demande de leur gouvernement.

École spéciale militaire

à *Saint-Cyr-l'École (Seine-et-Oise)*

L'École est destinée à former des officiers pour l'infanterie, la cavalerie et l'infanterie coloniale.

Organisation. — Le cours normal des études est de deux années. L'École est soumise au régime militaire.

Enseignements. — Enseignement militaire général et instruction militaire théorique. Gymnastique, tir, escrime, équitation.

Conditions d'admission. — Les élèves sont admis au concours. Pour y prendre part il faut être Français, âgé de 18 ans et de moins de 22, au 1er octobre de l'année du concours, être apte au service militaire et pourvu du baccalauréat (1re partie).

Des étrangers peuvent être admis, sur demande adressée au ministre de la Guerre par le représentant diplomatique de leur pays.

École d'application du Service de santé militaire

au *Val-de-Grâce*

L'École est destinée à pourvoir au recrutement des officiers du corps de santé militaire. La durée des études y est de neuf mois.

Elle reçoit les médecins aides-majors de 2e classe, élèves, provenant de l'École du service de santé militaire de Lyon; elle reçoit en outre, après concours, un certain nombre de docteurs en médecine et de pharmaciens de 1re classe, qui y entrent en qualité de médecins ou pharmaciens aides-majors de 2e classe, élèves.

Des étrangers peuvent aussi être admis sur demande de leur gouvernement.

École d'application du Génie maritime

140, boulevard Montparnasse

L'École forme les ingénieurs nécessaires au recrutement du corps du génie maritime, mais donne aussi à des élèves libres les enseignements utiles pour l'industrie des constructions navales.

Organisation. — Le cours normal d'études est de deux années, comportant chacune une session d'hiver et une mission dans les arsenaux et établissements divers de la marine. Les frais d'études sont, pour les élèves libres, de 1.800 francs par an.

Conditions d'admission. — L'École reçoit directement les anciens élèves de l'École Polytechnique qui ont été nommés élèves du génie maritime. Peuvent être admis en qualité d'élèves libres les jeunes gens français et étrangers qui justifient d'une instruction suffisante. La demande des candidats étrangers doit être adressée au ministre de la Marine par le représentant de leur pays.

Sanction des études. — Examen permettant aux élèves libres d'obtenir, suivant la moyenne de leurs notes, le *Diplôme d'ingénieur civil des constructions navales* ou un *Certificat d'études.*

VIII. ÉCOLES DIVERSES

École Coloniale

2, avenue de l'Observatoire

L'École Coloniale donne les connaissances nécessaires aux jeunes gens qui désirent, soit entrer dans les carrières administrative et judiciaire des colonies, soit exercer aux colonies un commerce ou une industrie.

Organisation. — L'École comprend plusieurs sections : 1° *les sections administratives* (carrières indo-chinoises, carrières africaines, administration pénitentiaire aux colonies); 2° *la section de la magistrature coloniale; 3° la section commerciale; 4° la division préparatoire; 5° la section indigène.*

La durée des études est de deux années pour les sections administratives et pour la section de magistrature coloniale, de huit mois pour la section commerciale, d'un an pour la division préparatoire et deux ou trois ans pour la section indigène.

Le régime de l'École est l'externat. Les frais d'études sont de 150 francs par an.

Enseignements. — Colonisation française et · colonisation étrangère : Politique coloniale. — Organisation administrative des colonies françaises. — Droit administratif colonial. — Comptabilité administrative. — Productions coloniales. — Topographie. — Langue anglaise. — Langue allemande. — Instruction militaire. — Géographie, histoire et institutions de l'Indo-Chine et de la Chine. — Législation et administration de l'Indo-Chine française. — Langue annamite. — Langue cambodgienne. — Langue thaï. — Lecture et explication de pièces usuelles, chinoises et annamites. — Législation et administration de l'Afrique, de la Tunisie, de l'Afrique occidentale et centrale. — Droit musulman. — Dialectes et coutumes de l'Afrique occidentale française. — Législation pénale. — Systèmes pénitentiaires en usage en France et à l'étranger. — Géographie détaillée de l'Afrique. — Législation et administration de Madagascar. — Langue malgache et coutumes de Madagascar.

Cours de la division préparatoire. — Histoire de la colonisation française et étrangère jusqu'en 1815. — Histoire de la colonisation française et étrangère de 1815 à nos jours. — Géographie. — Construction pratique. — Hygiène et médecine pratique. — Comptabilité pratique. — Langue anglaise. — Langue allemande.

Conditions d'admission. — Les élèves des *sections administratives* et de la *section de magistrature coloniale* se recrutent par la voie du concours. Pour les premières, les candidats doivent avoir 18 ans au moins et 23 ans au plus, posséder l'aptitude physique nécessaire et justifier, soit du baccalauréat, soit du diplôme d'une École supérieure de commerce, soit du diplôme de l'Institut agronomique, soit enfin de l'admissibilité dans les 150 premiers à l'École navale. Pour le concours d'admission à la section de magistrature coloniale, les candidats doivent être âgés de 20 ans au moins et de 28 ans au plus et posséder la licence en droit.

L'admission aux autres sections est libre. Toutefois, pour la *section commerciale*, les élèves doivent être Français et âgés de 17 ans au moins et de 30 ans au plus. Ceux de la *division préparatoire* doivent être également Français; les limites d'âge sont 17 et 22 ans. Enfin, la *section indigène*, spécialement destinée à donner aux jeunes gens des colonies une instruction primaire supérieure et une éducation française générale, reçoit des élèves âgés de 14 ans au moins et de 20 ans au plus et qui, avant de quitter leur pays d'origine, ont justifié d'une connaissance suffisante de la langue française.

Dans les différentes sections, l'École reçoit un certain nombre d'auditeurs libres, à la seule condition d'être Français et de payer les droits d'inscription.

Enfin certains cours de l'École sont publics et gratuits.

École préparatoire
de Médecine et de Pharmacie de Reims
à REIMS *(Marne)*

Enseignements. — Anatomie. — Physiologie. — Pharmacie et matière médicale. — Pathologie externe et médecine opératoire. — Pathologie interne. — Chirurgie et gynécologie. — Histoire naturelle. — Chimie et toxicologie. — Physique. — Histologie. — Bactériologie et parasitologie. — Chimie biologique. — Cliniques externe, interne, obstétricale et gynécologique.

Diplômes. — Les candidats au *Doctorat en médecine* (grade d'État) peuvent faire leurs trois premières années d'études à l'École préparatoire de Reims et y passer leurs deux premiers examens. Les étrangers candidats au *Doctorat en médecine de l'Université de Paris* peuvent faire leur P. C. N. à Reims, mais doivent accomplir à Paris leurs études médicales.

Les aspirants au *Diplôme supérieur de pharmacien* peuvent prendre à Reims leurs huit premières inscriptions.

La première année d'études pour le *Diplôme de sage-femme de* 1re *classe* peut également être faite à Reims, mais la seconde est nécessairement accomplie dans une Faculté ou dans une École de plein exercice. Les études en vue du *Diplôme de sage-femme de 2e classe* et du *Certificat d'aptitude à la profession d'herboriste* peuvent être faites entièrement à Reims.

Écoles dentaires

Il existe à Paris plusieurs établissements libres d'enseignement supérieur dentaire.

Ce sont d'abord : l'ÉCOLE PRATIQUE D'ODONTOLOGIE, 206, boulevard Raspail, et l'ÉCOLE FRANÇAISE DE STOMATOLOGIE, 24, passage Dauphine, qui toutes deux se proposent de donner l'enseignement spécial et pratique, nécessaire aux docteurs en médecine désireux de se consacrer à la pratique de l'art et de la chirurgie dentaires.

Les Écoles dentaires proprement dites qui sont destinées à former des chirurgiens-dentistes sont au nombre de trois : 1° l'ÉCOLE DENTAIRE de Paris, 45, rue de la Tour-d'Auvergne ; 2° l'ÉCOLE ODONTOTECHNIQUE, 5, rue Garancière ; 3° l'ÉCOLE DENTAIRE FRANÇAISE, 29, boulevard Saint-Martin.

Enseignement. — Dans ces trois Écoles, les études sont organisées en vue de préparer au diplôme de chirurgien-dentiste que délivre la Faculté de Médecine aux candidats ayant subi avec succès les examens probatoires. Cf. p. 41.

Conditions d'admission. — Pour s'inscrire, il est nécessaire de produire soit le diplôme de bachelier, soit le brevet supérieur, soit le certificat d'études primaires supérieures. Les étrangers peuvent s'inscrire comme les Français, mais aucune dispense de grade ne peut leur être accordée.

Frais d'études. — Les droits d'inscription et d'études varient, suivant les Écoles, de 1.000 à 2.500 francs pour les trois années. Les droits à payer pour les examens probatoires subis devant la Faculté de Médecine sont de 335 francs.

Cours spéciaux de français pour les étrangers

Il existe à Paris plusieurs organisations spéciales destinées à fournir aux étrangers qui font une étude particulière de la France, de sa langue, de sa littérature, de son histoire, etc., les enseignements dont ils ont besoin :

Les principaux de ces cours sont les suivants :

I. Cours du comité de Patronage des étudiants étrangers de la faculté des lettres.

Ces cours ont lieu de novembre à mai. Ils comprennent des cours proprement dits et des conférences pratiques. Le prix de l'inscription est de 100 francs pour la totalité des cours et des conférences et de 60 francs pour les cours ou les conférences seulement.

Pour tous renseignements, s'adresser à la Sorbonne (*Salle des Études slaves*).

II. Cours de l'Alliance française, *186, boulevard Saint-Germain.*

Ces cours comprennent chaque année deux séries qui ont lieu en juillet et en août. Le prix de l'inscription est de 55 francs pour un mois et de 100 francs pour les deux mois. A la fin de chaque série, un examen permet aux auditeurs d'obtenir le diplôme de l'Alliance française.

III. Cours de la Guilde internationale, *6, rue de la Sorbonne.*

Ils comprennent des cours annuels et des cours de vacances.

Les cours annuels forment un certain nombre de sections entre lesquelles sont répartis les élèves, selon leur degré de connaissance du français. Ils préparent au *Certificat d'études françaises de la Faculté des lettres* et au *Diplôme spécial de la Guilde internationale*.

Les cours de vacances ont lieu chaque année pendant les mois de juillet, août et septembre.

UNIVERSITÉ
D'AIX-MARSEILLE

FACULTÉS ET ÉCOLES DE L'UNIVERSITÉ. L'Université d'Aix-Marseille possède une FACULTÉ DE DROIT et une FACULTÉ DES LETTRES, ayant leur siège à Aix et, à Marseille, une FACULTÉ DES SCIENCES et une ÉCOLE DE PLEIN EXERCICE DE MÉDECINE ET DE PHARMACIE.

ÉTABLISSEMENTS EXTÉRIEURS A L'UNIVERSITÉ. En dehors de l'Université, mais dans le ressort académique d'Aix, plusieurs Écoles sont à signaler : à Marseille, l'ÉCOLE SUPÉRIEURE DE COMMERCE*, l'ÉCOLE DES BEAUX-ARTS, l'ÉCOLE RÉGIONALE D'ARCHITECTURE, l'ÉCOLE D'HYDROGRAPHIE, l'ÉCOLE D'ÉLECTRICITÉ INDUSTRIELLE ;

A Aix, l'ÉCOLE NATIONALE DES ARTS ET MÉTIERS*, l'ÉCOLE NATIONALE DE MUSIQUE ;

A Toulon (Var), l'ÉCOLE DES MÉCANICIENS DE LA FLOTTE ;

A Nice (Alpes-Maritimes), l'ÉCOLE NATIONALE D'ART DÉCORATIF ;

Les ÉCOLES D'HYDROGRAPHIE de Toulon, Saint-Tropez (Var), Bastia (Corse) ;

Les ÉCOLES NATIONALES DE MUSIQUE d'Avignon et de Toulon.

CARACTÉRISTIQUES DE L'UNIVERSITÉ. *Enseignements relatifs à la Provence :* histoire et littérature provençales, langues et et littératures méridionales.

Enseignements scientifiques appliqués à l'industrie et à l'agriculture.

---

* Cf. plus loin la notice spéciale à cette École.

Enseignements spéciaux de médecine et de pharmacie coloniales.

CONDITIONS D'ADMISSION. Les conditions générales d'immatriculation et d'inscription sont les mêmes que pour toutes les Universités françaises. Cf. p. 29.

Celles qui concernent les enseignements ou les grades et diplômes propres à l'Université d'Aix-Marseille seront indiquées pour chacun d'eux dans la notice particulière de la Faculté à laquelle ils se rattachent.

ŒUVRES UNIVERSITAIRES. *Comité de patronage des étudiants étrangers.* — Fournit aux étrangers tous les renseignements utiles pour leur installation (logements, pensions de famille, etc.) et l'organisation de leurs études. — Envoie des prospectus et programmes détaillés. — Obtient des compagnies de navigation des réductions sur les prix de passage en faveur des étrangers venant s'inscrire à l'Université.

FACULTÉ DE DROIT D'AIX

ENSEIGNEMENTS. Droit civil. — Droit criminel. — Droit commercial. — Droit maritime. — Droit international privé. — Procédure civile. — Enregistrement et notariat. — Droit constitutionnel. — Droit administratif. — Droit public. — Droit international public. — Droit romain. — Législation financière. — Législation industrielle. — Économie politique. — Histoire des doctrines économiques. — Histoire du droit français. — Histoire du droit privé. — Histoire du droit public.

DIPLOMES ET GRADES D'ÉTAT. La Faculté de Droit délivre, aux mêmes conditions que les autres Facultés françaises, le *Certificat de capacité*, la *Licence* et le *Doctorat en droit*. Cf. p. 39.

FACULTÉ DES SCIENCES
DE MARSEILLE

ENSEIGNEMENTS ORDINAIRES. Calcul différentiel et intégral. — Analyse. — Mécanique. — Astronomie. — Physique. — Chimie. — Zoologie. — Physiologie. — Botanique. — Géologie et Minéralogie.

ENSEIGNEMENTS SPÉCIAUX. Physique industrielle. — Chimie industrielle. — Électrochimie. — Zoologie agricole. — Botanique agricole.

INSTITUTS ANNEXES. *Observatoire de Marseille.* — L'Observatoire est ouvert aux savants français et étrangers pour les recherches astronomiques. Il organise en outre des conférences pratiques complémentaires du cours d'astronomie.

Laboratoire Marion, à Endoume (Bouches-du-Rhône). — Spécialement organisé pour l'enseignement et les recherches de zoologie maritime et pourvu de collections et d'un aquarium. Ouvert à tous les savants français et étrangers désireux de poursuivre des recherches personnelles. Sert aux travaux pratiques des étudiants, spécialement pour la zoologie et la physiologie.

Musée Colonial. — Créé pour classer et étudier les produits utiles, animaux, végétaux et minéraux de nos colonies. Il possède des collections, des herbiers, des laboratoires de recherches et une bibliothèque spéciale d'ouvrages et périodiques relatifs aux colonies.

École des Ingénieurs de Marseille. — Patronnée par la Faculté des Sciences, elle s'occupe spécialement de la préparation aux carrières industrielles. L'enseignement théorique donné dans les cours de la Faculté est complété par des cours spéciaux et des exercices pratiques faits à l'École.

DIPLOMES ET GRADES D'ÉTAT. La Faculté des Sciences délivre, aux mêmes conditions que les autres Facultés françaises, le *Certificat d'études physiques, chimiques et naturelles* (*P. C. N.*), les *Certificats d'études supérieures*, la *Licence*, les *Diplômes d'études supérieures de sciences* et le *Doctorat*. Cf. p. 42.

Les certificats d'études supérieures de sciences délivrés par la Faculté des Sciences de Marseille sont les suivants : 1º Analyse infinitésimale; 2º Mécanique; 3º Astronomie; 4º Physique générale; 5º Physique industrielle; 6º Chimie générale; 7º Chimie industrielle; 8º Physiologie; 9º Zoologie; 10º Botanique; 11º Géologie; 12º Mathématiques générales; 13º Physique, chimie et histoire naturelle.

DIPLOMES UNIVERSITAIRES. *Doctorat de l'Université d'Aix-Marseille* (mention SCIENCES). — Accessible aux étudiants français et étrangers, pourvus de deux certificats d'études supérieures de sciences ou de titres jugés équivalents. En l'absence de tout titre, le candidat peut être admis à postuler le doctorat après avoir subi un examen spécial. — *Scolarité :* Une année. — *Épreuve :* Soutenance d'une thèse. — *Frais d'études :* Immatriculation : 30 francs. Droits d'examen : 100 francs.

Brevet d'électricité industrielle. — Accessible à tous les étudiants pourvus du baccalauréat ou ayant subi un examen spécial. — *Scolarité :* Un an. — *Frais d'études :* Droits de scolarité : 130 francs. Droits d'examen : 40 francs.

Diplôme de chimiste de l'Université d'Aix-Marseille. — Accessible à tous les étudiants pourvus soit du baccalauréat (série mathématiques), soit du brevet supérieur, ou ayant subi un examen spécial. — *Scolarité :* Deux années. — *Frais d'études :* Droit de scolarité : 430 francs par an. Droit d'examen : 40 francs.

FACULTÉ DES LETTRES D'AIX

ENSEIGNEMENTS ORDINAIRES. Philosophie, histoire et religions de l'ancien Orient. — Littérature et institutions grecques. — Langue et littérature grecques. — Littérature et institutions romaines. — Langue et littérature étrangères. — Histoire moderne. — Histoire et géographie économique. — Archéologie. — Littérature française. — Langue latine.

ENSEIGNEMENTS SPÉCIAUX. Langues et littératures de l'Europe méridionale. — Histoire de la Provence. — Littérature provençale.

DIPLOMES ET GRADES D'ÉTAT. La Faculté des Lettres délivre, aux mêmes conditions que les autres Facultés françaises, la *Licence ès lettres*, les *Diplômes d'études supérieures* et le *Doctorat.* Cf. p. 45.

DIPLOMES UNIVERSITAIRES. *Doctorat de l'Université d'Aix-Marseille* (mention LETTRES). — Accessible aux candidats français et étrangers pourvus de la licence ès lettres ou de titres dont la Faculté apprécie la valeur. — *Scolarité :* 4 semestres; cette durée est réduite à 2 semestres seulement pour les candidats licenciés. — *Épreuves :* 1º Soutenance d'une thèse portant obligatoirement, soit sur la langue ou la littérature italienne ou provençale, soit sur l'histoire de la Provence; 2º Interrogations sur des questions choisies par le candidat et agréées par la Faculté. — *Frais d'études :* Immatriculation : 30 francs par an. Droit d'examen : 100 francs.

ÉCOLE DE PLEIN EXERCICE
DE MÉDECINE ET DE PHARMACIE
DE MARSEILLE

ENSEIGNEMENTS ORDINAIRES. Physique. — Chimie médicale et biologique. — Histoire naturelle. — Zoologie. — Anatomie. — Anatomie pathologique. — Physiologie. — Physiologie biologique. — Hygiène. — Histologie. — Bactériologie. — Minéralogie et hydrologie. — Pathologie générale. — Pathologie interne. — Pathologie externe. — Thérapeutique. — Médecine opératoire. — Pharmacie. — Matière médicale. — Toxicologie. — Cliniques médicale, chirurgicale, obstétricale, gynécologique, infantile, d'ophtalmologie, de dermatologie, des maladies des voies urinaires.

ENSEIGNEMENTS SPÉCIAUX. *Cours organisés en vue de la pratique de la médecine et de la pharmacie aux colonies :* Pathologie et bactériologie des maladies exotiques. — Clinique des maladies exotiques. — Histoire naturelle coloniale. — Hygiène coloniale. — Climatologie.

DIPLOMES D'ÉTAT. L'École délivre, comme les Facultés de Médecine et les Écoles supérieures de Pharmacie, le *Doctorat en médecine*, le *Diplôme de pharmacien*, le *Diplôme supérieur de pharmacien*, les *Diplômes de sage-femme* (1re et 2e classe) et le *Certificat d'aptitude à la profession d'herboriste.* Cf. p. 40.

DIPLOMES UNI-VERSITAIRES. *Diplôme d'études médicales coloniales.* — Accessible aux candidats français pourvus du diplôme d'État de docteur en médecine et aux étrangers justifiant d'un titre reconnu équivalent. — *Scolarité :* 3 mois. — *Frais d'études :* Droit de scolarité : 120 francs. Droit d'examen : 30 francs.

Diplôme d'études pharmaceutiques coloniales. — Accessible aux candidats français pourvus du diplôme de pharmacien et aux étrangers possédant un titre reconnu équivalent. — *Scolarité :* Trois mois. — *Frais d'études :* Droit de scolarité : 120 francs. Droit d'examen : 30 francs.

ÉTABLISSEMENTS EXTÉRIEURS A L'UNIVERSITÉ

ÉCOLE SUPÉRIEURE DE COMMERCE DE MARSEILLE.

L'École forme les jeunes gens à la pratique des affaires.

Organisation. — Cours complet d'études en trois années : une année de cours préparatoires et deux années de cours normaux. Les études des cours normaux sont réparties en trois sections : *Section du commerce. — Section coloniale. — Section de la marine marchande.*

Frais d'études. — 400 francs pour les cours préparatoires et 600 francs pour chaque année des cours normaux.

Conditions d'admission. — On est admis comme élève régulier des cours préparatoires ou des cours normaux, après examen.

Les candidats français et étrangers pourvus du baccalauréat ou d'un titre équivalent sont dispensés de l'examen.

Sanction des études. — Examen de fin d'études donnant droit, suivant la moyenne des notes obtenues, soit au *Diplôme supérieur*, soit au *Certificat d'études.*

ÉCOLE NATIONALE D'ARTS ET MÉTIERS D'AIX.

L'organisation de l'enseignement et les conditions d'admission sont celles de toutes les Écoles analogues. — Cf. ÉCOLE NATIONALE DES ARTS ET MÉTIERS DE PARIS, p. 98.

UNIVERSITÉ D'ALGER

FACULTÉS. L'Université d'Alger comprend quatre Facultés : FACULTÉ DE DROIT, FACULTÉ DE MÉDECINE ET DE PHARMACIE, FACULTÉ DES SCIENCES, FACULTÉ DES LETTRES, pourvues des enseignements et moyens d'étude pour la préparation de tous les grades d'État conférés par ces diverses Facultés.

ÉTABLISSEMENTS EXTÉRIEURS A L'UNIVERSITÉ. En dehors de l'Université, mais dans le ressort académique d'Alger, plusieurs Écoles sont à signaler : à Alger même, l'ÉCOLE SUPÉRIEURE DE COMMERCE*, l'ÉCOLE NATIONALE DES BEAUX-ARTS, l'ÉCOLE D'HYDROGRAPHIE; — à Maison-Carrée, l'ÉCOLE COLONIALE D'AGRICULTURE; — à Philippeville, l'ÉCOLE COLONIALE D'AGRICULTURE et, à Dellys, l'ÉCOLE COLONIALE D'APPRENTISSAGE.

CARACTÉRISTIQUES DE L'UNIVERSITÉ. *Enseignements spéciaux consacrés à l'Afrique du Nord :* civilisation, littérature et langues musulmanes de l'Afrique du Nord.

Enseignements scientifiques et médicaux se rapportant à l'Algérie, à la Tunisie et au Sahara.

CONDITIONS D'ADMISSION. Les conditions générales pour l'immatriculation et l'inscription sont les mêmes que pour toutes les Universités françaises. Cf. p. 29.

Celles qui concernent les enseignements ou les grades et diplômes propres à l'Université d'Alger seront indiquées pour chacun d'eux dans les notices particulières de la Faculté à laquelle ils se rattachent.

ŒUVRE UNIVERSITAIRE. *Société des Amis de l'Université d'Alger.*

---

* Cf. plus loin la notice spéciale à cette École.

FACULTÉ DE DROIT

ENSEIGNEMENTS ORDINAIRES. Droit civil. — Droit criminel. — Droit commercial. — Droit maritime. — Procédure civile. — Droit international privé. — Voies d'exécution. — Droit constitutionnel. — Droit administratif. — Droit international public. — Droit public. — Droit romain. — Pandectes. — Histoire du droit. — Histoire du droit public français. — Économie politique. — Histoire des doctrines économiques. — Législation financière. — Législation industrielle.

ENSEIGNEMENTS SPÉCIAUX. Législation coloniale. — Droit musulman et coutumes indigènes. — Législation algérienne et tunisienne. — Droit français pour les indigènes.

DIPLOMES ET GRADES D'ÉTAT. La Faculté de Droit délivre, aux mêmes conditions que les autres Facultés françaises, le *Certificat de capacité*, la *Licence* et le *Doctorat en droit*. Cf. p. 39.
Elle confère également les diplômes d'État suivants :

Certificat d'études de législation algérienne, de droit musulman et de coutumes indigènes. — Accessible aux Français pourvus, soit du certificat d'études exigé des aspirants au grade d'officier de santé ou de pharmacien de 2e classe, soit du brevet de capacité d'instituteur ou du certificat d'études primaires supérieures. Accessible également aux indigènes pourvus du certificat d'études primaires au titre français ou d'un certificat d'études secondaires élémentaires. — *Scolarité :* Deux années. — *Frais d'études :* Scolarité : 130 francs. Droits d'examen et de certificat : 105 francs.

Certificat supérieur d'études de législation algérienne, de droit musulman et de coutumes indigènes. — Accessible aux candidats justifiant de la licence en droit ou du certificat d'études de législation algérienne, de droit musulman et de coutumes indigènes, et qui subissent un examen spécial. — *Droit d'examen et de certificat :* 105 francs.

DIPLOMES UNIVERSITAIRES. *Certificat d'études administratives algériennes.* — Accessible aux candidats pourvus, soit du baccalauréat, soit du certificat de capacité en droit, soit de l'un des certificats de législation algérienne, ainsi qu'aux anciens élèves des Écoles militaires, de l'École des Mines ou de l'École centrale des Arts et Manufactures. Les autres candidats doivent, pour être admis à s'inscrire en vue de l'obtention de ce certificat, subir un examen spécial. — *Scolarité :* Deux années, sanctionnées par deux examens. — *Frais d'études :* Scolarité : 100 francs. — Droits d'examens : 100 francs.

Certificat supérieur d'études administratives algériennes. — Les conditions d'admission, la scolarité et les droits sont les mêmes que pour le certificat d'études administratives algériennes. Les épreuves seules sont d'un ordre différent.

FACULTÉ MIXTE DE MÉDECINE ET DE PHARMACIE

ENSEIGNEMENTS ORDINAIRES. Anatomie. — Anatomie pathologique. — Embryologie et tératologie. — Pathologie générale. — Microbiologie et parasitologie. — Pathologie externe. — Pathologie interne. — Anatomie topographique. — Physiologie. — Histoire naturelle médicale. — Pharmacie. — Chimie médicale et toxicologie. — Analyse chimique. — Chimie minérale. — Accouchements. — Hygiène. — Thérapeutique. — Matière médicale. — Physique médicale et biologique. — Histologie. — Médecine opératoire. — Médecine légale. — Chimie biologique. — Zoologie médicale. — Minéralogie.

Cliniques médicale, chirurgicale, chirurgicale infantile et orthopédique, obstétricale, ophtalmologique, des maladies des pays chauds, des maladies syphilitiques et cutanées.

ENSEIGNEMENTS SPÉCIAUX. *Enseignement pour les auxiliaires médicaux indigènes :* Cours théoriques, travaux pratiques et cours de langue arabe.

DIPLOMES ET GRADES D'ÉTAT. La Faculté de Médecine et de Pharmacie délivre, aux mêmes conditions que les autres Facultés françaises, le *Doctorat en médecine*, le *Diplôme de pharmacien*, le *Diplôme supérieur de pharmacien*, les *Diplômes de sage-femme de 1re et de 2e classe* et le *Certificat d'aptitude à la profession d'herboriste*. Cf. p. 40.

DIPLOMES UNIVERSITAIRES. *Doctorat de l'Université d'Alger* (mention MÉDECINE). — Réservé aux étudiants étrangers qui ont obtenu l'autorisation de faire leurs études à l'Université d'Alger avec équivalence du baccalauréat. Ce diplôme, qui a la même valeur scientifique que le doctorat en médecine, grade d'État, ne confère pas le droit d'exercer en France. — *Scolarité et Droits :* La scolarité, les examens et les droits à acquitter sont les mêmes que pour le doctorat d'État.

Doctorat de l'Université d'Alger (mention PHARMACIE). — Accessible aux pharmaciens français et étrangers qui justifient du diplôme français de pharmacien ou de deux certificats d'études, l'un de pharmacie chimique et de toxicologie, l'autre de pharmacie galénique et de matière médicale. — *Scolarité :* Une année. — *Épreuve :* Soutenance d'une thèse. — *Frais d'études :* Scolarité : 630 francs. Droit d'examen : 70 francs.

FACULTÉ DES SCIENCES

ENSEIGNEMENTS ORDINAIRES. Mathématiques. — Astronomie. — Physique. — Physique industrielle. — Chimie. — Chimie appliquée. — Zoologie. — Botanique. — Géologie et minéralogie. — Minéralogie appliquée. — Zoologie appliquée. — Mécanique appliquée.

ENSEIGNEMENTS SPÉCIAUX. Géographie physique du Sahara. — Construction des chemins de fer. — Exploitation des mines. — Constructions industrielles. — Électricité industrielle.

INSTITUTS ANNEXES. *Station zoologique.*
Observatoire astronomique de Bouzaréa.

DIPLOMES ET GRADES D'ÉTAT. La Faculté des Sciences délivre, aux mêmes conditions que les autres Facultés françaises, le *Certificat d'études physiques, chimiques et naturelles* (*P.C.N.*), les *Certificats d'études supérieures*, la *Licence*, les *Diplômes d'études supérieures de sciences* et le *Doctorat*, Cf. p. 42.

Les certificats d'études supérieures de sciences, délivrés par la Faculté des Sciences d'Alger sont les suivants : 1º Mathématiques générales; 2º Astronomie; 3º Chimie générale; 4º Physique, chimie et histoire naturelle (S. P. C. N.); 5º Zoologie; 6º Botanique; 7º Géologie; 8º Minéralogie; 9º Physique générale; 10º Zoologie appliquée; 11º Chimie appliquée; 12º Calcul différentiel et intégral.

DIPLOMES UNIVERSITAIRES. *Certificat d'études supérieures de sciences appliquées au génie civil.* — Le certificat porte l'une des mentions : *Constructions industrielles* ou *Voies de communication et transports*. — Accessible aux candidats ayant suivi les cours préparatoires spéciaux. — *Scolarité :* Trois années d'études, sanctionnées par trois examens. — *Frais d'études :* Scolarité : 90 francs. Travaux pratiques : 120 francs. Droits d'examen : 90 francs.

Diplôme de constructeur industriel. — Accessible aux candidats ayant suivi les cours préparatoires spéciaux. — *Scolarité :* Deux années d'études, sanctionnées par deux examens. — *Frais d'études :* Scolarité : 60 francs. Travaux pratiques : 80 francs. Droits d'examen : 60 francs.

Diplôme de chimiste. — Accessible aux candidats ayant suivi les cours et travaux pratiques spéciaux. — *Scolarité :* Deux années d'études, sanctionnées par deux examens. — *Frais d'études :* Scolarité : 60 francs. Travaux pratiques : 200 francs. Droits d'examen : 60 francs.

Diplôme de géologue-minéralogiste. — Accessible aux candidats ayant suivi les cours préparatoires spéciaux. — *Scolarité :* Deux années d'études, sanctionnées par deux examens. — *Frais d'études :* Scolarité : 60 francs. Travaux pratiques : 200 francs. Droits d'examen : 60 francs.

Certificats d'études d'électricité industrielle. — Accessible aux candidats pourvus, soit du baccalauréat, soit du certificat d'études physiques, chimiques et naturelles (P. C. N.), soit du brevet supérieur. Les autres candidats doivent, pour être admis à suivre l'enseignement préparatoire, subir un examen spécial. — *Scolarité* : Une année. — *Épreuves* : Composition écrite, Épreuve pratique et Épreuve orale.

FACULTÉ DES LETTRES

ENSEIGNEMENTS ORDINAIRES. Psychologie et morale appliquées à l'éducation. — Langue et littérature françaises. — Langues et littératures anciennes. — Langues et littératures étrangères. — Géographie physique. — Allemand. — Pédagogie appliquée à l'enseignement des langues vivantes.

ENSEIGNEMENTS SPÉCIAUX. Histoire de la philosophie musulmane. — Antiquités de l'Afrique. — Histoire moderne de l'Afrique. — Géographie de l'Afrique. — Histoire de la civilisation musulmane et histoire des Arabes. — Littératures arabe et persane. — Langue arabe. — Arabe vulgaire. — Dialectes berbères. — Kabyle.

DIPLOMES ET GRADES D'ÉTAT. La Faculté des Lettres délivre, aux mêmes conditions que les autres Facultés françaises, la *Licence ès lettres*, les *Diplômes d'études supérieures* et le *Doctorat*. Cf. p. 45. En particulier, elle est la seule qui délivre la licence ès lettres avec la mention arabe. — Elle confère en outre les diplômes et certificats ci-après :

Diplôme d'études supérieures de langue et littérature arabes. — Accessible comme les autres diplômes d'études supérieures sans aucune distinction d'âge, de grade ou de nationalité. Cf. ci-dessus, p. 45.

Brevet de langue arabe. — Accessible à tous les candidats âgés de 17 ans. Les examens ont lieu en deux sessions annuelles. *Droits d'examen et de brevet :* 30 francs.

Diplôme de langue arabe. — Accessible aux candidats européens et indigènes, pourvus du baccalauréat ou du brevet de capacité de l'enseignement primaire et du brevet de langue arabe. — *Scolarité :* Une année. — *Frais d'études :* Scolarité : 40 francs. Droits d'examen et de diplôme : 55 francs.

Brevet de langue kabyle. — Accessible aux candidats âgés de 17 ans. Les examens ont lieu en deux sessions annuelles. *Droits d'examen et de brevet :* 30 francs.

Diplômes des dialectes berbères. — Accessibles aux candidats européens et indigènes munis du baccalauréat on du brevet de capacité de l'enseignement primaire et du brevet de langue kabyle. — *Scolarité :* Une année. — *Frais d'études :* Scolarité : 30 francs. Droits d'examen et de diplôme : 55 francs.

ÉTABLISSEMENT EXTÉRIEUR
A L'UNIVERSITÉ

ÉCOLE SUPÉRIEURE DE COMMERCE D'ALGER.

Les conditions d'admission, enseignement, durée des études et diplômes sont les mêmes que pour les autres Écoles du même type. Cf. ci-dessus : ÉCOLE SUPÉRIEURE DE COMMERCE DE MARSEILLE.

Toutefois, l'École d'Alger fait une large place dans son enseignement au commerce maritime et à la langue arabe.

UNIVERSITÉ DE BESANÇON

FACULTÉS ET ÉCOLES DE L'UNIVERSITÉ. L'Université de Besançon comprend deux Facultés : FACULTÉ DES SCIENCES et FACULTÉ DES LETTRES, pourvues de tous les enseignements et moyens d'étude utiles pour la préparation de tous les grades d'État conférés par ces Facultés. Elle possède aussi une ÉCOLE PRÉPARATOIRE DE MÉDECINE ET DE PHARMACIE où sont organisées les trois premières années d'études médicales et pharmaceutiques.

ÉTABLISSEMENTS EXTÉRIEURS A L'UNIVERSITÉ. En dehors de l'Université, mais dans le ressort académique de Besançon, plusieurs Écoles sont à signaler : à Besançon même, l'ÉCOLE NATIONALE D'HORLOGERIE*; — à Mamirolle (Doubs), l'ÉCOLE NATIONALE D'INDUSTRIE LAITIÈRE; — à Poligny (Jura), l'ÉCOLE NATIONALE D'INDUSTRIE LAITIÈRE.

CARACTÉRISTIQUES DE L'UNIVERSITÉ. *Enseignements spéciaux pour les étudiants étrangers.* Enseignement du français : Cours annuels et Cours de vacances.

Enseignement des Sciences appliquées à l'industrie : Horlogerie.

Enseignement de l'histoire de la Franche-Comté et des Sciences auxiliaires.

CONDITIONS D'ADMISSION. Les conditions générales pour l'immatriculation et l'inscription sont les mêmes que pour toutes les Universités françaises. Cf. p. 29.

Celles qui concernent les enseignements ou les grades et diplômes propres à l'Université de Besançon seront indiquées pour chacun d'eux dans les notices particulières de la Faculté à laquelle ils se rattachent.

---

* Cf. plus loin la notice spéciale à cette École.

ŒUVRES UNIVER-SITAIRES. *Comité de Patronage des étudiants étrangers.* — Se tient à la disposition des étudiants étrangers pour tous les renseignements concernant la vie matérielle à Besançon, leur installation et l'organisation de leurs études.

Association générale des étudiants. — Ouverte aux étudiants français et étrangers. Organise des conférences, des soirées artistiques, des excursions hebdomadaires, etc.

Société des Amis de l'Université de Franche-Comté. — Se propose de développer les divers enseignements de l'Université et de contribuer aux progrès de l'instruction générale ou technique dans la région. Organise des conférences, subventionne des cours, etc.

FACULTÉ DES SCIENCES

ENSEIGNEMENTS. Astronomie. — Calcul différentiel et intégral. — Mécanique rationnelle et appliquée. — Chronométrie. — Physique. — Chimie générale. — Chimie appliquée. — Géologie et minéralogie. — Zoologie. — Botanique. — Botanique agricole. — Électricité industrielle. — Mathématiques générales. — Histologie.

INSTITUTS AN-NEXES. *Observatoire astronomique, météorologique et chronométrique de la Bouloye.* — Les étudiants inscrits pour le certificat de chronométrie ou le diplôme d'ingénieur horloger peuvent être admis à l'Observatoire pour suivre les méthodes d'observation des chronomètres.

Musée d'Histoire naturelle. — Annexe des chaires de Zoologie, Géologie et Minéralogie.

Institut et jardin botaniques.

Station agronomique de Franche-Comté.

DIPLOMES ET GRADES D'ÉTAT. La Faculté des Sciences délivre, aux mêmes conditions que les autres Facultés françaises, le *Certificat d'études physiques, chimiques et naturelles* (P. C. N.), les *Certificats d'études supérieures,* la *Licence,* les *Diplômes d'études supérieures de sciences* et le *Doctorat.* Cf. p. 42.

Les certificats d'études supérieures de sciences, délivrés par la Faculté des Sciences de Besançon, sont les suivants : 1º Calcul différentiel et intégral ; 2º Mécanique rationnelle; 3º Mécanique appliquée; 4º Mécanique céleste; 5º Astronomie; 6º Chronométrie théorique et pratique; 7º Physique générale; 8º Électricité industrielle; 9º Chimie générale; 10º Chimie appliquée; 11º Zoologie; 12º Botanique; 13º Botanique agricole; 14º Géologie; 15º Minéralogie; 16º Physique, chimie et histoire naturelle; 17º Astronomie approfondie.

DIPLOMES UNIVERSITAIRES. *Doctorat de l'Université de Besançon* (mention SCIENCES). — Accessible aux candidats justifiant de deux certificats d'études supérieures ou d'équivalences accordées par la Faculté. — *Scolarité :* Une année. — *Épreuves :* 1º Soutenance d'une thèse; 2º Exposition d'un sujet proposé à l'avance par la Faculté. — *Frais d'études :* Scolarité : 30 francs. Droit de thèse : 80 francs. Pour les études de Sciences physiques, chimiques et naturelles, les candidats doivent payer, en plus, les droits de laboratoire, qui varient de 200 à 300 francs.

Diplôme d'ingénieur-horloger. — Accessible à tous étudiants français ou étrangers immatriculés, sans condition de grade. — *Scolarité :* Deux années. — *Frais d'études :* Scolarité : 60 francs. Droit d'examen : 30 francs.

Diplôme d'électricité appliquée. — Conféré aux étudiants qui, ayant suivi le cours d'électricité industrielle pendant deux années, ont subi avec succès un examen à la fin de chaque année. — *Droit d'examen :* 30 francs.

Diplôme d'agriculture. — Accessible aux candidats français et étrangers sans aucune condition de grade. — *Scolarité :* Deux semestres. — *Frais d'études :* Scolarité : 260 francs. Droit d'examen : 30 francs.

FACULTÉ DES LETTRES

ENSEIGNEMENTS ORDINAIRES. *Philosophie.* — *Histoire et géographie de l'antiquité, du moyen âge et des temps modernes.* — *Littérature française.* — *Littérature latine.* —

Littérature grecque. — Littérature étrangère. — Anglais. — Ancien français.

ENSEIGNEMENTS SPÉCIAUX. Pédagogie. — Psychologie appliquée à l'éducation. — Bibliographie générale et sources de l'histoire de Franche-Comté. — Sciences auxiliaires de l'histoire appliquées à l'étude des chartes et. manuscrits franc-comtois.

Cours de français pour les étudiants étrangers. — Organisés spécialement par la Faculté des Lettres avec le concours du Comité de Patronage, à l'usage des étudiants étrangers désireux de se perfectionner dans la connaissance de la langue et de la civilisation françaises. — *Organisation :* L'enseignement est donné : 1º Pendant l'Année scolaire, du 1er novembre au 30 juin, dans un certain nombre de cours qui s'ajoutent aux enseignements ordinaires de la Faculté des Lettres ; 2º Du 1er juillet au 30 septembre, dans les Cours de vacances. — *Conditions d'admission :* Ouverts à tous les étrangers sans aucune condition de titre ou de grade. — *Droits de scolarité :* 1º Cours de l'année scolaire : 50 francs pour un semestre ; 70 francs pour les deux ; — 2º Cours de vacances : 1 mois : 40 francs ; 2 mois : 50 francs ; 3 mois : 60 francs ; 4 mois : 65 francs. — *Sanction des études :* Examens donnant droit soit au *Certificat d'études françaises*, soit au *Certificat de langue française.*

DIPLOMES ET GRADES D'ÉTAT. La Faculté des Lettres délivre, aux mêmes conditions que les autres Facultés françaises, la *Licence ès lettres*, les *Diplômes d'études supérieures* et le *Doctorat.* Cf. p. 45.

DIPLOMES UNIVERSITAIRES. *Doctorat de l'Université de Besançon* (mention Lettres). — Accessible aux Français et aux étrangers pourvus de la licence ès lettres ou de titres reconnus équivalents par la Faculté. — *Scolarité :* Quatre semestres, dont deux au moins à la Faculté des Lettres de Besançon. — *Épreuves :* 1º Soutenance d'une thèse ; 2º Interrogations sur des questions agréées par la Faculté. — *Frais d'études :* Immatriculation : 60 francs. Droit d'examen : 80 francs.

Certificat d'études françaises. — Réservé aux étrangers immatriculés à la Faculté des Lettres ou inscrits aux cours de vacances. — *Droit d'examen :* 20 francs.

Certificat de langue française. — Réservé aux étrangers et délivré par le Comité de Patronage. Il peut être obtenu à n'importe quelle époque de l'année. — *Droit d'examen :* 60 francs.

ÉCOLE PRÉPARATOIRE
DE MÉDECINE ET DE PHARMACIE

ENSEIGNEMENTS. Anatomie. — Pathologie. — Chimie organique. — Chimie minérale. — Pharmacie. — Zoologie médicale. — Micrographie appliquée. — Physique pharmaceutique. — Matière médicale. — Minéralogie et hydrologie. — Séméiologie. — Physiologie. — Histologie normale et embryologie. — Botanique médicale. — Physique médicale et biologique. — Anatomie et histologie pathologiques. — Bactériologie. — Ophtalmologie. — Cliniques médicale, chirurgicale et obstétricale.

DIPLOMES. Les candidats au *Doctorat en médecine* (grade d'État) peuvent faire leurs trois premières années d'études à Besançon et y passer leurs deux premiers examens.

Les aspirants au *Diplôme de pharmacien* peuvent prendre leurs huit premières inscriptions à l'École de Besançon.

La première année d'études pour le *Diplôme de sage-femme de 1re classe* peut également être faite à Besançon, mais la seconde est nécessairement faite dans une Faculté ou dans une École de plein exercice. — Les études en vue du *Diplôme de sage-femme de 2e classe* et du *Certificat d'aptitude à la profession d'herboriste* peuvent être faites entièrement à Besançon.

ÉTABLISSEMENT EXTÉRIEUR
A L'UNIVERSITÉ

ÉCOLE NATIONALE D'HORLOGERIE DE BESANÇON

L'École donne l'éducation professionnelle nécessaire aux jeunes gens se destinant à l'horlogerie.

Organisation. — Enseignement théorique et pratique, réparti sur trois années d'études.

Conditions d'admission. — Examen d'entrée. Les candidats doivent avoir plus de 13 ans. Sont dispensés de l'examen, les candidats pourvus du certificat d'études primaires et les jeunes gens âgés de plus de 20 ans et ayant déjà exercé la profession d'horloger.

Frais d'études. — 200 francs par an. L'enseignement est gratuit pour les Français dont les parents habitent Besançon.

Sanction des études. — Examen permettant d'obtenir le *Diplôme d'élève breveté de l'École nationale d'Horlogerie de Besançon.*

UNIVERSITÉ DE BORDEAUX

FACULTÉS.
L'Université de Bordeaux comprend quatre Facultés : FACULTÉ DE DROIT, FACULTÉ MIXTE DE MÉDECINE ET DE PHARMACIE, FACULTÉ DES SCIENCES, FACULTÉ DES LETTRES, pourvues des enseignements et moyens d'étude utiles pour la préparation de tous les grades d'État conférés par ces diverses Facultés; elle possède en outre de nombreux INSTITUTS annexés à ces Facultés et, en particulier, un INSTITUT COLONIAL comprenant tous les enseignements relatifs aux colonies.

ÉTABLISSEMENTS EXTÉRIEURS A L'UNIVERSITÉ.
En dehors de l'Université, mais dans le ressort académique de Bordeaux, plusieurs Écoles sont à signaler : à Bordeaux même, l'ÉCOLE DU SERVICE DE SANTÉ DE LA MARINE*, l'ÉCOLE SUPÉRIEURE DE COMMERCE ET D'INDUSTRIE*, l'ÉCOLE DE NOTARIAT, l'ÉCOLE MUNICIPALE DES BEAUX-ARTS ET DES ARTS DÉCORATIFS, l'ÉCOLE DÉPARTEMENTALE D'ART APPLIQUÉ, l'ÉCOLE D'HYDROGRAPHIE ET DE NAVIGATION, l'ÉCOLE D'INFIRMIÈRES et, à Bayonne, l'ÉCOLE NATIONALE DE MUSIQUE.

CARACTÉRISTIQUES DE L'UNIVERSITÉ.
Cours spéciaux de langue et littérature françaises à l'usage des étrangers.

Enseignement pratique du droit.

Enseignement particulier concernant les colonies.

Enseignement de la chirurgie dentaire.

Étude des sciences appliquées à l'agriculture et aux industries régionales.

Enseignements relatifs à l'histoire, à la langue et à la littérature du sud-ouest de la France.

Centre d'études hispaniques.

---

* Cf. plus loin la notice spéciale à cette École.

CONDITIONS D'ADMISSION. Les conditions générales pour l'immatriculation et l'inscription sont les mêmes que pour toutes les Universités françaises. Cf. p. 29.

Celles qui concernent les enseignements ou les grades et diplômes propres à l'Université de Bordeaux seront indiquées pour chacun d'eux dans les notices particulières de la Faculté à laquelle ils se rattachent.

ŒUVRES UNIVERSITAIRES. *Comité de patronage des étudiants étrangers.* — Fournit aux étudiants étrangers des indications et des conseils pour leur installation matérielle à Bordeaux et pour leurs études.

Pour remplir cette tâche, le Comité de patronage dispose : 1º de CONSULS UNIVERSITAIRES ; 2º d'un OFFICE DES ÉTUDIANTS ÉTRANGERS.

1º *Consuls universitaires.* — Ils ont pour rôle de recevoir les étudiants des diverses nationalités et de les guider dans leurs études ainsi que dans l'organisation de leur vie matérielle à Bordeaux.

Les étudiants des pays orientaux s'adresseront à M. le doyen Radet; ceux de langue russe, à M. le professeur Camena d'Almeida; ceux de langue anglaise, à M. le professeur Cestre; ceux de langue allemande, à M. le professeur Dresch; ceux de langue espagnole ou portugaise, à M. le professeur Cirot, et les étudiants italiens à M. le professeur Sigalas ou à M. le professeur Bouvy.

2º *Office des étudiants étrangers*, 3, rue Jean-Burguet. — A la disposition des étudiants ou de leurs familles pour leur fournir, soit verbalement, soit par lettre, tous les renseignements dont ils peuvent avoir besoin sur les études qui sont faites à Bordeaux, et sur les chambres, restaurants, pensions, etc.

Association générale des étudiants. — Bibliothèque, salles de lecture et de réunion. Salle d'escrime. Société de secours mutuels; vient en aide aux membres malades ou momentanément dans le besoin.

Amis de l'étudiant. — Fournit toutes les indications utiles aux étudiants pour leur installation matérielle. S'adresser à M. Ferron, professeur à la Faculté de Droit.

Maison des étudiants. — Appartient à l'Université. Une partie de la maison contient des chambres pour les étudiants.

Caisse de prêts d'honneur. — Fondée par l'Université pour secourir les étudiants.

Sociétés des Amis de l'Université de Bordeaux.

FACULTÉ DE DROIT

ENSEIGNEMENTS. Droit civil. — Droit commercial. — Droit administratif. — Droit constitutionnel. — Droit criminel. — Procédure civile. — Droit maritime. — Législation industrielle. — Droit romain. — Histoire du droit. — Droit international public. — Économie politique. — Science financière. — Histoire du droit public français. — Histoire des doctrines économiques. — Droit international privé. — Droit public et administratif. — Droit civil comparé. — Législation française des finances. — Législation et économie coloniales.

INSTITUTS AN-NEXES. *Institut pratique de Droit.* — Initie les étudiants à la pratique judiciaire. — *Durée des études :* Deux années. — *Conditions d'admission :* Aucun titre ni grade n'est exigé pour l'inscription. — *Droits de scolarité :* Immatriculation annuelle : 30 francs. Les étudiants payent en outre un droit spécial de 20 francs par trimestre. — *Sanction des études :* Deux examens permettant d'obtenir le certificat d'études pratiques de droit. — *Droit d'examen :* 20 francs pour chaque examen.

DIPLOMES ET GRADES D'ÉTAT. La Faculté de Droit délivre, aux mêmes conditions que les autres Facultés françaises, le *Certificat de capacité*, la *Licence* et le *Doctorat en droit.* Cf. p. 39.

DIPLOME UNI-VERSITAIRE. *Certificat d'études pratiques de droit.* Cf. ci-dessus : INSTITUT PRATIQUE DE DROIT.

FACULTÉ DE MÉDECINE
ET DE PHARMACIE

ENSEIGNEME.·TS ORDINAIRES. Anatomie. — Anatomie pathologique. — Anatomie générale et histologie. — Physiologie. — Pathologie et thérapeutique générales. — Hygiène. — Médecine légale. — Physique biologique et électricité médicale. — Chimie. — Histoire naturelle. — Pharmacie. — Matière médicale. — Médecine expérimentale. — Chimie biologique. — Physique pharmaceutique. — Oto-rhino-laryngologie. — Maladies mentales. — Thérapeutique et pharmacologie. — Médecine opératoire. — Accouchements. — Ophtalmologie.

Cliniques médicale, chirurgicale, obstétricale, ophtalmologique, chirurgicale infantile, gynécologique, médicale infantile, des maladies cutanées et syphilitiques, des maladies des voies urinaires, dentaire.

ENSEIGNEMENTS SPÉCIAUX. Pathologie exotique. — Enseignement spécial de la chirurgie dentaire.

INSTITUTS AN-NEXES. *Jardin et Institut botaniques.*
Musée d'ethnographie et d'études coloniales.
Musée d'anatomie et d'anthropologie.

DIPLOMES ET GRADES D'ÉTAT. La Faculté de Médecine délivre, aux mêmes conditions que les autres Facultés françaises, le *Doctorat en médecine,* le *Diplôme de pharmacien* et le *Diplôme supérieur de pharmacien,* les *Diplômes de chirurgien-dentiste,* de *sage-femme de 1re et de 2e classe* ainsi que le *Certificat d'aptitude à la profession d'herboriste.* Cf. p. 40.

DIPLOMES UNI-VERSITAIRES. *Doctorat de l'Université de Bordeaux* (mention MÉDECINE). — Réservé aux étudiants étrangers qui ont fait leurs études à la Faculté de Bordeaux, avec une équivalence du baccalauréat. Ce diplôme, qui a la même valeur scientifique que le doctorat en médecine, grade d'État, ne confère pas le droit d'exercer en France. Les conditions et les frais de scolarité sont les mêmes que pour le diplôme d'État de docteur en médecine. — *Droit de thèse :* 100 francs.

Doctorat de l'Université de Bordeaux (mention PHARMACIE). — Accessible aux étudiants français pourvus du diplôme de pharmacien et aux étrangers qui possèdent deux certificats d'études, le premier de pharmacie chimique et de toxicologie, et le second de pharmacie galénique et de matière médicale. — *Scolarité :* Une année, au moins, à l'Université de Bordeaux. — *Épreuve :* Soutenance d'une thèse. — *Frais d'étude :* Scolarité : 630 francs. Droit de thèse : 40 francs.

Diplôme de pharmacien à l'usage des étrangers. — Réservé aux étrangers justifiant du stage officinal et qui ont obtenu, en vue de l'inscription, une équivalence de baccalauréat. — *Scolarité :* Les conditions et frais d'études et d'examens sont les mêmes que pour le diplôme d'État de pharmacien. Des dispenses partielles de scolarité peuvent cependant être accordées en raison d'études antérieures.

Diplôme de médecin colonial. — Accessible aux docteurs en médecine français et aux étrangers pourvus du doctorat universitaire (*mention* Médecine), ou d'un diplôme médical reconnu équivalent par la Faculté. — *Scolarité :* Un trimestre. — *Frais d'études :* Scolarité : 180 francs. Droit d'examen : 20 francs.

Diplôme de chirurgien-dentiste à l'usage des étrangers. — Réservé aux étrangers qui ont obtenu l'autorisation d'accomplir leur stage et leur scolarité à la Faculté de Bordeaux, avec dispense des grades, brevet ou certificat exigés pour le diplôme d'État. — *Scolarité :* Les conditions d'études et d'examens sont les mêmes que pour le diplôme d'État de chirurgien-dentiste. Mais des dispenses de stage et la dispense de l'examen de validation peuvent être accordées aux étrangers, sur justification du stage accompli dans les conditions requises, soit en France, soit à l'étranger.

FACULTÉ DES SCIENCES

ENSEIGNEMENTS. Mathématiques. — Calcul infinitésimal. — Mécanique. — Analyse. — Astronomie physique. — Physique générale. — Physique théorique. — Physique expérimentale. — Chimie. — Chimie minérale. — Chimie industrielle. — Zoologie et physiologie animale. — Anatomie comparée et embryogénie. — Botanique. — Géologie et minéralogie. — Physiologie végétale.

INSTITUTS AN-NEXES. *École de Chimie appliquée à l'industrie et à l'agriculture.* — Forme pour l'industrie, l'agriculture et le commerce, des jeunes gens exercés dans la théorie et la pratique de la chimie.

Organisation : Cours complet d'études en trois années. — *Conditions d'admission :* Sont admis, les candidats français ou étrangers âgés de 16 ans au moins et ayant satisfait à un examen d'entrée. Sont dispensés de cet examen les candidats pourvus du baccalauréat, du brevet supérieur, du diplôme des Écoles d'arts et métiers, du diplôme des Écoles supérieures de commerce ou de tout autre titre français et étranger reconnu équivalent. En particulier, l'École admet de plein droit et sans examen les jeunes gens chiliens bacheliers de l'Université de Santiago. — *Frais d'études :* 550 francs par an. — *Sanction des études :* Examens à la fin de chaque année, permettant d'obtenir, suivant la moyenne des notes, soit le *Diplôme d'ingénieur chimiste de l'Université de Bordeaux,* soit un *Certificat d'études.* En outre les élèves pourvus du baccalauréat peuvent, à la fin de la seconde année, se présenter aux épreuves relatives aux deux certificats de chimie générale et de chimie appliquée. — L'obtention d'un troisième certificat à leur choix leur permet d'acquérir ensuite la licence ès sciences.

Observatoire de Bordeaux. — Possède tous les instruments pour les observations et recherches d'astronomie physique.

Station zoologique d'Arcachon. — Organisée pour toutes les études relatives à la faune du bassin d'Arcachon et de l'Océan.

Met sous certaines conditions à la disposition de tous les travailleurs français et étrangers des laboratoires, une bibliothèque ainsi que des chambres de logement.

Station agronomique et œnologique. — Ouverte à tous les travailleurs français et étrangers désirant se mettre au courant des analyses agricoles et des progrès de l'œnologie. — Un enseignement spécial de chimie agricole y est donné chaque année à l'usage des agriculteurs de la région. — Manipulations et exercices pratiques. — Facilités pour les recherches personnelles.

Laboratoire des résines. — Affecté aux recherches et études pouvant favoriser le perfectionnement de l'industrie résinière dans la région.

Laboratoire d'électricité industrielle.

Laboratoire d'essai de produits coloniaux.

DIPLOMES ET GRADES D'ÉTAT. — La Faculté des Sciences délivre, aux mêmes conditions que les autres Facultés françaises, le *Certificat d'études physiques, chimiques et naturelles* (P.C.N.), les *Certificats d'études supérieures*, la *Licence*, les *Diplômes d'études supérieures de sciences* et le *Doctorat*. Cf. p. 42.

Les certificats d'études supérieures de sciences, délivrés par la Faculté des Sciences de Bordeaux, sont les suivants : 1º Calcul différentiel et intégral; 2º Mécanique rationnelle; 3º Astronomie approfondie; 4º Physique expérimentale; 5º Physique générale; 6º Physique et minéralogie; 7º Chimie générale; 8º Chimie appliquée; 9º Chimie physiologique appliquée à l'agriculture; 10º Zoologie; 11º Botanique; 12º Géologie; 13º Sciences physiques, chimiques et naturelles; 14º Analyse supérieure; 15º Mathématiques générales; 16º Minéralogie.

DIPLOMES UNIVERSITAIRES. — *Doctorat de l'Université de Bordeaux* (mention SCIENCES). — Accessible aux étudiants produisant des attestations d'études ou des titres scientifiques dont la Faculté apprécie la valeur. — *Scolarité :* Deux semestres, mais dans des cas exceptionnels la Faculté peut accorder des dispenses. — *Épreuve :* Soutenance d'une thèse dans les formes prescrites pour le doctorat d'État. — *Droit d'examen :* 100 francs.

Diplôme d'ingénieur-chimiste. — Cf. ci-dessus : ÉCOLE DE CHIMIE.

FACULTÉ DES LETTRES

ENSEIGNEMENTS ORDINAIRES. Langue et littérature grecques. — Langue et littérature latines. — Littérature française. — Langues et littératures germaniques. — Langue et littérature italiennes. — Langue et littérature allemandes. — Anglais. — Grammaire comparée. — Philosophie. — Science sociale. — Histoire de la philosophie. — Histoire. — Histoire ancienne. — Histoire du moyen âge. — Archéologie et histoire de l'art. — Sciences auxiliaires de l'histoire. — Paléographie. — Géographie.

ENSEIGNEMENTS SPÉCIAUX. Langues et littératures du sud-ouest de la France. — Histoire de Bordeaux et du sud-ouest de la France. — Géographie coloniale. — Études hispaniques. — Langue arabe.

Cours de langue française à l'usage des étudiants étrangers. — Ces cours ont lieu à la Faculté des Lettres pendant l'année scolaire. Ils sont organisés par l'*Alliance* française et placés sous le patronage de l'Université.

COURS DE VACANCES. — Les cours de vacances commencent le 1er septembre et finissent le 31 octobre. Ils sont destinés aux personnes qui désirent se familiariser avec la langue française et particulièrement aux étudiants qui ont l'intention de s'inscrire au mois de novembre pour suivre les enseignements de l'Université. L'enseignement a un caractère éminemment pratique.

Section des études. — Un certificat est délivré aux étudiants qui ont suivi les cours pendant un mois au moins; ceux qui ont suivi les cours pendant toute leur durée peuvent obtenir, après examen, un *Diplôme de capacité* avec la mention « capable d'enseigner la langue française ».

COURS DE L'ANNÉE. — Ils ont lieu pendant les deux semestres d'hiver (de novembre à Pâques) et d'été (de Pâques à la mi-juillet), à raison de 80 leçons pour chacun d'eux. Enseignement théorique et pratique de la langue ainsi que de la littérature, de l'histoire et de la géographie de la France. — *Conditions d'admission :* Aucune condition de grade n'est exigée. — *Droit de scolarité :* 30 francs par semestre. — *Sanction des études :* Examens permettant d'obtenir un diplôme qui peut porter la mention « capable d'enseigner la langue française ». — *Droits d'examen et de diplôme :* 15 francs.

INSTITUTS ANNEXES. *École des hautes études hispaniques, à* MADRID. — Elle constitue l'une des deux sections de l'*Institut français en Espagne*, créé par les deux Universités de Bordeaux et de Toulouse. Elle est essentiellement un Institut scientifique qui reçoit, en qualité d'élèves et de missionnaires, des philologues, des historiens, des artistes, des sociologues, qui se proposent d'étudier le passé ou le présent de l'Espagne.

Collections archéologiques. — Elles comprennent de nombreux spécimens de la sculpture grecque et gréco-romaine, de l'art ibérique, des vases ou des fragments de vases antiques.

Institut de Géographie.

DIPLOMES ET GRADES D'ÉTAT. La Faculté des Lettres délivre, aux mêmes conditions que les autres Facultés françaises, la *Licence ès lettres*, les *Diplômes d'études supérieures* et le *Doctorat.* Cf. p. 44.

DIPLOMES UNIVERSITAIRES. *Doctorat de l'Université de Bordeaux* (mention LETTRES). — Les aspirants doivent produire des attestations d'études ou titres scientifiques dont la Faculté apprécie la valeur. — *Scolarité :* Deux semestres, dont un d'hiver. — *Épreuves :* 1° Soutenance d'une thèse; 2° Discussion de propositions données par la Faculté. — *Frais d'études :* Scolarité : 30 francs. Droit d'examen : 100 francs.

Diplômes d'études universitaires. — Accessible à tout candidat français et étranger, sans aucune condition de grade. — *Scolarité :* Une année au moins. — *Épreuves :* 1° Soutenance d'un mémoire composé en français et préparé à la Faculté; 2° Interrogation sur un des cours suivis à la Faculté; 3° Explication

en français d'un passage tiré d'un ouvrage agréé par la Faculté.
— *Frais d'études :* Scolarité : 30 francs. Droit d'examen :
20 francs.

INSTITUT COLONIAL DE L'UNIVERSITÉ DE BORDEAUX.

L'Institut a pour fonctions propres de faire connaître nos
colonies et de fournir à ceux qui doivent y vivre les notions indispensables. — Il comprend : 1° un service de renseignements
coloniaux ; 2° un service de culture ; 3° un musée présentant les produits des différentes colonies, ainsi que les objets
d'importation française et étrangère qu'elles consomment ;
4° un enseignement colonial.

Enseignements. — Cours régulier portant sur les matières
suivantes : Agriculture coloniale. Hygiène coloniale, Produits
coloniaux. Histoire de la colonisation. Géographie, économie,
législation, topographie et constructions coloniales. — *Scolarité :* Deux années.

Conditions d'admission : Aucun grade n'est exigé pour l'inscription.

Sanctions des études : Examens permettant d'obtenir le
Diplôme d'études coloniales de l'Université de Bordeaux. —
Droit d'examen : 30 francs.

ÉTABLISSEMENTS EXTÉRIEURS
A L'UNIVERSITÉ

ÉCOLE PRINCIPALE DU SERVICE DE SANTÉ
DE LA MARINE DE BORDEAUX.

L'École a pour objet d'assurer le recrutement des médecins
et pharmaciens de la marine et des médecins et pharmaciens
des troupes coloniales.

Conditions d'admission. — Les élèves se recrutent par voie de
concours parmi les étudiants des Écoles annexes de médecine
navale de Brest, Rochefort et Toulon. Les étrangers peuvent

être admis sur demande de leur gouvernement adressée au ministre de la Marine.

Scolarité. — Trois années d'études pendant lesquelles les élèves suivent les cours et exercices de la Faculté de Médecine.

Frais de pension. — 700 francs par an.

ÉCOLE SUPÉRIEURE DE COMMERCE ET D'INDUSTRIE DE BORDEAUX.

L'École forme des jeunes gens destinés à devenir des chefs d'industrie ou à diriger des maisons de commerce.

Organisation. — I. *Division commerciale* comprenant une section de Commerce et de Banque et une section coloniale. — II. *Division industrielle* comprenant une section des Travaux publics et une section de Mécanique et électricité.

Durée des études. — Deux années dans chacune des deux divisions. Des *cours préparatoires* d'une année sont annexés à la division commerciale.

Conditions d'admission. — Les candidats français et étrangers sont admis en qualité d'élèves réguliers, à la condition d'être âgés de 15 ans au moins et de subir un examen d'entrée. Peuvent être dispensés de l'examen, les candidats pourvus de titres jugés suffisants. L'École admet, aussi sans condition d'examen préalable, des auditeurs français ou étrangers.

Frais d'études. — 400 francs par an pour la division commerciale; 300 francs par an pour la division industrielle et pour les cours préparatoires.

Sanction des études. — Examens de sortie permettant aux élèves réguliers d'obtenir, selon la moyenne des notes, un *Diplôme* ou un *Certificat de capacité*. Les auditeurs peuvent obtenir des *Attestations d'études*.

UNIVERSITÉ DE CAEN

FACULTÉS ET ÉCOLE DE L'UNIVERSITÉ. L'Université de Caen comprend trois Facultés : FACULTÉ DE DROIT, FACULTÉ DES SCIENCES et FACULTÉ DES LETTRES, pourvues des enseignements et moyens d'étude pour la préparation de tous les grades d'État conférés par ces diverses Facultés. Elle possède aussi une ÉCOLE PRÉPARATOIRE DE MÉDECINE ET DE PHARMACIE où sont organisées les trois premières années d'études médicales et pharmaceutiques.

ÉTABLISSEMENTS EXTÉRIEURS A L'UNIVERSITÉ. En dehors de l'Université, mais dans le ressort académique de Caen, plusieurs Écoles sont à signaler : à Rouen, l'ÉCOLE PRÉPARATOIRE DE MÉDECINE ET DE PHARMACIE *, l'ÉCOLE PRÉPARATOIRE A L'ENSEIGNEMENT DES SCIENCES ET DES LETTRES, l'ÉCOLE DE NOTARIAT, l'ÉCOLE DE CHIMIE INDUSTRIELLE * et l'ÉCOLE SUPÉRIEURE DE COMMERCE *.

Au Havre : l'ÉCOLE SUPÉRIEURE DE COMMERCE*, l'ÉCOLE MUNICIPALE D'APPRENTIS MÉCANICIENS POUR LA MARINE et l'ÉCOLE D'HYDROGRAPHIE.

A Dieppe : l'ÉCOLE D'ENSEIGNEMENT PROFESSIONNEL ET TECHNIQUE DES PÊCHES MARITIMES.

Au Pin-au-Haras (Orne), l'ÉCOLE DES HARAS.

CARACTÉRISTIQUES DE L'UNIVERSITÉ. *Enseignements spéciaux pour les étudiants étrangers. Enseignement du français : Cours annuels.*

Enseignements relatifs au droit et à l'histoire de la Normandie.

Enseignement des sciences appliquées à l'agriculture.

---

* Cf. plus loin la notice spéciale à cette École.

CONDITIONs D'ADMISSION. Les conditions générales pour l'immatriculation et l'inscription sont les mêmes que pour toutes les Universités françaises. Cf. p. 29.

Celles qui concernent les enseignements ou les grades et diplômes propres à l'Université de Caen seront indiquées pour chacun d'eux dans les notices particulières de la Faculté à laquelle ils se rattachent.

ŒUVRES UNIVERSITAIRES. *Comité de patronage des étudiants étrangers.* — A la disposition des étudiants étrangers pour tous les renseignements concernant la vie matérielle à Caen, leur installation et l'organisation de leurs études.

Société des Amis de l'Université de Normandie. — A pour objet le développement de l'Université de Caen. — Organise à Caen et dans la région des conférences scientifiques, littéraires et artistiques.

FACULTÉ DE DROIT

ENSEIGNEMENTS ORDINAIRES. Droit civil. — Droit criminel. — Droit commercial et maritime. — Droit international privé. — Enregistrement et notariat. — Procédure civile. — Droit constitutionnel. — Droit administratif. — Droit public. — Droit constitutionnel comparé. — Droit international public. — Droit romain. — Pandectes. — Histoire du droit français. — Histoire du droit public français. — Économie politique et législation financière. — Histoire des doctrines économiques. — Législation industrielle.

ENSEIGNEMENTS SPÉCIAUX. Histoire générale du droit français et coutume de Normandie. — Séminaire d'histoire du droit normand.

DIPLOMES ET GRADES D'ÉTAT. La Faculté de Droit délivre, aux mêmes conditions que les autres Facultés françaises, le *Certificat de capacité*, la *Licence* et le *Doctorat en droit*. Cf. p. 39.

DIPLOME UNIVER-
SITAIRE.   *Doctorat ès lois*. — Réservé aux étudiants étrangers, admis à l'inscription après avis de la Faculté et examen de leurs titres. — *Scolarité* : Deux années. — *Épreuves* : Deux examens et soutenance de thèse. — *Frais d'études* : Scolarité : 120 francs. Droits d'examen et de diplôme : 165 francs.

FACULTÉ DES SCIENCES

ENSEIGNEMENTS
ORDINAIRES.   Calcul différentiel et intégral. — Mécanique rationnelle et appliquée. — Mathématiques générales. — Physique. — Chimie. — Botanique. — Géologie. — Paléontologie. — Zoologie et physiologie animale. — Minéralogie.

ENSEIGNEMENTS
SPÉCIAUX.   Physique industrielle. — Chimie agricole. — Sciences appliquées à l'agriculture.

INSTITUTS AN-
NEXES.   *Laboratoire de Luc-sur-Mer*. — Organisé pour l'enseignement et les recherches de technique zoologique. Des chambres peuvent être mises à la disposition des travailleurs.

Station agronomique. — Organisée pour les analyses et les recherches concernant les industries agricoles de la région.

Musée d'Histoire naturelle. — Contient des collections de premier ordre pour l'étude de la géologie et de la paléontologie locales.

DIPLOMES ET
GRADES D'ÉTAT.   La Faculté des Sciences délivre, aux mêmes conditions que les autres Facultés françaises, le *Certificat d'études physiques, chimiques et naturelles (P. C. N.)*, les *Certificats d'études supérieures*, la *Licence*, les *Diplômes d'études supérieures de sciences* et le *Doctorat*. Cf. p. 42.

Les certificats d'études supérieures de sciences délivrés par la Faculté des Sciences de Caen sont les suivants : 1° Mathématiques générales ; 2° Calcul différentiel et intégral ; 3° Mécanique ; 4° Physique appliquée ; 5° Physique générale ; 6° Chimie générale ; 7° Zoologie ; 8° Botanique ; 9° Géologie ; 10° Chimie industrielle; 11° Astronomie; 12° Minéralogie; 13° Certificat d'études supérieures de sciences physiques, chimiques et naturelles; 14° Sciences agronomiques.

DIPLOME UNIVERSITAIRE. *Diplômes d'études d'agronomie.* — Accessible aux candidats français et étrangers, âgés de 16 ans au moins. Aucun grade n'est exigé des candidats, mais avant d'être admis à suivre les cours et exercices pratiques, ils doivent subir un examen d'entrée, portant sur le programme d'histoire naturelle et de chimie de la classe de philosophie des lycées et collèges. — *Scolarité :* Une année. Les candidats suivent les cours et exercices pratiques de l'enseignement préparatoire au certificat d'études supérieures de sciences agronomiques. — *Épreuves :* Examen comprenant une épreuve écrite, des épreuves pratiques et une épreuve orale.

FACULTÉ DES LETTRES

ENSEIGNEMENTS ORDINAIRES. Philosophie. — Histoire ancienne. — Sciences auxiliaires de l'histoire. — Histoire moderne et contemporaine. — Histoire de l'art. — Géographie. — Littérature et institutions grecques. — Littérature latine et philologie classique. — Langue et littérature françaises. — Langue et littérature anglaises. — Langue et littérature allemandes.

ENSEIGNEMENTS SPÉCIAUX. Histoire de Normandie.

Cours de français pour les étrangers. — Fonctionnent pendant toute la durée de l'année scolaire, à raison de quatre cours par semaine.

Conditions d'admission : Aucune condition d'âge ou de grade n'est exigée. — *Droits de scolarité :* Les étudiants doivent acquitter le droit annuel d'immatriculation de 30 francs et payer une rétribution spéciale de 10 francs par mois. — *Sanction des études :* Examen permettant, après une scolarité d'un trimestre, d'obtenir le *Certificat d'études françaises de l'Université de Caen.* — *Droit d'examen :* 30 francs.

DIPLOMES ET GRADES D'ÉTAT. La Faculté des Lettres délivre, aux mêmes conditions que les autres Facultés françaises, la *Licence ès lettres*, les *Diplômes d'études supérieures* et le *Doctorat*. Cf. p. 45.

DIPLOMES UNIVERSITAIRES. *Doctorat de l'Université de Caen* (mention LETTRES). — Accessible aux candidats français ou étrangers immatriculés à la Faculté des Lettres et justifiant, soit du diplôme d'études supérieures ou de la licence, soit de titres universitaires ou scientifiques dont la Faculté apprécie la valeur. — *Épreuves :* 1º Soutenance d'une thèse ; 2º Interrogations sur un des cours de la Faculté. — *Frais d'études :* Scolarité : 30 francs ; droits d'examen et de diplôme : 120 francs.

Certificat d'études françaises. — Réservé aux étudiants étrangers. Accessible sans aucune condition de grade, après une scolarité d'un trimestre. — *Droit d'examen :* 30 francs.

ÉCOLE PRÉPARATOIRE
DE MÉDECINE ET DE PHARMACIE

ENSEIGNEMENT. Anatomie. — Pathologie interne. — Pathologie externe. — Chimie et toxicologie. — Histologie. — Physiologie. — Histoire naturelle. — Physique. — Pharmacie et matière médicale. — Botanique, Cliniques interne, externe et obstétricale.

DIPLOMES. Les candidats, français ou étrangers, au *Doctorat en médecine* (grade d'État) peuvent faire leurs trois premières années d'études à l'École préparatoire de Caen et y passer leurs deux premiers examens.

Les aspirants au *Diplôme de pharmacien* peuvent y prendre leurs huit premières inscriptions.

La première année d'études pour le *Diplôme de sage-femme de 1re classe* peut également être faite à Caen, mais la seconde est nécessairement faite dans une École de plein exercice ou dans une Faculté. — Les études en vue du *Diplôme de sage-*

femme de 2e classe et du *Certificat d'aptitude à la profession d'herboriste* peuvent être entièrement faites à l'École de Caen.

ÉTABLISSEMENTS EXTÉRIEURS
A L'UNIVERSITÉ

ÉCOLE PRÉPARATOIRE
DE MÉDECINE ET DE PHARMACIE DE ROUEN.

ENSEIGNEMENTS. Anatomie. — Physiologie. — Histologie. — Pharmacie et matière médicale. — Pathologie externe et médecine opératoire. — Pathologie interne. — Histoire naturelle. — Chimie et toxicologie. — Physique. — Bactériologie.

Cliniques obstétricale, externe, interne.

Enseignement préparatoire au certificat d'études physiques, chimiques et naturelles (P. C. N.).

DIPLOMES. L'École délivre le *Certificat d'études physiques, chimiques et naturelles (P. C. N.).*

Les candidats, français ou étrangers, au *Doctorat en médecine* (grade d'État) peuvent y faire leurs trois premières années d'études et y passer leurs deux premiers examens. Les étudiants étrangers, qui poursuivent des études médicales à la faveur d'une équivalence de baccalauréat, peuvent acquérir à l'École leur *Certificat d'études physiques, chimiques et naturelles*, pour aller étudier ensuite dans l'une des Universités qui confèrent le diplôme universitaire de docteur en médecine.

Les aspirants au *Diplôme de pharmacien* peuvent prendre à Rouen leurs huit premières inscriptions.

La première année d'études pour le *Diplôme de sage-femme de 1re classe* peut également être faite à Rouen, mais la seconde est nécessairement faite dans une Faculté ou dans une École de plein exercice. — Les études en vue du *Diplôme de sage-femme de 2e classe* et du *Certificat d'aptitude à la profession d'herboriste* peuvent être entièrement faites à l'École de Rouen.

ÉCOLE DE CHIMIE INDUSTRIELLE DE ROUEN.

L'École se propose de donner les connaissances théoriques et pratiques nécessaires aux jeunes gens qui se destinent à l'industrie chimique.

Organisation. — Enseignement complet en deux années.

Frais d'études. — 810 francs par an.

Conditions d'admission. — L'École admet, après examen, les candidats français et étrangers; la production du diplôme de bachelier dispense de cet examen.

Sanction des études. — Examen permettant d'obtenir le *Diplôme de chimiste.*

ÉCOLE SUPÉRIEURE DE COMMERCE DE ROUEN.

L'École se propose, comme tous les établissements similaires, de former les jeunes gens à la pratique commerciale.

Organisation. — Enseignement divisé en deux cycles : le premier pour jeunes gens âgés au minimum de 15 ans. Dans chaque cycle la durée des études est de deux années.

Conditions d'admission. — Au premier cycle, sur production du certificat d'études primaires ou après examen. — Au deuxième cycle, après examen ou sur production de diplômes permettant d'en être dispensé.

L'École admet les étrangers aux mêmes conditions que les Français.

Sanction des études. — Examens permettant d'obtenir, à la fin du premier cycle, le *Certificat d'études commerciales* et, à la fin du deuxième cycle, suivant la moyenne des notes, le *Diplôme supérieur* ou le *Diplôme du second degré.*

ÉCOLE SUPÉRIEURE DE COMMERCE DU HAVRE.

L'École se propose, comme tous les établissements similaires, de former les jeunes gens à la pratique commerciale.

Organisation. — Enseignement complet en deux années, mais les cours de chaque année forment un ensemble distinct, ce qui permet à l'École d'admettre d élèves désireux de suivre seulement les cours d'une seule nnée. Cours spécial de langue française pour les élèves et audi urs étrangers.

Conditions d'admission. — L'Éco e admet comme élèves réguliers les candidats français et étr gers âgés au minimum de 15 ans ; ils doivent subir un examen d'entrée ou produire des diplômes jugés suffisants pour les n dispenser. — L'École admet aussi des auditeurs libres frança   et étrangers.

Frais d'études. — 600 francs par an.

Sanction des études. — Examens permettant d'obtenir, à la fin de la 1re année, le *Diplôme d'études commerciales pratiques* et, à la fin de la 2e année, suivant la moyenne des notes, le *Diplôme supérieur* ou un *Certificat d'études.* — Aux auditeurs libres il peut être délivré des attestations d'études.

UNIVERSITÉ DE CLERMONT

FACULTÉS ET ÉCOLE.
L'Université de Clermont comprend deux Facultés : FACULTÉ DES SCIENCES et FACULTÉ DES LETTRES, pourvues des enseignements et moyens d'étude utiles pour la préparation de tous les grades d'État conférés par ces Facultés. Elle possède aussi une ÉCOLE PRÉPARATOIRE DE MÉDECINE ET DE PHARMACIE où sont organisées les trois premières années d'études médicales et pharmaceutiques.

ÉTABLISSEMENTS EXTÉRIEURS A L'UNIVERSITÉ.
En dehors de l'Université, mais dans le ressort académique de Clermont, plusieurs Écoles sont à signaler : à Clermont même, l'INSTITUT DE CHIMIE INDUSTRIELLE DU CENTRE DE LA FRANCE*, l'ÉCOLE RÉGIONALE DES BEAUX-ARTS et l'ÉCOLE NATIONALE DE MUSIQUE;

A Aubusson (Creuse), l'ÉCOLE NATIONALE D'ART DÉCORATIF;

A Moulins, l'ÉCOLE NATIONALE DE MUSIQUE.

CARACTÉRISTIQUE DE L'UNIVERSITÉ.
Enseignements scientifiques appliqués à l'agriculture et à l'industrie.

CONDITIONS D'ADMISSION.
Les conditions générales pour l'immatriculation et l'inscription sont les mêmes que pour toutes les Universités françaises. Cf. p. 29.

Celles qui concernent les enseignements ou les grades et diplômes, propres à l'Université de Clermont, seront indiquées pour chacun d'eux dans la notice particulière de la Faculté à laquelle ils se rattachent.

ŒUVRES UNIVERSITAIRES.
Société des Amis de l'Université.

---

* Cf. plus loin la notice spéciale à cette École.

FACULTÉ DES SCIENCES

ENSEIGNEMENTS ORDINAIRES. Calcul différentiel et intégral. — Mécanique rationnelle et appliquée. — Astronomie. — Mathématiques générales. — Mathématiques pures et appliquées. — Physique générale. — Chimie générale et appliquée. — Zoologie. — Botanique. — Géologie. — Minéralogie.

ENSEIGNEMENTS SPÉCIAUX. Électricité industrielle. — Chimie agricole. — Chimie industrielle.

INSTITUTS ANNEXES. *Observatoire météorologique du Puy de Dôme.* — Formé de deux stations : l'une à la côte des Landais (2 kilomètres de Clermont, 400 mètres d'altitude), l'autre au sommet même du Puy de Dôme (1.455 mètres d'altitude). — Admet les travailleurs français et étrangers désireux d'y poursuivre des recherches personnelles.

Station limnologique de Besse. — Annexe de la chaire de Zoologie, consacrée à l'étude des lacs et des rivières. — La station est ouverte pendant les mois d'août et septembre.

DIPLOMES D'ÉTAT. La Faculté des Sciences délivre, dans les mêmes conditions que les autres Facultés françaises, le *Certificat d'études physiques, chimiques et naturelles (P. C. N.)*, les *Certificats d'études supérieures*, la *Licence*, les *Diplômes d'études supérieures de sciences* et le *Doctorat*. Cf. p. 42.

Les certificats d'études supérieures de sciences, délivrés par la Faculté des Sciences de Clermont, sont les suivants : 1º Calcul différentiel et intégral; 2º Mécanique rationnelle; 3º Astronomie; 4º Mathématiques; 5º Physique générale; 6º Électricité industrielle; 7º Chimie générale; 8º Chimie agricole; 9º Chimie industrielle; 10º Minéralogie; 11º Zoologie; 12º Botanique; 13º Géologie; 14º Physique, chimie et histoire naturelle.

DIPLOMES UNIVERSITAIRES. Doctorat de l'Université de Clermont (mention SCIENCES). — Accessible aux étudiants français ou étrangers, pourvus de deux certificats français d'études supérieures ou de titres jugés équivalents par la Faculté. — *Scolarité :* Deux semestres. — *Épreuves :* 1º Soutenance d'une thèse; 2º Épreuves pratiques et orales. — *Droits d'inscription, d'examens et de diplômes :* Ils varient selon la spécialité d'études choisie. Chimie générale et chimie agricole : 930 francs. Chimie industrielle : 630 francs. Physique générale ou électricité industrielle : 530 francs. Zoologie, botanique, géologie, minéralogie : 330 francs.

Diplôme de chimiste. — Les candidats doivent avoir 17 ans au moins, mais aucun grade n'est exigé. — *Scolarité :* Deux années. — *Droits d'inscription, d'examens et de diplômes :* 690 francs.

Brevet de chimie industrielle. — Accessible aux étudiants français et étrangers, sans condition d'âge ni de grade. — *Scolarité :* Deux années. — *Droits d'inscription, d'examens et de diplômes :* 290 francs.

Brevet de chimie agricole. — Accessible à tous étudiants sans condition d'âge ni de grade. — *Scolarité :* Une année. — *Droits d'inscription d'examen et de diplôme :* 160 francs.

Brevet de chimie industrielle. — Accessible à tous étudiants sans condition d'âge ni de grade. — *Scolarité :* Une année. — *Droits d'inscription, d'examens et de diplômes :* 100 francs.

FACULTÉ DES LETTRES

ENSEIGNEMENTS. Philosophie. — Histoire de l'antiquité et du moyen âge. — Histoire des temps modernes. — Géographie. — Littérature grecque. — Littérature latine. — Grammaire et métrique. — Littérature française. — Littératures étrangères.

INSTITUT ANNEXE. Institut de Géographie. — Étudie toutes questions de géographie générale. — Bibliothèque spéciale et collections de cartes, photographies, etc.

DIPLOMES ET GRADES D'ÉTAT. La Faculté des Lettres délivre, dans les mêmes conditions que les autres Facultés françaises, la *Licence ès lettres*, les *Diplômes d'études supérieures* et le *Doctorat.* Cf. p. 45.

DIPLOMES UNIVERSITAIRES. *Doctorat de l'Université* (mention LETTRES). — Accessible aux étudiants français et étrangers, sur la production de titres dont la Faculté apprécie la valeur. — *Scolarité :* Quatre semestres, dont deux au moins à l'Université de Clermont. — *Épreuves :* Soutenance d'une thèse et interrogations.— *Droits d'inscription, d'examens et de diplômes :* 160 francs.

Diplôme d'études universitaires françaises. — Réservé aux étrangers, sans conditions de grade. — *Scolarité :* Un semestre.— *Droits d'inscription, d'examens et de diplômes :* 50 francs.

ÉCOLE PRÉPARATOIRE
DE MÉDECINE ET DE PHARMACIE

ENSEIGNEMENTS. Physique. — Chimie. — Histoire naturelle. — Pharmacie et matière médicale. — Toxicologie. — Hydrologie et minéralogie. — Hygiène. — Anatomie. — Physiologie. — Histologie. — Embryologie. — Pathologie interne. — Pathologie chirurgicale. — Pathologie externe. — Médecine opératoire. — Cliniques médicale, chirurgicale, obstétricale.

DIPLOMES. Les candidats français et étrangers au *Doctorat en médecine* (grade d'État) peuvent faire à l'École leurs trois premières années d'études et y passer leurs deux premiers examens.

Les candidats au *Diplôme de pharmacien* peuvent y prendre leurs huit premières inscriptions. La première année d'études pour le *Diplôme de sage-femme de 1re classe* peut également être faite à l'École, mais la seconde est nécessairement faite dans une Faculté ou dans une École de plein exercice. — Les études en vue du *Diplôme de sage-femme de 2° classe* et du *Certificat d'aptitude à la profession d'herboriste* peuvent être entièrement faites à l'École.

ÉTABLISSEMENT EXTÉRIEUR A L'UNIVERSITÉ

INSTITUT DE CHIMIE INDUSTRIELLE DU CENTRE DE LA FRANCE.

L'Institut se propose de former, par un enseignement théorique et pratique, des ingénieurs-chimistes.

Organisation. — Cours complet d'études en trois années; les cours, exercices pratiques, manipulations, sont répartis en trois sections : *Section de chimie, Section de technologie industrielle, Section commerciale.* Dans chacune d'elles, l'enseignement est donné par des professeurs de l'Université, des ingénieurs praticiens et des spécialistes.

Conditions d'admission. — Après examen ou sur production du diplôme de bachelier. L'Institut admet les étudiants étrangers dans les mêmes conditions que les étudiants français.

Sanction des études. — Examens dans chacune des trois sections ci-dessus désignées, permettant d'obtenir respectivement le *Diplôme de chimiste de l'Université de Clermont-Ferrand*, le *Certificat de technologie industrielle* et le *Certificat de comptabilité, d'hygiène et de législation industrielles.* — Le *Diplôme d'ingénieur-chimiste* est délivré aux élèves de l'Institut pouvant produire le diplôme de chimiste et les deux certificats.

UNIVERSITÉ DE DIJON

FACULTÉS ET ÉCOLE DE L'UNIVERSITÉ. L'Université de Dijon comprend trois Facultés : FACULTÉ DE DROIT, FACULTÉ DES SCIENCES et FACULTÉ DES LETTRES, pourvues des enseignements et moyens d'étude pour la préparation de tous les grades d'État conférés par ces diverses Facultés. Elle possède aussi une ÉCOLE PRÉPARATOIRE DE MÉDECINE ET DE PHARMACIE où sont organisées les trois premières années d'études médicales et pharmaceutiques.

ÉTABLISSEMENTS EXTÉRIEURS A L'UNIVERSITÉ. En dehors de l'Université, plusieurs Écoles sont à signaler, ayant leur siège à Dijon : l'ÉCOLE SUPÉRIEURE DE COMMERCE*, l'ÉCOLE DE NOTARIAT, l'ÉCOLE NATIONALE DE MUSIQUE et l'ÉCOLE NATIONALE DES BEAUX-ARTS.

CARACTÉRISTIQUES DE L'UNIVERSITÉ. *Cours spéciaux pour les étudiants étrangers.* — Enseignement du français : Cours annuels et Cours de vacances.

Enseignements se rapportant à l'histoire et à l'art de la Bourgogne.

Enseignements scientifiques appliqués à l'agronomie, à l'œnologie et à la pisciculture.

CONDITIONS D'ADMISSION. Les conditions générales pour l'immatriculation et l'inscription sont les mêmes que pour toutes les Universités françaises. Cf. p. 29.

Celles qui concernent les enseignements ou les grades et diplômes propres à l'Université de Dijon seront indiquées pour chacun d'eux dans les notices particulières de la Faculté à laquelle ils se rattachent.

---

* Cf. plus loin la notice spéciale à cette École.

<table>
<tr><td>ŒUVRES UNIVER-
SITAIRES.</td><td>**Comité de Patronage des étudiants étran-
gers.** — Se tient à la disposition des étu-</td></tr>
</table>

diants pour tous renseignements concernant leur arrivée, leur installation et en général l'organisation de leurs études.

Association générale des étudiants de l'Université de Dijon.

Société des Amis de l'Université de Dijon.

FACULTÉ DE DROIT

<table>
<tr><td>ENSEIGNEMENTS
ORDINAIRES.</td><td>Droit civil. — Droit civil comparé. —
Droit criminel. — Droit commercial. —</td></tr>
</table>

Droit international privé. — Procédure civile et voies d'exécution. — Enregistrement et notariat. — Droit constitutionnel. — Droit administratif. — Droit international public. — Droit constitutionnel comparé. — Droit romain. — Pandectes. — Histoire générale du droit français. — Histoire du droit public français. — Économie politique. — Législation et économie industrielles. — Histoire des doctrines économiques. — Législation française des finances et science financière. — Droit industriel.

<table>
<tr><td>ENSEIGNEMENT
SPÉCIAL.</td><td>Droit bourguignon.</td></tr>
</table>

<table>
<tr><td>INSTITUTS AN-
NEXES.</td><td>*Institut pratique de Droit.* — Conférences et
exercices pratiques portant sur toutes les</td></tr>
</table>

branches de l'enseignement du droit. — *Conditions d'admission :* Ouvert à tous les étudiants français et étrangers sans aucune distinction de grade. — *Durée des études :* Deux années. — *Droit de scolarité :* 110 francs par an.

<table>
<tr><td>DIPLOMES ET
GRADES D'ÉTAT.</td><td>La Faculté de Droit délivre, aux mêmes
conditions que les autres Facultés fran-</td></tr>
</table>

çaises, le *Certificat de capacité,* la *Licence* et le *Doctorat en droit.* Cf. p. 39.

<table>
<tr><td>DIPLOMES UNI-
VERSITAIRES.</td><td>*Certificats d'études des sciences juridiques,
politiques ou économiques.* — Accessibles</td></tr>
</table>

aux étudiants immatriculés sur la production d'un diplôme de bachelier, du certificat de capacité en droit ou de tous autres diplômes et certificats délivrés en France ou à l'étranger dont la Faculté appréciera la valeur. — Ces certificats sont :

A. *Sciences juridiques :* 1º Certificat de droit romain et d'histoire du droit; 2º Certificat de droit civil; 3º Certificat commercial et de législation industrielle; 4º Certificat de droit criminel; 5º Certificat de procédure civile.

B. *Sciences politiques :* 1º Certificat de droit constitutionnel et droit administratif français; 2º Certificat de droit public général et d'histoire du droit public; 3º Certificat de droit international public et privé; 4º Certificat de droit criminel.

C. *Sciences économiques :* 1º Certificat d'économie politique et d'histoire des doctrines économiques; 2º Certificat de législation financière et de science financière; 3º Certificat de législation industrielle et de droit commercial.

Scolarité : Deux semestres dont un à la Faculté de Droit de Dijon. Les étudiants pourvus d'un premier certificat et qui veulent en obtenir un ou plusieurs autres ne sont astreints à aucune condition d'immatriculation ou de délai. — *Droit d'immatriculation :* 30 francs. — *Droit d'examen :* 100 francs par certificat.

Licence en droit de l'Université de Dijon. — Délivrée aux étudiants étrangers qui possèdent trois des certificats d'études mentionnés ci-dessus et appartenant à un même groupe d'enseignement.

Doctorat en droit de l'Université de Dijon. — Réservé aux étudiants étrangers possédant, soit la licence en droit (diplôme d'État ou diplôme d'Université), soit des titres français ou étrangers jugés équivalents par la Faculté. Le diplôme de docteur porte l'une des mentions : *Sciences juridiques, Sciences politiques* ou *Sciences économiques.*

Épreuves : Examen et soutenance d'une thèse. — *Scolarité :* Deux semestres, dont un au moins à la Faculté de Droit de Dijon. — *Droit d'immatriculation :* 30 francs. — *Droits d'examen et de thèse :* 250 francs.

Certificat d'études pratiques de droit. — Accessible à tous étudiants français ou étrangers, sans aucune condition de grade ni de titre. — *Scolarité :* Deux années. — *Épreuves :* Examen à la fin de chaque année.

Droits d'examen : 10 francs par examen.

FACULTÉ DES SCIENCES

ENSEIGNEMENTS ORDINAIRES.
Mathématiques générales. — Calcul différentiel et intégral. — Mécanique rationnelle et appliquée. — Astronomie. — Physique générale. — Chimie générale. — Zoologie. — Biologie générale. — Botanique. — Géologie. — Minéralogie.

ENSEIGNEMENTS SPÉCIAUX.
Chimie générale et agricole. — Physique industrielle.

INSTITUTS ANNEXES.
Institut Œnologique et Agronomique de Bourgogne. — Donne aux élèves les connaissances théoriques et pratiques nécessaires pour diriger scientifiquement et avec méthode les opérations de vinification. — Cours, conférences et travaux pratiques.

Conditions d'admission : Aucun diplôme préalable n'est exigé. Les étrangers sont admis au même titre que les Français. —

Scolarité : Un semestre (du 15 novembre à fin mars). — *Sanction des études :* Examens permettant d'obtenir, suivant les enseignements reçus et les épreuves subies, le *Diplôme supérieur d'études œnologiques* ou le *Brevet d'études œnologiques.* — *Frais d'études et d'examens :* 220 francs pour le diplôme supérieur et 130 francs pour le brevet.

Station agricole Grimaldi, à SAINT-JEAN-DE-LOSNE (Côte-d'Or). — Annexée à la chaire de Zoologie, elle est fréquentée par les étudiants en sciences naturelles sous la direction du professeur. Elle est ouverte à tous les travailleurs français et étrangers qui en font la demande.

DIPLOMES ET GRADES D'ÉTAT.
La Faculté des Sciences délivre, aux mêmes conditions que les autres Facultés françaises, le *Certificat d'études physiques, chimiques et naturelles* (P. C. N.), les *Certificats d'études supérieures,* la *Licence,* les *Diplômes d'études supérieures de sciences* et le *Doctorat.* Cf. p. 42.

Les certificats d'études supérieures de sciences, délivrés par la Faculté des Sciences de Dijon, sont les suivants : 1° Calcul différentiel et intégral; 2° Mécanique rationnelle et appliquée;

3º Astronomie; 4º Physique générale; 5º Physique industrielle;
6º Chimie générale; 7º Chimie industrielle et agricole; 8º Zoologie; 9º Botanique; 10º Géologie; 11º Minéralogie; 12º Physique,
chimie et histoire naturelle.

DIPLOMES UNIVERSITAIRES. *Doctorat de l'Université de Dijon* (mention
SCIENCES). — Accessible aux étudiants
français et étrangers qui possèdent, soit deux certificats d'études
supérieures de sciences, soit des titres dont la Faculté apprécie
la valeur. — *Scolarité* : Une année. — *Épreuves* : Soutenance
d'une thèse et interrogations sur des sujets proposés par la
Faculté. — *Droits de scolarité* : Immatriculation : 30 francs et
droits spéciaux variant de 50 à 100 francs par trimestre. —
Droits d'examens et de diplôme : 150 francs.

Diplôme d'études œnologiques. — Brevet d'études œnologiques.
Cf. ci-dessus : INSTITUT ŒNOLOGIQUE.

FACULTÉ DES LETTRES

ENSEIGNEMENTS ORDINAIRES. Philosophie. — Histoire de la philosophie.
— Pédagogie. — Histoire ancienne. —
Histoire du moyen âge. — Histoire moderne. — Géographie
générale. — Géographie économique. — Géographie physique. —
Français. — Latin. — Grec. — Philologie et antiquités classiques. — Langues et littératures étrangères. — Langue russe. —
Histoire de l'art. — Histoire de la musique.

ENSEIGNEMENTS SPÉCIAUX. Histoire de la Bourgogne et de l'art bourguignon.

Cours de français pour les étudiants étrangers. — Créés spécialement par la Faculté des Lettres avec le concours du Comité
de Patronage à l'usage des étudiants étrangers désireux de se
perfectionner dans la connaissance de la langue et de la civilisation françaises. — *Organisation.* L'enseignement est donné :
1º pendant l'*année scolaire*, dans un certain nombre de cours
qui s'ajoutent aux enseignements ordinaires de la Faculté
(15 heures par semaine); 2º du 1er juillet à la fin d'octobre,

dans les *Cours de vacances* (4 heures environ par jour), se sub-divisant en cours supérieur, cours élémentaire et section com-merciale.

Conditions d'admission : Ouverts à tous les étudiants étran-gers sans aucune condition de titre ou de grade. — *Droits de scolarité :* 1º *Cours de l'année scolaire.* Immatriculation : 50 francs. Inscription spéciale : 40 francs par semestre; 2º *Cours de vacances.* Un mois : 40 francs; six semaines : 50 francs; deux mois : 60 francs; trois ou quatre mois : 70 ou 80 francs.

Sanction des études : Examens donnant droit, soit au *Brevet de langue française*, soit au *Diplôme d'études françaises de l'Uni-versité de Dijon.* Les étudiants qui ont suivi les cours de vacances peuvent obtenir, après un mois de scolarité, un *Diplôme de français* (1er degré ou degré supérieur). — *Droits d'examens :* Diplôme de français, 1er degré : 20 francs; degré supérieur : 30 francs.

INSTITUTS AN-NEXES.	*Institut Géographique.* — *Musée historique d'art bourguignon et d'art comparé.*
DIPLOMES ET GRADES D'ÉTAT.	La Faculté des Lettres délivre, aux mêmes conditions que les autres Facultés fran-çaises, la *Licence ès lettres*, les *Diplômes d'études supérieures* et le *Doctorat.* Cf. p. 45.
DIPLOMES UNI-VERSITAIRES.	*Doctorat de l'Université de Dijon* (mention LETTRES). — Accessible aux candidats

français et étrangers pourvus d'attestations ou titres scientifi-ques dont la Faculté apprécie la valeur. — *Scolarité :* Quatre semestres, dont deux au moins à l'Université de Dijon. — *Épreuves :* 1º Soutenance d'une thèse; 2º Interrogations sur des matières choisies par le candidat et agréées par la Faculté. — *Droit d'immatriculation :* 30 francs. *Droit d'examen et de diplôme :* 100 francs.

Diplôme d'études russes. — Le diplôme peut porter la men-tion : *langue russe* ou la mention : *langue et littérature russes*, selon l'ordre d'épreuves choisi par le candidat. — Accessible sans condition de grade ou de nationalité. — *Scolarité :* Deux semestres. — *Immatriculation :* 30 francs. — *Droit d'examen :* 30 francs par mention.

Diplôme d'études françaises. — Réservé aux étudiant étrangers sans aucune condition de titre ou de grade. — *Scolarité :* Deux semestres, dont un obligatoirement à la Faculté de Dijon. La fréquentation des cours de vacances est comptée pour un semestre. — *Droit d'immatriculation :* 30 francs. — *Droit d'examen :* 50 francs.

Brevet de langue française. — Réservé aux étudiants étrangers sans aucune condition de grade.

Scolarité : Un semestre. La fréquentation des cours de vacances pendant les trois mois est comptée pour un trimestre. — *Droit d'immatriculation :* 30 francs. — *Droit d'examen :* 20 francs.

ÉCOLE PRÉPARATOIRE
DE MÉDECINE ET DE PHARMACIE

ENSEIGNEMENTS. Anatomie descriptive. — Anatomie topographique. — Histologie. — Physiologie. — Pathologie interne. — Pathologie externe. — Médecine opératoire. — Physique biologique. — Chimie et toxicologie. — Chimie biologique. — Pharmacie. — Matière médicale. — Histoire naturelle médicale. — Oto-rhino-laryngologie. — Cliniques médicale, chirurgicale et obstétricale. — Conférences cliniques de médecine mentale.

DIPLOMES. Les candidats au *Doctorat en médecine* (grade d'État) et au *Doctorat en médecine de l'Université de Lyon* peuvent faire leurs trois premières années d'études à l'École préparatoire de Dijon, et y passer leurs deux premiers examens.

Les aspirants au *Diplôme de pharmacien* peuvent prendre leurs huit premières inscriptions à l'École de Dijon.

La première année d'études pour le *Diplôme de sage-femme de* 1re *classe* peut également être faite à Dijon, mais la seconde est nécessairement faite dans une Faculté ou dans une École de plein exercice. — Les études en vue du *Diplôme de sage-femme de* 2e *classe* et du *Certificat d'aptitude à la profession d'herboriste* peuvent être faites entièrement à Dijon.

ÉTABLISSEMENT EXTÉRIEUR
A L'UNIVERSITÉ

ÉCOLE SUPÉRIEURE DE COMMERCE.

Les conditions d'admission, enseignement, durée des études et diplômes sont les mêmes que pour les autres Écoles du même type. Cf. ÉCOLE SUPÉRIEURE DE COMMERCE DE MARSEILLE.

UNIVERSITÉ DE GRENOBLE

FACULTÉS ET ÉCOLE DE L'UNIVERSITÉ. L'Université de Grenoble comprend trois Facultés : FACULTÉ DE DROIT, FACULTÉ DES SCIENCES et FACULTÉ DES LETTRES, pourvues des enseignements et moyens d'étude utiles pour la préparation de tous les grades d'État conférés par ces Facultés. Elle possède aussi une ÉCOLE PRÉPARATOIRE DE MÉDECINE ET DE PHARMACIE où sont organisées les trois premières années d'études médicales et pharmaceutiques. De nombreux INSTITUTS sont annexés aux Facultés.

ÉTABLISSEMENTS EXTÉRIEURS A L'UNIVERSITÉ. En dehors de l'Université, mais dans le ressort académique de Grenoble, plusieurs Écoles sont à signaler : à Grenoble même, l'ÉCOLE VAUCANSON (École pratique de commerce et d'industrie), l'ÉCOLE DE SCULPTURE et, à Voiron (Isère), l'ÉCOLE NATIONALE PROFESSIONNELLE.

CARACTÉRISTIQUES DE L'UNIVERSITÉ. *Enseignements spéciaux pour les étudiants étrangers.* I. Enseignement du français : cours annuels, cours de vacances pour les étrangers de toute nationalité. — II. Cours de droit pour les étudiants allemands et luxembourgeois.

Enseignements scientifiques appliqués à l'industrie : Électrotechnique et Papeterie.

Enseignement des sciences naturelles et de la géographie adapté à l'étude de la région alpine.

CONDITIONS D'ADMISSION. Les conditions générales pour l'immatriculation et l'inscription sont les mêmes que pour toutes les Universités françaises. Cf. p. 29.

Celles qui concernent les enseignements ou les grades et diplômes propres à l'Université de Grenoble seront indiquées pour chacun d'eux dans la notice particulière de la Faculté à laquelle ils se rattachent.

ŒUVRES UNIVERSITAIRES. — *Comité de Patronage des étudiants étrangers.* — Se tient à l'entière disposition des étrangers pour tous renseignements concernant leur installation à Grenoble et leurs études. Il communique des listes de logements et pensions de famille. Le Comité a créé pour les étrangers des enseignements spéciaux, une bibliothèque, des salles de lecture et de travail. Il organise des excursions à prix réduits dans la région du Dauphiné et en Provence; il procure des facilités de voyage aux étudiants étrangers venant étudier à l'Université. — Enfin, il envoie gratuitement des programmes et prospectus détaillés concernant les divers enseignements et examens. *Pour tous renseignements complémentaires, s'adresser à M. le Président du Comité de patronage des étudiants étrangers, à l'Université, Grenoble.*

Association générale des étudiants. — Salles de lecture et bibliothèque. — Conférences et soirées artistiques.

Association des anciens élèves de l'Institut Électrotechnique. — Groupement amical qui facilite le placement de ses membres dans les emplois industriels.

FACULTÉ DE DROIT

ENSEIGNEMENTS ORDINAIRES. Droit civil. — Droit criminel. — Droit commercial. — Droit international privé. — Procédure civile. — Législation notariale. — Droit constitutionnel. — Droit constitutionnel comparé. — Droit public. — — Droit international public. — Droit administratif. — Histoire générale du droit français. — Droit romain. — Pandectes. — Histoire du droit public. — Économie politique. — Législation et économie industrielles. — Législation et économie rurales. — Législation et science financières. — Histoire des doctrines économiques.

ENSEIGNEMENTS SPÉCIAUX. *Cours pour les étudiants allemands* sur les matières suivantes : Droit privé allemand. — Histoire du droit allemand. — Droit romain (deux cours professés, l'un en allemand, l'autre en français). *La fréquentation de ces cours permet dans la plupart des pays allemands de faire compter pour la scolarité imposée aux étudiants en droit deux semestres passés à l'Université de Grenoble.*

Direction d'études pour les étudiants luxembourgeois, en vue de leur préparation à l'examen d'État du Grand-Duché de Luxembourg.

Institut des Sciences commerciales. — Donne aux étudiants se destinant aux carrières commerciales un enseignement supérieur à la fois théorique et pratique.

Organisation : La durée des études est d'une année et les enseignements sont répartis en quatre groupes : *Droit, Économie politique, Comptabilité, Géographie et langues vivantes.*

Conditions d'admission : Les candidats doivent être âgés de 16 ans au moins, se faire inscrire à la Faculté de Droit et subir un examen d'entrée. Sont dispensés de cet examen, les candidats munis, soit du baccalauréat, soit du brevet supérieur; les jeunes filles pourvues du diplôme de fin d'études de l'enseignement secondaire et les diplômés d'une École pratique de commerce et d'industrie ou d'une École nationale professionnelle. Les étrangers sont admis s'ils sont pourvus de titres jugés suffisants. — L'Institut reçoit en outre des auditeurs libres français et étrangers. — *Frais d'études :* Élèves : 430 francs; auditeurs libres : 30 francs pour 40 heures au moins, et 5 francs par 10 heures au plus.

Sanction des études : Examen permettant d'obtenir, selon la moyenne des notes, le *Certificat d'études* ou le *Diplôme de l'Institut des Sciences commerciales* de l'Université de Grenoble.

DIPLOMES ET GRADES D'ÉTAT. La Faculté de Droit délivre, aux mêmes conditions que les autres Facultés françaises, le *Certificat de capacité*, la *Licence* et le *Doctorat en droit.* Cf. p. 39.

DIPLOMES UNIVERSITAIRES. *Doctorat de l'Université de Grenoble* (mention DROIT). — Réservé aux étudiants étrangers pourvus du diplôme français de licencié en droit ou de tout autre titre reconnu équivalent par la Faculté. — *Scolarité :* Une année. — *Épreuves :* Soutenance d'une thèse et interrogations. — *Frais d'études :* Immatriculation : 30 francs. Droits d'examen et de diplôme : 170 francs.

Certificat d'études politiques et administratives. — Accessible aux candidats munis du baccalauréat ou justifiant, s'ils sont étrangers, d'une équivalence de baccalauréat, aux capacitaires en droit et aux docteurs en droit ou en sciences politiques des Universités étrangères. — *Scolarité :* Une année au moins; le certificat est délivré après un examen qui peut être subi en une seule fois ou en deux fois.

Certificat supérieur de capacité en droit. — Accessible à tout étudiant déjà pourvu du certificat de capacité. — *Scolarité :* Une année. — *Droits d'examen et de diplôme :* 70 francs.

Diplôme de l'Institut des Sciences commerciales. — Certificat d'études de l'Institut des Sciences commerciales. Cf. ci-dessus.

FACULTÉ DES SCIENCES

ENSEIGNEMENTS ORDINAIRES. Mathématiques générales. — Analyse infinitésimale. — Analyse supérieure. — Astronomie. — Mécanique rationnelle. — Physique générale. — Chimie générale. — Zoologie. — Botanique. — Géologie. — Paléontologie.

ENSEIGNEMENTS SPÉCIAUX. Mécanique appliquée. — Mécanique industrielle. — Technique électrique. — Électrochimie et Électrométallurgie. — Analyse chimique industrielle. — Géologie et Minéralogie appliquées.

INSTITUTS ANNEXES. *Institut Polytechnique.* — Cet Institut groupe les Écoles électrotechniques et l'École de Papeterie de la Faculté des Sciences ainsi que les laboratoires, stations et usines qui leur sont annexés.

Institut Électrotechnique. — Forme des ingénieurs et des chefs d'atelier, pour toutes les industries concernant l'électricité, par un enseignement théorique et pratique de cours, exercices, manipulations, visites d'usines, etc.

Organisation : L'Institut comprend une section élémentaire (1 année), une section supérieure (2 années) et une section spéciale (1 année), réservée aux anciens élèves des grandes Écoles et aux personnes déjà pourvues d'un diplôme d'ingénieur. —

Conditions d'admission : L'Institut est ouvert à tous les étudiants français et étrangers, âgés au minimum de 16 ans, sous condition d'être immatriculés à l'Université, de subir pour chacune des sections un examen d'entrée ou de justifier de connaissances suffisantes pour en être dispensés et de payer les droits spéciaux de travaux pratiques fixés, par an, à 200 francs pour la section élémentaire, 300 francs pour la section supérieure et 500 francs pour la section supérieure spéciale.

Sanction des études : Examen donnant droit pour les élèves de la section élémentaire au *Brevet de conducteur électricien*, pour les élèves de la section supérieure et de la section supérieure spéciale, suivant la moyenne des notes obtenues, au *Diplôme d'ingénieur électricien* ou au *Certificat d'études électrotechniques*.

École française de papeterie. — Forme des ingénieurs pour l'industrie papetière.

Organisation : Enseignement théorique et pratique : cours, travaux pratiques, visites et stages dans les usines. — Cours complet d'études en deux années. Une section élémentaire forme en une année des contremaîtres, conducteurs et chefs de fabrication. — *Conditions d'admission :* L'École est ouverte aux étudiants français et étrangers, âgés au minimum de 16 ans, sous condition d'être immatriculés à l'Université, de subir un examen d'entrée ou de justifier de connaissances suffisantes pour en être dispensés et de payer les droits spéciaux de travaux pratiques (1re année : 300 francs; 2e année : 600 francs).

Sanction des études : Examens permettant aux élèves de la section élémentaire d'obtenir le *Brevet de conducteur papetier* et, aux élèves de la section supérieure, d'acquérir, selon la moyenne des notes, soit le *Diplôme d'ingénieur papetier de l'Université de Grenoble*, soit un *Certificat d'études de papeterie*.

Jardins alpins. Établissements de pisciculture.

DIPLOMES ET GRADES D'ÉTAT. La Faculté des Sciences délivre, dans les mêmes conditions que les autres Facultés françaises, le *Certificat d'études physiques, chimiques et natu-*

relles (*P. C. N.*), les *Certificats d'études supérieures*, la *Licence*, les *Diplômes d'études supérieures de sciences* et le *Doctorat ès sciences*. Cf. p. 42.

Les certificats d'études supérieures de sciences, délivrés par la Faculté des Sciences de Grenoble, sont les suivants : 1º Analyse infinitésimale; 2º Mécanique rationnelle; 3º Astronomie et géodésie; 4º Analyse supérieure; 5º Physique générale; 6º Physique industrielle; 7º Chimie générale; 8º Géologie et minéralogie appliquées; 9º Zoologie; 10º Botanique; 11º Géologie et paléontologie; 12º Physique, chimie et sciences naturelles; 13º Mathématiques générales; 14º Électrochimie.

DIPLOMES UNIVERSITAIRES. *Doctorat de l'Université de Grenoble* (mention SCIENCES). — Accessible aux étudiants français ou étrangers, possédant un certificat d'études supérieures ou des titres scientifiques jugés équivalents par la Faculté. — *Scolarité :* Une année. — *Épreuves :* Soutenance d'une thèse et interrogations. — *Frais d'études :* Immatriculation (30 francs) et droits de laboratoire variant de 200 à 800 francs. — *Droit d'examen :* 80 francs.

Diplôme d'ingénieur électricien. — Certificat d'études électrotechniques. — Brevet de conducteur électricien. — Cf. ci-dessus : INSTITUT ÉLECTROTECHNIQUE.

Diplôme d'ingénieur papetier. — Certificat d'études de papeterie. — Brevet de conducteur papetier. — Cf. ci-dessus : ÉCOLE FRANÇAISE DE PAPETERIE.

FACULTÉ DES LETTRES

ENSEIGNEMENTS ORDINAIRES. Philosophie. — Science de l'éducation — Histoire ancienne. — Histoire du moyen âge. — Histoire moderne. — Histoire contemporaine. — Géographie. — Histoire de l'art. — Paléographie. — Épigraphie. — Littérature et institutions grecques. — Littérature et institutions romaines. — Philologie latine. — Littérature française. — Ancien français. — Philologie française moderne. — Langue et littérature allemandes. — Langue et littérature anglaises. — Langue et littérature italiennes.

ENSEIGNEMENTS RÉGIONAUX. Histoire du Dauphiné. — Histoire de l'art en Dauphiné.

ENSEIGNEMENTS SPÉCIAUX. *Cours de français pour les étrangers.* — Organisés sur l'initiative du COMITÉ DE PATRONAGE, ces cours ont lieu sans interruption et les étrangers y sont admis à n'importe quel moment de l'année.

Pendant l'année scolaire, du 1er novembre au 30 juin, ils comprennent, en plus des cours ordinaires de la Faculté, les enseignements suivants : Phonétique. — Morphologie. — Syntaxe et Lexicologie françaises. — Histoire du vocabulaire français. — Exercices pratiques de lecture, de parole, de composition, de grammaire et de traduction. — Histoire de la poésie, de la prose et du théâtre français au XIXe siècle.

Du 1er juillet au 31 octobre, ils constituent des COURS DE VACANCES dont le programme comporte : a) l'étude de la phonétique, de la langue française, de la grammaire historique, des exercices pratiques et des exercices de traduction en français; b) des cours sur la littérature, l'histoire, la géographie, l'art, etc., de la France.

Conditions d'admission : Ces cours sont ouverts à tous les étrangers, sans aucune condition d'âge, de sexe, de nationalité ou de grades. — *Frais d'études :* COURS DE L'ANNÉE SCOLAIRE, un semestre : 60 francs; deux semestres : 90 francs. COURS DE VACANCES, 6 semaines : 50 francs; 2 mois : 50 francs; 3 mois : 70 francs; 4 mois : 90 francs.

Sanction des études : Examens permettant d'obtenir le *Certificat d'études françaises* et le *Diplôme de hautes études de langue et de littérature françaises.* Cf. ci-dessous : DIPLOMES UNIVERSITAIRES.

Un certificat d'assiduité est délivré à tout étudiant ayant pendant son séjour fréquenté régulièrement les cours.

INSTITUTS ANNEXES. *Institut de Phonétique.* — Enseignement et laboratoires organisés en vue de l'étude théorique et pratique de la phonétique. Recherches de phonétique expérimentale et préparation au *Diplôme d'études supérieures de phonétique française.*

Institut de Géographie alpine. — Enseignements, musée et laboratoire pour l'étude des questions de géographie se rapportant à la région des Alpes. L'Institut est ouvert aux étudiants étrangers et français.

Institut français de Florence, à FLORENCE, 2, piazza Manin. — Annexe de l'UNIVERSITÉ DE GRENOBLE, créée pour développer les relations intellectuelles entre la France et l'Italie. Enseignements de l'italien à l'usage des étudiants français et du français pour les étudiants italiens. Sections spéciales d'histoire de l'art et de musicologie. Office d'informations relatives aux études italiennes, etc.

DIPLOMES ET GRADES D'ÉTAT. La Faculté des Lettres délivre, aux mêmes conditions que les autres Facultés françaises, la *Licence ès lettres*, les *Diplômes d'études supérieures* et le *Doctorat*. Cf. p. 45.

DIPLOMES UNIVERSITAIRES. *Doctorat de l'Université* (mention LETTRES). — Accessible à tous étudiants français et étrangers pourvus de la licence ès lettres ou de titres scientifiques jugés équivalents par la Faculté. — *Scolarité :* Quatre semestres, dont deux au moins à l'Université de Grenoble. — *Épreuves :* Soutenance d'une thèse et interrogations. — *Droits d'examen :* 100 francs.

Diplôme d'études supérieures de phonétique française. — Accessible à tous les étudiants français ou étrangers, immatriculés pendant deux semestres au moins à la Faculté, sans aucune condition de grade. — *Droits d'examen :* 50 francs.

Diplôme supérieur pour l'enseignement du français à l'étranger. — Réservé aux étudiants français pourvus de la licence ès lettres, du certificat d'aptitude à l'enseignement des langues vivantes ou du certificat d'aptitude au professorat des Écoles normales. — *Scolarité :* Deux ans au moins à la Faculté et un an de séjour à l'étranger. — *Droits d'examen :* 50 francs.

Certificat d'aptitude à l'enseignement du français à l'étranger. — Réservé aux étudiants français pourvus du baccalauréat, du brevet supérieur ou du certificat de fin d'études secondaires des jeunes filles. — *Scolarité :* Une année. — *Droits d'examen :* 30 francs.

Diplôme de hautes études de langue et de littérature françaises. — Réservé aux étudiants étrangers, mais sans condition de grades. *Scolarité :* Deux semestres (la fréquentation pendant trois mois des cours de vacances est comptée pour un semestre). — *Droit d'examen :* 50 francs.

Certificat d'études françaises. — Réservé aux étudiants étrangers, sans condition de grade. — *Scolarité :* Un semestre à la Faculté ou fréquentation régulière d'un cours de vacances. — *Droits d'examen :* 20 francs.

ÉCOLE PRÉPARATOIRE
DE MÉDECINE ET DE PHARMACIE

ENSEIGNEMENTS. Histoire naturelle. — Chimie. — Physique. — Anatomie. — Physiologie. — Bactériologie. — Histologie. — Parasitologie animale. — Anatomie pathologique. — Hydrologie et minéralogie.
Cliniques médicale, chirurgicale, obstétricale, ophtalmologique.

DIPLOMES. Les candidats au *Doctorat en médecine* (grade d'État) et au *Doctorat en médecine de l'Université de Lyon* peuvent faire leurs trois premières années d'études à l'École préparatoire de Grenoble et y passer leurs deux premiers examens.
Les aspirants au *Diplôme de pharmacien* peuvent prendre leurs huit premières inscriptions à l'École de Grenoble.
La 1re année d'études pour le *Diplôme de sage-femme de 1re classe* peut également être faite à Grenoble, mais la 2e est nécessairement faite dans une Faculté ou dans une École de plein exercice. — Les études en vue du *Diplôme de sage-femme de 2e classe* et du *Certificat d'aptitude à la profession d'herboriste* peuvent être faites entièrement à Grenoble.

UNIVERSITÉ DE LILLE

FACULTÉS. — L'Université de Lille comprend quatre Facultés : Faculté de Droit, Faculté de Médecine et de Pharmacie, Faculté des Sciences et Faculté des Lettres, pourvues des enseignements et moyens d'étude utiles pour la préparation de tous les grades d'État conférés par ces diverses Facultés et auxquelles se rattachent de nombreux Instituts annexes.

ÉTABLISSEMENTS EXTÉRIEURS A L'UNIVERSITÉ. — En dehors de l'Université, mais dans le ressort académique de Lille, un grand nombre d'Écoles sont à signaler : à Lille même, l'Institut Pasteur*, l'Institut industriel du Nord de la France*, l'École nationale des Arts et Métiers*, l'École supérieure pratique de Commerce et d'Industrie*, l'École municipale des Beaux-Arts, l'École de Musique, les Facultés catholiques;

A Amiens (Somme) : l'École préparatoire de Médecine et de Pharmacie*, l'École nationale de Musique;

A Douai (Nord) : l'École nationale des Industries agricoles*, l'École des Maîtres mineurs et l'École nationale de Musique;

A Roubaix (Nord) : l'École nationale des Arts industriels et l'École nationale de Musique;

A Boulogne-sur-Mer (Pas-de-Calais) : l'École d'enseignement professionnel et technique des Pêches maritimes, l'École pratique de Commerce et l'École nationale de Musique;

A Armentières (Nord) : l'École nationale professionnelle d'Arts et Métiers, l'École nationale de Musique;

A Dunkerque (Nord) : l'École d'Hydrographie;

---

* Cf. plus loin la notice spéciale à cette École.

Les Écoles nationales de Musique d'Abbeville, Cambrai, Saint-Omer et Valenciennes.

CARACTÉRISTIQUES DE L'UNIVERSITÉ. — *Enseignements spéciaux du français pour les étudiants étrangers :* Cours annuels et cours de vacances.

Enseignements spéciaux concernant le nord de la France : Histoire, langues et littératures, industries, etc.

Enseignements scientifiques appliqués à l'industrie : Électro-technique et chimie.

Enseignement pédagogique : Préparation aux concours de l'enseignement secondaire et primaire.

Enseignement spécial de la chirurgie dentaire.

CONDITIONS D'ADMISSION. — Les conditions générales pour l'immatriculation et l'inscription sont les mêmes que pour toutes les Universités françaises. Cf. p. 29.

Celles qui concernent les enseignements ou les grades et diplômes propres à l'Université de Lille seront indiquées pour chacun d'eux dans la notice particulière de la Faculté à laquelle ils se rattachent.

ŒUVRES UNIVERSITAIRES. — *Office des étudiants étrangers. A la Faculté des Lettres.* — Bureau permanent de renseignements relatifs à l'organisation de la vie matérielle (logements, pensions de famille, etc.) et des études. Il envoie des prospectus et programmes détaillés et tient à la disposition des étrangers une bibliothèque spéciale de livres français.

Société d'extension universitaire et de Patronage des étudiants étrangers. — Fournit aux étudiants étrangers tous les renseignements utiles sur les cours de l'Université et sur la vie matérielle à Lille; il organise en outre à leur intention, de concert avec l'Alliance française, des cours de vacances à Boulogne-sur-Mer et, à la Faculté des Lettres de Lille, des cours permanents de langue française.

Union des étudiants de l'État. — Met à la disposition des étudiants des salles de travail, des bibliothèques, une salle d'escrime, etc., installées dans la MAISON DES ÉTUDIANTS.

Association des étudiantes de l'Université de Lille.

Société des Amis et anciens étudiants de l'Université de Lille. •

FACULTÉ DE DROIT

ENSEIGNEMENTS ORDINAIRES. Droit civil. — Droit civil comparé. — Procédure civile. — Droit commercial. — Droit maritime. — Droit constitutionnel. — Droit constitutionnel comparé. — Droit administratif. — Droit public. — Droit international public. — Droit romain. — Pandectes. — Législation et économie industrielles et rurales. — Législation industrielle. — Législation française des finances. — Économie politique. — Histoire des doctrines économiques. — Histoire générale du droit français. — Histoire du droit public français.

ENSEIGNEMENTS SPÉCIAUX. Questions économiques intéressant la région du Nord. — Sciences auxiliaires de l'histoire du droit. — Assurances. — Enregistrement. — Enseignement pratique du droit.

SALLES DE TRAVAIL. Pourvues de bibliothèques spéciales et organisées pour l'étude approfondie des questions concernant le droit criminel, le droit public et administratif, l'histoire du droit et les sciences auxiliaires, le droit civil, les questions économiques et sociales.

INSTITUT ANNEXE. *Institut pratique de Droit.* — Forme les jeunes gens à la pratique des affaires par un enseignement exclusivement technique et donné par des professionnels.

Conditions d'admission : Ouvert à tout étudiant immatriculé sans condition de grade. — *Scolarité :* Deux années; mais ne sont astreints à cette scolarité que les candidats au *Certificat d'études pratiques de droit,* délivré par l'Institut. — *Frais d'études :* 25 francs par trimestre. Pour les candidats au certificat : 460 francs, pour les deux années. Les étudiants immatriculés n'ont à payer qu'une somme de 200 francs. Des attestations d'études peuvent être délivrées aux étudiants ne désirant pas obtenir le certificat.

DIPLOMES ET GRADES D'ÉTAT. La Faculté de Droit délivre, aux mêmes conditions que les autres Facultés françaises, le *Certificat de capacité*, la *Licence* et le *Doctorat en droit*. Cf. p. 39.

DIPLOMES UNIVERSITAIRES. Doctorat de l'Université de Lille (mention SCIENCES ÉCONOMIQUES). — Réservé aux étudiants étrangers qui justifient d'études secondaires complètes. — *Scolarité :* Deux années, sanctionnées par 8 inscriptions trimestrielles. — *Épreuves :* Deux examens oraux et soutenance d'une thèse. — *Droits de scolarité :* 260 francs. — *Droits d'examens :* 120 francs.

Certificat d'études pratiques de droit. — Accessible à tout étudiant immatriculé sans condition de grades. — *Scolarité :* Deux années d'études sanctionnées par deux examens. — *Droits d'examens :* 40 francs.

FACULTÉ MIXTE DE MÉDECINE ET DE PHARMACIE

ENSEIGNEMENTS ORDINAIRES. Anatomie normale. — Histologie et embryologie. — Physiologie. — Pathologie interne et pathologie expérimentale. — Anatomie pathologique et pathologie générale. — Parasitologie. — Hygiène. — Bactériologie thérapeutique. — Médecine légale. — Chimie minérale et toxicologie. — Chimie organique et biologique. — Physique. — Médecine opératoire. — Maladies du système nerveux. — Médecine mentale. — Oto-rhino-laryngologie. — Pharmacie. — Matière médicale et botanique. — Zoologie médicale et pharmaceutique. — Diagnostic. — Pathologie externe. — Hygiène de la première enfance. — Cliniques médicales, chirurgicales. — Chirurgicale infantile. — Médicale infantile, ophtalmologique, obstétricale, des voies urinaires, des maladies cutanées et syphilitiques.

ENSEIGNEMENTS SPÉCIAUX. *Enseignement de la chirurgie dentaire :* Cours théorique. — Clinique. — Prothèse dentaire. — Exercices pratiques.

Enseignement pour les élèves sages-femmes.

DIPLOMES ET GRADES D'ÉTAT. La Faculté de Médecine délivre, aux mêmes conditions que les autres Facultés françaises, le *Doctorat en médecine*, le *Diplôme de pharmacien*, le *Diplôme supérieur de pharmacien*, les *Diplômes de chirurgien-dentiste, de sage-femme de 1re et de 2e classe* et le *Certificat d'aptitude à la profession d'herboriste.* Cf. pp. 40 et 45.

DIPLOMES UNIVERSITAIRES. *Doctorat de l'Université de Lille* (mention MÉDECINE). — Réservé aux étrangers qui ont obtenu l'autorisation de faire leurs études avec équivalence du baccalauréat. Ce diplôme, qui a la même valeur scientifique que le doctorat en médecine, grade d'État, ne confère pas le droit d'exercer en France. — *Scolarité :* Les conditions et les frais de scolarité et d'examens sont les mêmes que pour le doctorat en médecine, grade d'État. Cf. p. 40.

Doctorat de l'Université de Lille (mention PHARMACIE). — Accessible aux candidats français qui possèdent le diplôme de pharmacien et aux candidats étrangers qui justifient de la possession d'un certificat d'études de pharmacie chimique et de toxicologie et d'un certificat d'études de pharmacie galénique et de matière médicale. — *Scolarité :* Une année. — *Épreuves :* Soutenance d'une thèse. — *Frais d'études :* 630 francs. — *Droits d'examens et de diplômes :* 40 francs.

Diplôme de chirurgien-dentiste à l'usage des étrangers. — Réservé aux étudiants étrangers munis de certificats reconnus équivalents au baccalauréat ou au certificat d'études primaires supérieures. — *Scolarité :* Deux années de stage et trois années d'études, dont deux au moins à la Faculté de Médecine de Lille. — *Droit de stage :* 180 francs. — *Frais d'études :* 735 francs. — *Droits d'examens :* 130 francs.

Diplôme d'études de médecine légale et de psychiâtrie médico-légale. — Accessible aux docteurs en médecine français et étrangers et aux étudiants en médecine qui ont satisfait à l'examen de médecine légale. — *Scolarité :* Sept mois.

Certificat d'études spéciales d'hygiène. — Accessible aux docteurs en médecine français et étrangers, aux étudiants pourvus du 4e examen et autorisés par la Faculté, aux pharmaciens, vétérinaires, ingénieurs, architectes, ainsi qu'à toutes personnes dont la Faculté aura reconnu l'aptitude.

FACULTÉ DES SCIENCES

ENSEIGNEMENTS ORDINAIRES. Analyse mathématique. — Calcul différentiel et intégral. — Mécanique rationnelle et mécanique appliquée. — Mathématiques générales. — Physique. — Chimie générale. — Botanique. — Anatomie et embryologie comparées. — Zoologie générale et appliquée. — Géologie. -- Minéralogie.

ENSEIGNEMENTS SPÉCIAUX. Physique et électricité industrielles. — Chimie appliquée. — Paléontologie houillère. — Géologie stratigraphique régionale. — Lithologie et étude de la faune et de la flore à l'époque carbonifère. — Minéralogie pure et appliquée.

INSTITUTS ANNEXES. *Institut Électrotechnique.* — Forme des ingénieurs électriciens par un ensemble d'enseignements théoriques et pratiques, travaux d'atelier, visites d'usines, stages, etc.

Organisation : Le cours d'études est de trois ans. L'enseignement théorique est donné par des professeurs de la Faculté des Sciences; l'enseignement pratique par des ingénieurs, des industriels et des techniciens. — *Enseignements :* Mathématiques, mécanique rationnelle, mécanique appliquée. — Physique générale. — Physique industrielle. — Électrotechnique théorique. — Technologie générale. — Étude industrielle des organes des machines. — Dessin industriel. — Travail manuel. — Conférences industrielles. — Travaux pratiques et interrogations.

Conditions d'admission : Ouvert, après examen spécial, à tous étudiants français et étrangers sans aucune condition de grade. L'examen d'entrée a lieu chaque année en deux sessions (deuxième quinzaine de juillet, première quinzaine de novembre). Sur production de titres jugés équivalents aux examens de fin d'année les étudiants peuvent être admis directement en 2e et en 3e année. — *Frais d'études :* 1re année : 360 francs; 2e année : 470 francs; 3e année : 490 francs.

Sanction des études : Examens à la fin de chacune des années d'études, permettant d'obtenir le *Diplôme d'ingénieur-électricien* de l'Université de Lille. — *Droits d'examen :* 150 francs.

Institut et École de Chimie. — Organisés pour donner aux jeunes gens une instruction théorique et pratique sur toutes les questions de la chimie et sur ses applications dans la région du Nord : métallurgie, teinture, textiles, chimie agricole, industries de fermentation, etc.

L'Institut possède des laboratoires, des collections, des moyens d'études permettant d'effectuer des recherches de toute nature. Toutes ces ressources peuvent être mises à la disposition des personnes qui en font la demande en vue de travaux de recherches personnelles. — L'École de Chimie proprement dite prépare spécialement les jeunes gens pour l'industrie par la fréquentation de tous les cours de l'Institut et par des travaux pratiques largement développés.

Scolarité : Trois ans. — *Droits d'études :* 1.590 francs. — *Sanction des études :* Examens à la fin de chacune des années d'études permettant d'obtenir le *Diplôme d'ingénieur-chimiste.* — *Droits d'examens :* 70 francs.

Institut des Sciences naturelles. — Groupe tous les services d'enseignement et de recherches relatifs à la botanique, zoologie, géologie et minéralogie.

Institut de Physique. — Groupe tous les enseignements de physique préparant à la licence, à l'agrégation, au doctorat et au certificat d'études physiques, chimiques et naturelles (P. C. N.). L'Institut possède les installations, collections et appareils nécessaires pour toutes les recherches intéressant la physique et, en particulier, un pavillon d'optique, un laboratoire de photographie, deux pavillons pour la météorologie mis à la disposition des agriculteurs de la région.

Musée régional de Zoologie appliquée. — Possède de riches collections pour les études de zoologie appliquée et, en particulier, pour celles qui concernent la faune du nord de la France. Il possède toutes les espèces connues de la région, races domestiques, oiseaux utiles et nuisibles, etc., et est organisé pour toutes les études concernant l'entomologie appliquée et l'agriculture. Le musée est ouvert au public. Un laboratoire de zoologie appliquée, annexé au musée et outillé pour les recherches pratiques, fournit aux agriculteurs des renseignements sur les animaux parasites et nuisibles aux plantes cultivées.

Musée de Géologie et de Minéralogie. — Possède 40.000 échantillons de minéraux et de roches, 60.000 cartons de fossiles, qui permettent de suivre toute l'histoire géologique de la région.

Musée houiller. — Annexe de l'Institut de Géologie qui consacre à l'étude du terrain houiller une partie importante de son activité. Il possède des échantillons de tous les produits des houillères, des cartes, des vues photographiques des gisements, des restaurations présentant la formation du charbon et du bassin houiller du nord de la France.

Laboratoire maritime du Portel. — Annexé à l'Institut de Zoologie et situé près de Boulogne-sur-Mer, il est ouvert à tous les zoologistes français et étrangers qui désirent y poursuivre des recherches de biologie marine.

DIPLOMES ET GRADES D'ÉTAT. La Faculté des Sciences délivre, aux mêmes conditions que les autres Facultés françaises, le *Certificat d'études physiques, chimiques et naturelles* (*P.C.N.*), les *Certificats d'études supérieures*, la *Licence*, les *Diplômes d'études supérieures de sciences* et le *Doctorat*. Cf. p. 42.

Les certificats d'études supérieures de sciences, délivrés par la Faculté des Sciences de Lille, sont les suivants : 1º Calcul différentiel et intégral; 2º Mécanique rationnelle; 3º Géométrie supérieure; 4º Astronomie ou mécanique céleste; 5º Mécanique appliquée; 6º Physique générale ; 7º Physique appliquée; 8º Chimie générale; 9º Chimie appliquée; 10º Minéralogie théorique et appliquée; 11º Zoologie; 12º Botanique; 13º Géologie; 14º Mathématiques générales ; 15º Géographie physique ; 16º Sciences physiques, chimiques et naturelles; 17º Analyse supérieure.

DIPLOMES UNIVERSITAIRES. *Doctorat de l'Université de Lille* (mention SCIENCES). — Accessible aux étudiants français et étrangers qui produisent deux certificats d'études supérieures, l'un d'eux pouvant être remplacé par des interrogations sur des questions données d'avance par la Faculté. A défaut de certificats, les étrangers peuvent être admis à rechercher le diplôme sur présentation de titres jugés équivalents par la Faculté. — *Scolarité :* Une année. — *Épreuve :* Soutenance d'une thèse. — *Frais d'études :* Immatriculation : 30 francs. Droits de laboratoire, variant de 200 à 360 francs. — *Droits d'examens :* 100 francs.

Diplômes de licencié de l'Université de Lille : Licencié mécanicien, licencié physicien, licencié chimiste et licencié géologue. — Accessibles aux étudiants français et étrangers produisant au moment de leur inscription les certificats d'études supérieures correspondant à la nature de la licence qu'ils poursuivent. — *Scolarité :* Un an. — *Frais d'études :* En vue du diplôme de licencié mécanicien : 30 francs; — du diplôme de licencié physicien : 390 francs; — du diplôme de licencié chimiste : 390 francs; — du diplôme de licencié géologue : 230 francs. — *Droits d'examen :* 40 francs.

Diplôme d'ingénieur-électricien. Cf. ci-dessus: INSTITUT ÉLEC-TROTECHNIQUE.

Brevet d'études électrotechniques. — Il confère le titre d'électricien diplômé de l'Université de Lille et est accessible à tous les étudiants français et étrangers sans conditions de grades. — *Scolarité :* Une année d'études au laboratoire de physique industrielle. — *Frais d'études :* 390 francs. — *Droits d'examens :* 40 francs.

Diplôme d'ingénieur-chimiste. Cf. ci-dessus : INSTITUT ET ÉCOLE DE CHIMIE.

FACULTÉ DES LETTRES

ENSEIGNEMENTS ORDINAIRES. Philosophie. — Histoire des institutions grecques et romaines. — Philologie et antiquités classiques. — Histoire ancienne. — Histoire du moyen âge. — Histoire moderne et contemporaine. — Géographie. — Littérature grecque. — Littérature latine. — Philologie latine. — Littérature française. — Langue et littérature anglaises. — Langue et littérature allemandes.

ENSEIGNEMENTS SPÉCIAUX. Histoire de Lille et des provinces du nord de la France. — Langues et littératures picardes et wallonnes. — Science de l'éducation. — Histoire de l'art. — Histoire des religions. — Paléographie. — Papyrologie. — Langue et littérature russes.

Cours de français pour les étudiants étrangers. — Organisés spécialement par la Faculté des Lettres avec le concours du Comité de Patronage et de l'Alliance française, à l'usage des étudiants étrangers désireux de se perfectionner dans la connaissance de la langue et de la civilisation françaises.

Organisation : L'enseignement est donné : 1º Pendant l'*année scolaire*, du 1ᵉʳ novembre au 15 mars et du 15 mars au 30 juin, à la Faculté des Lettres de Lille, dans un certain nombre de cours qui s'ajoutent aux enseignements ordinaires de la Faculté : — 2º Pendant les vacances, du 15 juillet au 30 août, à Boulogne-sur-Mer, dans des *Cours spéciaux de vacances.*

Conditions d'admission : Ouverts à tous les étrangers sans aucune condition de titre ou de grade. — *Droits de scolarité :* 1º COURS DE L'ANNÉE SCOLAIRE. Semestre d'hiver : 45 francs; semestre d'été : 35 francs; les deux semestres : 70 francs. 2º COURS DE VACANCES. Deux semaines : 30 francs; trois semaines : 40 francs; cours complet : 50 francs.

Sanction des études : Examen donnant droit au *Certificat d'études françaises* de l'Université de Lille. — A la fin des cours de vacances, les élèves peuvent recevoir après examen un *Diplôme supérieur, moyen ou élémentaire de langue française.*

Institut pédagogique. — Organisé pour l'étude de toutes les questions intéressant la pédagogie. Un enseignement s'y donne, qui comprend un cours de psychologie appliquée à l'éducation, un cours sur l'histoire et l'organisation de l'enseignement secondaire en France et à l'étranger, et des exercices pratiques. Il procède aussi à des enquêtes sur les différents problèmes de la pédagogie; enfin, il met à la disposition de tous les étudiants immatriculés un musée et une bibliothèque contenant tous les ouvrages, documents, etc., relatifs à la législation, l'administration, l'installation matérielle, la construction, l'aménagement, l'hygiène, le mobilier, la décoration des écoles, les méthodes et livres d'enseignement, etc.

Institut d'Histoire de l'art. — Organisé pour l'enseignement de l'histoire de l'art et spécialement en vue de l'éducation esthétique de ceux qui coopèrent aux industries d'art de la région du Nord.

L'Institut possède de riches collections de moulages, clichés pour projections, originaux, photographies et documents divers.

Institut de Géographie. — Organisé pour l'enseignement et pour les recherches géographiques, il constitue l'un des laboratoires les mieux pourvus de France. Il possède d'importantes collections, cartes murales, reliefs en plâtre, échantillons de rochers, photographies, projections photographiques, cartes topographiques, atlas, etc., ainsi qu'une bibliothèque de livres de références.

Institut de Papyrologie. — Comprend un laboratoire pour le déroulement des papyrus, une école de papyrologie et possède une collection importante de papyrus grecs.

Laboratoire de Phonétique. — Organisé pour l'étude des faits intéressant la production et l'évolution des sons, il possède tout l'outillage nécessaire : appareils inscripteurs et accessoires, machines parlantes, matériel pour la confection des palais artificiels, bibliothèque d'ouvrages spéciaux, etc. Des cours et exercices sont organisés pour enseigner la prononciation correcte du français et des langues étrangères.

DIPLOMES ET GRADES D'ÉTAT. La Faculté des Lettres délivre, aux mêmes conditions que les autres Facultés françaises, la *Licence ès lettres*, les *Diplômes d'études supérieures* et le *Doctorat*. Cf. p. 45.

DIPLOMES UNIVERSITAIRES. *Doctorat de l'Université de Lille* (mention LETTRES). — Accessible aux étudiants français ou étrangers qui possèdent la licence ès lettres ou des grades reconnus équivalents. — *Épreuves :* Soutenance d'une thèse et interrogations sur des questions choisies par le candidat et agréées par la Faculté. — *Scolarité :* Quatre semestres. — *Droit d'études :* 260 francs. — *Droit d'examens :* 100 francs.

Diplôme d'études russes. — Accessible à tous étudiants français et étrangers sans condition de grade. — *Scolarité :* Deux semestres. — *Frais d'études :* 30 francs. — *Droit d'examens :* 30 francs.

Certificat d'études françaises. — Réservé aux étudiants étrangers immatriculés à la Faculté des Lettres. — *Scolarité :* Un semestre. — *Frais d'études :* Immatriculation : 30 francs. — *Droits d'examens :* 40 francs.

Diplôme d'études supérieures de phonétique. — Accessible aux étudiants français et étrangers sans aucune condition de titres ni de grade. — *Scolarité :* Deux semestres.

ÉTABLISSEMENTS EXTÉRIEURS A L'UNIVERSITÉ

INSTITUT PASTEUR DE LILLE

L'Institut a été fondé en vue de la préparation des sérums et vaccins et pour l'institution de recherches relatives aux applications des méthodes pasteuriennes, à l'agriculture et aux industries de fermentation. Pour les recherches, il possède des laboratoires ouverts aux docteurs en médecine, vétérinaires et chimistes biologistes français et étrangers. L'usage de ces laboratoires est soumis au payement d'un droit de 100 francs par mois.

L'Institut donne aussi un enseignement de bactériologie médicale et d'hygiène, un enseignement spécial de brasserie sous forme de cours temporaires qui ont lieu chaque année à l'usage des brasseurs de la région du Nord. Ces enseignements sont complétés par des travaux pratiques auxquels sont affectés des laboratoires spéciaux d'enseignement. L'usage de ces laboratoires est gratuit pour les étudiants de la Faculté de Médecine de l'Université; ils sont ouverts aux étrangers, moyennant une rétribution de 100 francs pour le semestre de cours (mars à juillet).

L'Institut ne délivre aucun diplôme.

INSTITUT INDUSTRIEL DU NORD DE LA FRANCE A LILLE.

L'Institut est une école d'enseignement technique supérieur qui forme des ingénieurs pour les principales industries de la région : mécanique, chimie, électricité.

Organisation. — Les études ont une durée normale de trois ans; elles portent sur les sciences pures qui sont enseignées par des professeurs de l'Université. En outre, des cours techniques sont professés par des ingénieurs et complétés par des travaux d'atelier, dirigés par des praticiens et des contremaîtres.

En dehors de ces cours normaux, il existe à l'Institut un cours préparatoire aux examens d'entrée de 1re année.

Conditions d'admission. — Les élèves sont admis après examen. Sont toutefois dispensés de l'examen, les candidats possédant le baccalauréat (mention MATHÉMATIQUES), lesquels entrent de droit en 1re année. Sont également admis de droit, et en 2e année, les candidats admissibles à l'École Polytechnique ou à l'École Normale supérieure (section des sciences) et les licenciés ès sciences, munis d'un certificat de mathématiques générales. — Les étrangers sont admis à l'Institut au même titre que les nationaux.

Frais d'études. — Pension complète : 1.200 francs; demi-pension: 800 francs. Les externes payent 500 francs de frais d'études.

Sanction des études. — Examens à la fin de chaque année d'études permettant d'obtenir, selon la moyenne des notes, soit l'un des *Diplômes d'ingénieur-électricien, d'ingénieur-mécanicien* ou *d'ingénieur-chimiste,* soit un *Certificat de capacité.*

ÉCOLE NATIONALE DES ARTS ET MÉTIERS DE LILLE

L'organisation de l'enseignement et les conditions d'admission sont celles de toutes les Écoles analogues. — Cf. ÉCOLE NATIONALE DES ARTS ET MÉTIERS DE PARIS, p. 98.

ÉCOLE SUPÉRIEURE PRATIQUE DE COMMERCE ET D'INDUSTRIE DE LILLE ET DE LA RÉGION DU NORD.

L'École se propose de donner aux jeunes gens une solide instruction technique qui leur permette d'aborder les carrières commerciales.

Organisation. — Les études sont réparties sur deux années formant deux cycles indépendants. A la 1re année sont rattachés les enseignements qui ont un caractère essentiellement pratique. Les cours généraux et plus théoriques, notamment les cours de droit, sont réservés à la 2e année.

En 1re année les élèves sont répartis en deux sections :

1º *Section de Commerce et Banque;* 2º *Section industrielle.* En 2e année, ils sont admis dans l'une des quatre sections : 1º *Commerce et Banque;* 2º *Textiles;* 3º *Matières colorantes et Teinture;* 4º *Brasserie, Sucrerie et Distillerie.*

Conditions d'admission. — Les élèves sont admis après examen. Ils peuvent en être dispensés s'ils justifient de certains diplômes d'enseignement primaire et secondaire reconnus valables à cet effet. Peuvent être admis directement en 2e année, les candidats justifiant de titres ou grades reconnus suffisants pour les dispenser de suivre les cours de 1re année. Les élèves peuvent quitter l'École au bout d'un an d'études élémentaires et pratiques.

Les étrangers sont admis aux mêmes conditions que les Français. L'École reçoit aussi des auditeurs libres français et étrangers.

Frais d'études. — 400 francs par an et 500 francs pour les élèves des sections de brasserie et teinturerie dans le cycle supérieur.

Sanction des études. — Examen permettant d'obtenir, selon la moyenne des notes, un *Diplôme supérieur* ou un *Certificat d'études.* Les élèves ne passant qu'un an à l'École et ayant obtenu la moyenne exigée reçoivent un *Diplôme de la Chambre de commerce de Lille.*

ÉCOLE PRÉPARATOIRE DE MÉDECINE ET DE PHARMACIE D'AMIENS.

Enseignements. — Anatomie descriptive. — Physiologie. — Histologie. — Pharmacie et matière médicale. — Pathologie externe et médecine opératoire. — Pathologie interne. — Chimie et toxicologie. — Histoire naturelle. — Physique. — Clinique obstétricale et gynécologie. — Cliniques médicale, chirurgicale, ophtalmologique.

Diplômes. — L'École délivre le *Certificat d'études physiques, chimiques et naturelles* (P. C. N.). Les candidats, français ou étrangers, au *Doctorat en médecine* (grade d'État) peuvent y faire leurs trois premières années d'études et y passer leurs deux premiers examens. — Les étudiants étrangers qui poursuivent des études médicales à la faveur d'une équivalence de baccalauréat peuvent acquérir à l'École leur *Certificat d'études physiques, chimiques et naturelles*. S'ils sont candidats au doctorat en médecine de l'Université de Lille, ils peuvent en outre faire à Amiens leurs deux premières années d'études et passer leur premier examen.

Les aspirants au *Diplôme de pharmacien* peuvent prendre à Amiens leurs huit premières inscriptions.

La première année d'études pour le *Diplôme de sage-femme de 1ʳᵉ classe* peut également être faite à Amiens, mais la seconde est nécessairement faite dans une Faculté ou dans une École de plein exercice. — Les études en vue du *Diplôme de sage-femme de 2ᵉ classe* et du *Certificat d'aptitude à la profession d'herboriste* peuvent être entièrement faites à l'École d'Amiens.

ÉCOLE NATIONALE DES INDUSTRIES AGRICOLES
DE DOUAI.

L'École se propose de donner aux jeunes gens qui se destinent aux industries annexes de la culture (brasserie, distillerie, sucrerie, etc.) une solide instruction professionnelle.

Organisation. — Cours complet d'études en deux années' L'enseignement théorique et pratique comprend des cours généraux, des cours techniques et des travaux exécutés dans les usines et les ateliers de l'École. — Le régime de l'École est l'externat.

Conditions d'admission. — L'École admet, après examen, des élèves français et étrangers. Les candidats doivent avoir 16 ans au moins. La demande des candidats étrangers doit être adressée au ministre de l'Agriculture par le représentant diplomatique de leur pays. L'École admet également des élèves stagiaires désignés par le ministre de l'Agriculture et des auditeurs libres.

Frais d'études. — 500 francs par an pour les élèves réguliers; 150 francs par cours suivi et par année d'études pour les auditeurs libres.

Sanction des études. — Examens permettant d'obtenir le *Diplôme de l'École nationale des industries agricoles*, délivré par le ministre de l'Agriculture.

UNIVERSITÉ DE LYON

FACULTÉS ET INSTITUTS DE L'UNIVERSITÉ. L'Université de Lyon comprend quatre Facultés : FACULTÉ DE DROIT, FACULTÉ DE MÉDECINE ET DE PHARMACIE, FACULTÉ DES SCIENCES, FACULTÉ DES LETTRES, pourvues des enseignements et moyens d'étude pour la préparation de tous les grades d'État conférés par ces diverses Facultés et auxquelles se rattachent de nombreux INSTITUTS ANNEXES.

L'Université a en outre organisé un COLLÈGE ORIENTAL, spécialement destiné à faciliter les études des jeunes gens originaires des pays d'Orient.

ÉTABLISSEMENTS EXTÉRIEURS A L'UNIVERSITÉ. En dehors de l'Université, mais dans le ressort académique de Lyon, plusieurs Écoles sont à signaler : à Lyon même, l'ÉCOLE DU SERVICE DE SANTÉ MILITAIRE*, l'ÉCOLE NATIONALE VÉTÉRINAIRE*, l'ÉCOLE CENTRALE LYONNAISE* (École industrielle), l'ÉCOLE SUPÉRIEURE DE COMMERCE*, le CONSERVATOIRE NATIONAL DE MUSIQUE*, l'ÉCOLE NATIONALE DES BEAUX-ARTS*, l'ÉCOLE RÉGIONALE D'ARCHITECTURE*, l'ÉCOLE DE NOTARIAT, l'ÉCOLE DE LA MARTINIÈRE (École d'enseignement secondaire technique) et les FACULTÉS CATHOLIQUES.

A Cluny (Saône-et-Loire), l'ÉCOLE DES ARTS ET MÉTIERS.

A Saint-Étienne, l'ÉCOLE DES MINES*, l'ÉCOLE DES ASPIRANTS GOUVERNEURS, l'ÉCOLE MUNICIPALE RÉGIONALE DES BEAUX-ARTS et l'ÉCOLE RÉGIONALE DES ARTS INDUSTRIELS.

CARACTÉRISTIQUES DE L'UNIVERSITÉ. *Enseignement spécial du français pour les étrangers :* Cours annuel et cours de vacances.

---

*Cf. plus loin la notice spéciale à cette École.

Enseignements relatifs à l'histoire de Lyon et de la région lyonnaise.

Enseignement spécial de l'hygiène.

Enseignements scientifiques appliqués à l'industrie : Physique, chimie, minéralogie, tannerie.

Enseignements relatifs aux études orientales : Sanscrit, égyptologie, arabe et turc, chinois.

CONDITIONS D'ADMISSION. — Les conditions générales pour l'immatriculation et l'inscription sont les mêmes que pour toutes les Universités françaises. Cf. p. 29.

Celles qui concernent les enseignements ou les grades et diplômes propres à l'Université de Bordeaux seront indiquées pour chacun d'eux dans les notices particulières de la Faculté à laquelle ils se rattachent.

ŒUVRES UNIVERSITAIRES. — *Comité de Patronage des étudiants étrangers.* — Fournit aux étrangers tous les renseignements de nature à faciliter leur installation et s'occupe spécialement de leur placement dans les familles. Il se met à la disposition des familles des étudiants étrangers pour leur servir en tout temps d'intermédiaire auprès de l'administration universitaire, des établissements d'enseignement et des familles françaises recevant des pensionnaires. Le Comité pourra payer en leur nom les droits d'inscription, frais d'études ou de pension, etc. Pour tous renseignements, s'adresser à M. Leger, agent du Comité de Patronage, 23, rue des Remparts d'Ainay, à Lyon.

Consuls universitaires. — Pour accueillir et diriger dans leurs études les étudiants des divers pays, le conseil de l'Université a fait choix de plusieurs professeurs qui jouent le rôle de consuls universitaires.

Les étudiants russes, bulgares, roumains, serbes, peuvent s'adresser à M. Hugounenq, doyen de la Faculté de Médecine; les étudiants turcs et égyptiens, à M. le prof. Lacassagne; les étudiants suisses, à M. le prof. Adrien Pic; les étudiants des pays de langue anglaise, à M. le prof. Paul Courmont.

Comité de tutelle des étudiants orientaux. — Constitue un Comité de Patronage qui s'occupe spécialement des élèves du

Collège oriental et de tous les jeunes gens originaires des pays d'Orient qui étudient dans les divers établissements lyonnais.

Société des Amis de l'Université lyonnaise. — Organise des conférences artistiques, littéraires et scientifiques, subventionne diverses œuvres utiles à l'Université et décerne des prix à ses élèves.

Association générale des étudiants de Lyon. — Met à la disposition de ses membres un local spacieux et confortable, une salle de lecture avec bibliothèque et service de prêt. Des sections spéciales procurent des facilités pour la pratique des sports. Les étrangers sont admis au même titre que les nationaux.

Club égyptien de l'Université de Lyon. — Organise des conférences, des causeries, des séances d'étude et de discussion.

Association des anciens étudiants en droit de l'Université.

Association des anciens élèves de la Faculté des Lettres.

Association des anciens élèves de l'École de Chimie industrielle.

FACULTÉ DE DROIT

ENSEIGNEMENTS ORDINAIRES. Droit civil. — Procédure civile. — Droit romain. — Pandectes. — Droit criminel. — Droit commercial. — Droit administratif. — Économie politique. — Histoire du droit français. — Droit international public. — Histoire des doctrines économiques et économie politique. — Science financière et législation française des finances. — Histoire du droit public et droit administratif. — Droit constitutionnel. — Droit international privé. — Droit public. — Droit civil comparé. — Droit constitutionnel comparé. — Législation et économie industrielles. — Législation et économie coloniales. — Législation et économie rurales.

ENSEIGNEMENTS SPÉCIAUX. Épigraphie juridique. — Science pénitentiaire. — Médecine légale. — Histoire des traités.

INSTITUT ANNEXE. *Institut des Sciences économiques et politiques.* — L'Institut a pour but de donner aux étudiants français ou étrangers les connaissances nécessaires pour leur permettre d'aborder les carrières administratives, politiques ou financières. — *Organisation :* L'enseignement, dont la durée normale est de deux ans, est réparti en deux sections : *Section économique et financière* et *Section politique et administrative.* Il comprend des cours, des conférences et des travaux pratiques. — *Conditions d'admission :* Aucun titre ni grade n'est requis pour suivre l'enseignement de l'Institut. — *Sanction des études :* Examens, à la fin de chaque année scolaire, permettant d'obtenir le *Diplôme de l'Institut des Sciences économiques et politiques.*

DIPLOMES ET GRADES D'ÉTAT. La Faculté de Droit délivre, aux mêmes conditions que les autres Facultés françaises, le *Certificat de capacité*, la *Licence* et le *Doctorat en droit.* Cf. p. 39.

DIPLOMES UNIVERSITAIRES. *Doctorat de l'Université de Lyon* (mention DROIT). — Réservé aux étudiants étrangers. La Faculté est juge des titres et de la valeur des études antérieures des candidats. — *Scolarité :* Une année. — *Épreuves :* Un examen et soutenance d'une thèse. — *Frais d'études :* 130 francs. — *Droits d'examen, de thèse et de diplôme :* 65 francs.

Diplôme de l'Institut des Sciences économiques et politiques. — Cf. ci-dessus : INSTITUT DES SCIENCES ÉCONOMIQUES ET POLITIQUES.

FACULTÉ DE MÉDECINE
ET DE PHARMACIE

ENSEIGNEMENTS ORDINAIRES. *Médecine.* — Anatomie. — Physiologie. — Anatomie pathologique. — Pathologie interne. — Médecine légale. — Hygiène. — Parasitologie. — Pharmacologie. — Oto-rhino-laryngologie. — Maladies des voies urinaires. — Propédeutique de gynécologie. — Accouchements.

— Bactériologie pratique. — Pathologie externe. — Pathologie générale. — Pathologie mentale. — Médecine opératoire. — Thérapeutique. — Médecine expérimentale et comparée. — Histologie et embryologie. — Chirurgie infantile. — Physique biologique. — Pathologie et thérapeutique bucco-dentaires.

Cliniques médicales, chirurgicales, ophtalmologique, dermatologique et syphilitique, obstétricale, infantile, gynécologique, des maladies mentales.

Pharmacie. — Pharmacologie. — Toxicologie. — Chimie minérale et analytique. — Physique pharmaceutique. — Analyse chimique quantitative. — Chimie biologique. — Botanique. — Chimie organique. — Minéralogie. — Hydrologie et matières alimentaires — Matière médicale.

INSTITUTS ANNEXES. *Institut de Chimie.* — Constitué par la réunion des services de chimie des deux Facultés de Médecine et des Sciences, il possède des collections et des laboratoires pour toutes les recherches intéressant la chimie.

Institut bactériologique de Lyon et du Sud-Est. — Organisme indépendant de l'Université, mais dirigé, sous le contrôle d'un conseil d'administration, par des membres de l'Université.

Il comprend divers services : 1º Service de la rage ; 2º Fabrication des sérums thérapeutiques ; 3º Diagnostic bactériologique des maladies infectieuses ; 4º Fabrication des produits concernant la bactériologie ; 5º Dispensaire antituberculeux.

Institut d'Hygiène. — L'Institut donne aux étudiants en médecine de troisième et quatrième année un enseignement complet, théorique et pratique, de l'hygiène.

L'Institut groupe d'abord les enseignements se rapportant à l'hygiène et possède, avec un riche musée d'hygiène, les laboratoires nécessaires pour les études exigées par le programme d'études en vue du doctorat en médecine. Cet enseignement est complet en deux ans. Il se compose des cours du professeur et de l'agrégé, de travaux pratiques et de visites dans les établissements classés : usines, etc.

En outre, un enseignement spécial essentiellement pratique, concernant toutes les questions relatives à l'hygiène, est donné chaque année du 1ᵉʳ mars au 1ᵉʳ août dans des cours journa-

liers faits par des professeurs et chefs de travaux de l'Université,
de l'Institut de Chimie et de l'École vétérinaire, et qui portent
sur les n.atières suivantes : Hygiène appliquée, maladies ani-
males contagieuses pour l'homme, hygiène de l'habitation,
hygiène alimentaire, législation de l'hygiène, hygiène scolaire,
hygiène des sources, etc. — *Frais d'études :* Les droits à acquitter pour suivre cet enseignement spécial sont de 180 francs par
trimestre. Cette somme est réduite à 150 francs pour les étudiants immatriculés. — *Sanction des études :* Examen permettant d'obtenir le *Certificat d'études d'hygiène.*

Musée d'Anatomie pathologique. — Annexe du Laboratoire
d'anatomie pathologique et ouvert comme lui aux étudiants et
médecins désireux d'entreprendre des recherches personnelles.

Musées du Laboratoire de médecine légale. — A. *Musée de
médecine judiciaire,* réunissant toutes les pièces importantes
provenant d'autopsies judiciaires. B. *Musée d'anthropologie criminelle,* renfermant tous les matériaux nécessaires pour l'étude
de l'homme criminel : Photographies, cartes, documents statistiques, graphiques, etc.

Musée d'Histoire de la médecine et de la pharmacie à Lyon. —
Contient tous les documents relatifs à l'histoire de la médecine
et de la pharmacie lyonnaises : Portraits, bustes, photographies,
ouvrages, instruments, médailles, diplômes, etc.

Musée d'Hygiène. — Annexe de l'Institut d'hygiène. Cf. ci-
dessus, p. 201.

Musée d'Anatomie.

Musée de Parasitologie.

Jardin botanique de la Faculté de Médecine et de Pharmacie. —
Collections de matière médicale, de botanique, de minéralogie, etc.

DIPLOMES ET GRADES D'ÉTAT. La Faculté de Médecine et de Pharmacie
délivre, aux mêmes conditions que les au-
tres Facultés françaises, le *Doctorat en médecine,* le *Diplôme de
pharmacien,* le *Diplôme supérieur de pharmacien,* les *Diplômes
de chirurgien-dentiste, de sage-femme de 1re et de 2e classe* et le
Certificat d'aptitude à la profession d'herboriste. Cf. pp. 40 et 45.

DIPLOMES UNIVERSITAIRES. *Doctorat de l'Université de Lyon* (mention MÉDECINE). — Réservé aux étudiants étrangers qui font leurs études médicales en bénéficiant d'une équivalence de baccalauréat. Ce diplôme, qui a la même valeur scientifique que le doctorat en médecine, grade d'État, ne confère pas le droit d'exercer en France. — *Scolarité et examens :* Les conditions et frais sont les mêmes que pour le doctorat d'État. Cf. p. 40.

Doctorat de l'Université de Lyon (mention PHARMACIE). — Accessible aux candidats qui possèdent le diplôme d'État de pharmacien ou un diplôme étranger reconnu équivalent. — *Scolarité :* Une année. — *Épreuves :* 1º Composition écrite; 2º Examen oral; 3º Soutenance d'une thèse. — *Frais d'études :* 430 francs. — *Droits de thèse et de diplôme :* 100 francs.

Diplôme d'études pharmaceutiques. — Réservé aux étudiants étrangers qui font leurs études pharmaceutiques en bénéficiant d'une équivalence de baccalauréat. Ce diplôme, qui a la même valeur scientifique que le diplôme d'État de pharmacien, ne confère pas le droit d'exercer la pharmacie en France. — *Scolarité :* Les conditions de scolarité et d'examens sont les mêmes que pour le diplôme d'État de pharmacien. — *Frais d'études :* 920 francs. — *Droits d'examens :* 545 francs.

Diplôme supérieur d'études pharmaceutiques. — Réservé aux étudiants étrangers titulaires du diplôme universitaire d'études pharmaceutiques. Il est considéré comme équivalent au diplôme supérieur de pharmacien, grade d'État, pour l'admission aux épreuves du doctorat de l'Université de Lyon (mention PHARMACIE). — *Scolarité :* Les conditions de scolarité et d'examen sont les mêmes que pour le diplôme supérieur de pharmacien, grade d'État. — *Frais d'études :* 230 francs. — *Droits d'examen et de thèse :* 70 francs.

Certificat d'études d'hygiène. — Accessible à tous Français ou étrangers, sauf approbation par la Faculté pour les candidats non étudiants ou non pourvus d'un diplôme universitaire français. Ce certificat est la sanction des études faites à l'Institut d'hygiène. Les étudiants en médecine ne peuvent se présenter à l'examen qu'après avoir satisfait au 4e examen de doctorat. — *Droit d'examen :* 20 francs.

FACULTÉ DES SCIENCES

ENSEIGNEMENTS ORDINAIRES. Astronomie. — Mécanique rationnelle et appliquée. — Calcul différentiel et intégral. — Mathématiques supérieures. — Mathématiques générales. — Physique générale. — Chimie industrielle. — Minéralogie. — Zoologie. — Psycho-physiologie. — Physiologie générale. — Botanique. — Géologie. — Géographie physique.

ENSEIGNEMENTS SPÉCIAUX. Physique industrielle. — Chimie industrielle. — Minéralogie appliquée. — Physiologie expérimentale. — Anthropologie.

Cours libres : Photographie appliquée. — Électrochimie. — Histoire des sciences. — Navigation aérienne.

INSTITUTS ANNEXES. *Institut de Chimie.* — Constitué par la réunion des services de chimie des deux Facultés des Sciences et de Médecine, il possède des collections et des laboratoires pour toutes les recherches intéressant la chimie. Il comprend, en outre, deux Écoles spéciales se rattachant plus directement à la Faculté des Sciences : l'*École de Chimie industrielle* et l'*École française de Tannerie.*

École de Chimie industrielle. — Annexe de l'Institut de Chimie, elle a pour but de former des chefs d'industrie, des directeurs, des ingénieurs, des employés pour les diverses industries se rattachant à la chimie.

Organisation : Cours complet d'études en trois années. L'enseignement comprend des cours théoriques et des travaux pratiques de laboratoire. Le régime de l'École est l'externat. Les élèves sont étudiants de la Faculté des Sciences et doivent s'y faire immatriculer.

Conditions d'admission : L'École admet des élèves titulaires, des élèves stagiaires et des élèves libres. Les élèves libres sont recrutés au concours parmi les aspirants français et étrangers. Les aspirants pourvus du baccalauréat complet sont admis sans concours dans la proportion de moitié des places disponibles. Pour être admis comme élève stagiaire il faut subir un examen dont les étrangers peuvent être dispensés en justifiant d'études scientifiques suffisantes. Les élèves stagiaires suivent l'enseignement normal et peuvent devenir, au bout d'un an, élèves titulaires, si leurs notes sont satisfaisantes. L'École admet des élèves libres s'il existe des places disponibles. — *Frais d'études :* 8oo francs par an pour les étudiants français; 1.1oo francs pour les étudiants étrangers.

Sanction des études : Examens de fin. d'année permettant d'obtenir, suivant la moyenne des notes, le *Diplôme d'ingénieur chimiste de l'Université de Lyon* ou un *Certificat d'études.*

École française de Tannerie. — Section de l'Institut de Chimie, elle a pour but d'initier les jeunes gens, soit à la fabrication et au commerce des cuirs et peaux, soit aux industries annexes, et de former ainsi des chefs de maison, directeurs, chimistes, etc.

Organisation : Le cours des études est de deux ans. — Enseignement théorique complété par des travaux et manipulations au laboratoire de tannerie pratique.

Conditions d'admission : Les conditions sont analogues à celles pour l'admission à l'École de Chimie industrielle. L'École admet des élèves titulaires, des élèves stagiaires et des élèves libres. — *Frais d'études :* 95o francs par an et 1.9oo francs pour les étudiants étrangers.

Sanction des études : Examen de sortie permettant d'obtenir, suivant la moyenne des notes, le *Diplôme d'ingénieur-chimiste de tannerie* ou un *Certificat d'études.*

Institut agronomique de Lyon. — Organise un enseignement agronomique supérieur, à l'usage de tous les jeunes gens se destinant à diriger des exploitations agricoles.

Organisation : Le cours normal d'études est de deux années. En 1re année, les élèves suivent les cours de chimie, zoologie et botanique préparatoires au certificat P. C. N., des cours spéciaux de minéralogie et de géologie et préparent un premier certificat agricole. En 2e année, les élèves complètent leurs études par la préparation des deux autres certificats agricoles. Dans l'une et l'autre année, ils suivent les cours de législation et économie rurales de la Faculté de Droit et celui de géographie physique qui est professé à la Faculté des Lettres. Des travaux pratiques complètent ces enseignements. A ces deux années d'études se superpose une 3e année pratique, consacrée spécialement à l'enseignement de la culture : Culture générale, viticulture, œnologie, zootechnie, mutualité agricole, etc.

Conditions d'admission : L'Institut est ouvert à tous les étudiants français et étrangers sans aucune condition de titre ni de grade. — *Frais d'études :* En vue du diplôme d'études agronomiques (deux années) : 1.060 francs. En vue du diplôme supérieur (trois années) : 1.290 francs.

Sanction des études : Examens de fin d'année; l'examen de 2ᵉ année permet d'obtenir le *Diplôme d'études agronomiques.* Les matières enseignées correspondant à trois certificats d'études supérieures délivrés par la Faculté des Sciences, les étudiants pourvus du baccalauréat peuvent rechercher ces trois certificats dont la réunion leur confère le *Diplôme de licencié ès sciences.* Les étudiants ayant fait la 3ᵉ année d'études et satisfait à l'examen de fin d'année peuvent obtenir le *Diplôme supérieur d'études agronomiques.* — *Droits d'examen :* Diplôme d'études agronomiques : 120 francs; Diplôme supérieur d'études agronomiques : 100 francs.

Observatoire de Lyon. — Établissement annexe de l'Université. Installé à Saint-Genis-Laval, l'Observatoire est principalement destiné à des travaux de recherches. Les étudiants en mathématiques de la Faculté sont admis à s'y exercer au maniement des instruments d'astronomie, et des conférences pratiques y sont faites pour eux.

Station maritime de Tamaris-sur-Mer (Var). — Annexe du Laboratoire de physiologie, spécialement destinée à l'étude des questions de zoologie, de botanique et de physiologie marines et, en outre, de toutes les questions concernant les pêcheries, la pisciculture, l'ostréiculture, la mytiliculture, etc. La station de Tamaris possède des aquariums, collections, bibliothèques, etc. Elle est ouverte, sur demande adressée au Directeur, à tous les travailleurs français et étrangers.

Laboratoire de photométrie. — Annexé à la chaire de physique, il est destiné aux applications de la photométrie à l'éclairage par le gaz et l'électricité.

Laboratoire central de photographie.

DIPLOMES D'ÉTAT. La Faculté des Sciences délivre, aux mêmes conditions que les autres Facultés françaises, le *Certificat d'études physiques, chimiques et naturelles*

(*P. C. N.*), les *Certificats d'études supérieures*, la *Licence*, les *Diplômes d'études supérieures de sciences* et le *Doctorat.* Cf. p. 42.

Les certificats d'études supérieures de sciences, délivrés par la Faculté des Sciences de Lyon, sont les suivants : 1º Calcul différentiel et intégral ; 2º Mécanique rationnelle et appliquée ; 3º Astronomie approfondie ; 4º Mathématiques supérieures (Géométrie supérieure et Analyse supérieure) ; 5º Mathématiques générales ; 6º Physique générale ; 7º Physique industrielle ; 8º Chimie générale ; 9º Chimie industrielle ; 10º Minéralogie théorique et appliquée ; 11º Zoologie ; 12º Physiologie ; 13º Botanique ; 14º Géologie ; 15º Chimie et géologie agricoles ; 16º Botanique agricole ; 17º Zoologie appliquée ; 18º Géographie physique ; 19º Physique, chimie et histoire naturelle.

DIPLOMES UNIVERSITAIRES. *Doctorat de l'Université de Lyon* (mention SCIENCES). — Accessible aux candidats possédant soit un certificat d'études supérieures, soit des titres scientifiques français ou étrangers dont la Faculté apprécie la valeur. — *Scolarité :* Une année. — *Épreuves :* 1º Soutenance d'une thèse ; 2º Interrogation ; 3º Épreuve pratique. — *Frais d'études :* Immatriculation : 30 francs ; droits de laboratoire variant de 200 à 800 francs. — *Droits de thèse et de diplôme :* 100 francs.

Brevet d'études techniques de chimie industrielle. — Accessible aux étudiants ayant subi avec succès l'examen d'entrée en 2ᵉ année de l'École de Chimie industrielle. — *Scolarité :* Une année. — *Frais d'études :* 130 francs. — *Épreuves :* Composition écrite ; interrogation ; épreuve pratique. — *Droit d'examen :* 80 francs.

Diplôme d'ingénieur-chimiste. — Accessible aux élèves de 3ᵉ année de l'École de Chimie industrielle, pourvus du certificat d'études supérieures ou du brevet d'études techniques de chimie industrielle. — *Épreuves :* 1º Composition d'un mémoire ; 2º Examen oral ; 3º Épreuves pratiques. — *Droit d'examen :* 100 francs.

Diplôme d'études agronomiques. — *Diplôme supérieur d'études agronomiques.* — Cf. ci-dessus : INSTITUT AGRONOMIQUE.

Brevets d'études d'électrotechnique. — Accessible aux candidats ayant suivi pendant une année scolaire un enseignement spécial théorique et pratique. — *Frais d'études :* 130 francs. — *Épreuves :* Composition écrite, interrogation, épreuves pratiques. — *Droit d'examen :* 80 francs.

Diplôme d'études psycho-physiologiques. — Accessible aux candidats ayant suivi pendant une année le cours de psycho-physiologie et pris part aux travaux pratiques de cet enseignement. — *Frais d'études :* 230 francs. — *Droit d'examen :* 50 francs.

Diplôme de mathématiques générales. — Accessible aux étudiants français et étrangers qui ont suivi pendant une année l'enseignement spécial, théorique et pratique, préparant à ce diplôme. — *Épreuves :* Examen comprenant une épreuve écrite et une épreuve orale. — *Frais d'études :* 70 francs. — *Droit d'examen :* 80 francs.

FACULTÉ DES LETTRES

ENSEIGNEMENTS ORDINAIRES. Philosophie et psychologie. — Histoire de la philosophie et des sciences. — Science de l'éducation. — Histoire ancienne. — Histoire du moyen âge. — Histoire moderne. — Histoire contemporaine. — Histoire de l'art. — Histoire de l'art moderne. — Géographie. — Géographie physique. — Langue et littérature grecques. — Épigraphie grecque. — Paléographie grecque. — Langue et littérature latines. — Langue et littérature françaises. — Philologie classique. — Épigraphie latine. — Paléographie latine et française. — Bibliographie française. — Diplomatique. — Littératures modernes comparées. — Langue et littérature anglaises. — Langue et littérature allemandes. — Langue et littérature italiennes.

ENSEIGNEMENTS SPÉCIAUX. Histoire de Lyon et de la région lyonnaise. — Antiquités lyonnaises. — Histoire et géographie coloniales. — Sanscrit et littératures de l'Inde. — Égyptologie. — Chinois. — Turc et arabe. — Phonétique expérimentale. — Hygiène scolaire. — Hygiène de la première enfance.

Enseignement spécial pour la préparation aux grades supérieurs de l'enseignement primaire. — Pédagogie. — Psychologie appliquée à l'éducation. — Législation de l'enseignement primaire.

Enseignement spécial du français pour les étrangers. — Des cours ont lieu chaque année par les soins de la Faculté des Lettres, à l'usage des étudiants désireux d'apprendre le français moderne et de connaître la littérature, l'histoire et la civilisation de la France contemporaine. Ils ont lieu du 1er décembre au 15 mars et sont complétés par des séances d'exercices pratiques pour la correction de la prononciation. Les étudiants étrangers inscrits à ces cours peuvent suivre tous les enseignements et exercices de l'Université.

Conditions d'admission : Aucune condition de titre ni de grade n'est exigée. — *Frais d'études :* 60 francs. — *Sanction des études :* Examen permettant d'obtenir le *Certificat d'études françaises de l'Université de Lyon.*

COURS DE VACANCES. — Les cours, organisés par la Faculté à l'usage des étrangers, sont complétés par des cours de vacances qui ont lieu chaque année, d'août à novembre, par les soins du Comité de Patronage, à raison d'une séance de 2 heures par jour, le dimanche excepté, soit de 156 heures de cours pour la saison de trois mois. Les cours sont complétés par des conférences spéciales, des visites d'étude aux monuments, musées, établissements industriels de la ville et de la région. — *Droits d'études :* 200 francs pour la série de cours ou 25 francs par semaine. S'adresser pour tous renseignements concernant les cours de vacances à l'Hôtel de Ville de Lyon.

INSTITUTS AN-NEXES. *Musée pédagogique.* — Annexe de la chaire de science de l'éducation, il est, avec la bibliothèque d'études pédagogiques, un précieux instrument de travail. Il permet de connaître le matériel scolaire et les moyens et instruments d'enseignement employés en France et à l'étranger.

Musée de moulages. — Possède une riche collection des principaux moulages intéressant l'archéologie égyptienne, l'art grec et l'art gréco-romain. Une salle d'étude où ont lieu les conférences d'histoire de l'art renferme plus de 8.000 photographies complétant la collection des moulages.

Institut de Géographie. — Se compose d'une salle d'exposition et d'une salle de conférences et d'étude pourvue de tous les ouvrages et cartes de référence.

DIPLOMES ET GRADES D'ÉTAT. La Faculté des Lettres délivre, aux mêmes conditions que les autres Facultés françaises, la *Licence ès lettres*, les *Diplômes d'études supérieures* et le *Doctorat*. Cf. p. 45.

DIPLOMES UNIVERSITAIRES. *Doctorat de l'Université de Lyon* (mention LETTRES). — Accessible aux candidats possédant un diplôme de licencié ou, à défaut, des titres scientifiques dont la Faculté reconnaît la valeur. — *Scolarité :* Deux années. — *Frais d'études :* 260 francs. — *Épreuves :* Soutenance d'une thèse et interrogations. — *Droit d'examen :* 100 francs.

Diplôme d'études pédagogiques supérieures. — Accessible aux candidats qui possèdent l'un des diplômes suivants : licence ès lettres, certificat d'aptitude à l'inspection primaire et au professorat des Écoles normales, ou, à défaut, un diplôme étranger reconnu équivalent par la Faculté. — *Scolarité :* Une année.

Diplôme d'études chinoises. — Accessible aux candidats ayant suivi pendant une année les conférences de chinois, d'anglais et de géographie coloniale faites à la Faculté. — *Frais d'études :* 30 francs. — *Droit d'examen :* 25 francs.

Certificat d'études françaises. — Accessible aux étudiants étrangers ayant suivi les cours spéciaux pendant un semestre. — *Frais d'études :* 60 francs.

COLLÈGE ORIENTAL

Ce Collège a été spécialement créé pour donner aux étudiants orientaux, en particulier, un enseignement théorique et pratique leur permettant : 1º de suivre les cours des Facultés près desquelles ils désirent acquérir des grades; 2º de devenir aptes à exercer dans leur pays les fonctions d'enseignement. Un Comité spécial s'occupe particulièrement de placer dans les familles les étudiants orientaux, de les surveiller et de les guider dans leurs études; il se met à la disposition des gouvernements et des familles pour tous les renseignements qu'ils peuvent désirer.

Organisation : L'enseignement comprend quatre années, d'études, dont une de Cours préparatoires et trois de Cours normaux. Il est réparti en deux sections : Lettres et Sciences. — SECTION DES LETTRES : Langue française. — Littérature française. — Histoire. — Géographie. — Philosophie. — Langue vivante (au choix du candidat parmi celles qui sont enseignées à la Faculté). — Économie politique. — Hygiène. — SECTION DES SCIENCES : Langue française. — Mathématiques. — Physique et chimie. — Géographie. — Histoire naturelle. — Économie politique. — Hygiène. — Langue vivante (au choix du candidat parmi celles qui sont enseignées à la Faculté).

Conditions d'admission : Aucune condition de titre ni de grade n'est exigée pour l'admission au cours préparatoire. Pour l'admission aux cours normaux, on exige la possession du certificat de maturité qui sanctionne les études de l'année préparatoire.• — *Frais d'études :* année préparatoire : 330 francs. Droit d'examen pour l'obtention du certificat de maturité : 100 francs. Cours normaux (3 années): 930 francs.

Sanction des études : 1º Examen permettant d'obtenir à la fin de l'année préparatoire le *Certificat de maturité* (mention LETTRES ou mention SCIENCES). Le certificat peut être obtenu dès leur arrivée à Lyon par les étudiants justifiant de connaissances suffisantes ou sortant d'établissements secondaires.

2º Examens permettant d'obtenir, à la fin de la 3e année des cours normaux, le *Diplôme d'aptitude à l'enseignement* (mention LETTRES ou mention SCIENCES) ou le *Diplôme supérieur d'études littéraires* ou le *Diplôme supérieur d'études scientifiques.* — *Droit d'examens :* Certificat de maturité : 100 francs; Diplôme d'aptitude à l'enseignement : 200 francs; Diplômes d'études supérieures littéraires ou scientifiques : 200 francs.

ÉTABLISSEMENTS EXTÉRIEURS
A L'UNIVERSITÉ

ÉCOLE DU SERVICE DE SANTÉ MILITAIRE DE LYON

L'École forme les médecins militaires de l'armée française.

Organisation. — Les élèves suivent à la Faculté de Médecine les cours, cliniques, conférences et exercices pratiques afférents à leur année d'études. Ils reçoivent en outre, par les soins de l'École, un enseignement spécial sous forme de conférences et exercices pratiques.

Conditions d'admission. — L'École se recrute par la voie du concours. Sont admis à y prendre part les étudiants en médecine de nationalité française ayant quatre, huit ou douze inscriptions de doctorat, âgés respectivement de moins de 24, 25 ou 26 ans, remplissant certaines conditions universitaires et possédant l'aptitude physique au service militaire. Des élèves étrangers peuvent, sur demande de leur gouvernement, être autorisés par le ministre de la Guerre à suivre les exercices de l'École.

ÉCOLE NATIONALE VÉTÉRINAIRE DE LYON

Le régime et l'organisation de l'École sont les mêmes que ceux des autres Écoles nationales vétérinaires françaises. Cf. ÉCOLE NATIONALE VÉTÉRINAIRE D'ALFORT, p. 113.

ÉCOLE CENTRALE LYONNAISE

L'École a pour but de former des techniciens capables de remplir les fonctions d'ingénieur et de directeur d'usine.

Organisation. — L'enseignement comprend des cours théoriques faits par des professeurs de l'Université, des cours techniques faits par des ingénieurs, des manipulations et travaux d'atelier dirigés par des chefs ouvriers. La durée normale des études est de trois ans. Une 4e année facultative, dite de spécialisation, permet aux élèves de compléter leurs études pratiques en se spécialisant soit dans l'électrotechnique, soit dans les constructions civiles et les travaux publics. — Le régime de l'École est le demi-internat.

Frais d'études. — 960 francs par an.

Conditions d'admission. — Les élèves sont admis après examen, dont sont dispensés les candidats pourvus du baccalauréat avec mention mathématiques, à la condition toutefois de subir une épreuve spéciale de dessin. Age minimum : 16 ans.

Les étrangers sont admis aux mêmes titres et dans les mêmes conditions que les Français. Les diplômes qu'ils possèdent et qui sont admis en équivalence du baccalauréat les dispensent de l'examen d'entrée.

Des candidats peuvent être admis directement en 2e année, à la condition de passer un examen spécial portant sur les matières enseignées en 1re année. De même, les personnes justifiant de connaissances suffisantes peuvent être admises directement aux cours de l'année de spécialisation.

Enfin l'École admet des auditeurs libres à suivre certains cours techniques.

Sanction des études. — Examen, à la fin de la 3e année, permettant d'obtenir un diplôme. Un brevet spécial est délivré aux élèves ayant satisfait aux examens de sortie de la 4e année.

ÉCOLE SUPÉRIEURE DE COMMERCE DE LYON

L'École, comme toutes celles du même type, prépare les jeunes gens à la carrière commerciale. Toutefois, elle s'intéresse particulièrement au commerce et aux industries de la soierie et des produits chimiques. En outre elle possède une section spéciale pour l'enseignement théorique et pratique du tissage.

Organisation. — L'enseignement comprend trois cycles. Le *premier cycle* (une année) prépare à l'enseignement supérieur donné dans le second cycle. Le *second cycle* (deux années) est affecté à l'enseignement commercial supérieur. Le *troisième cycle* (une ou deux années) est spécial à l'enseignement du tissage. — Le régime de l'École est l'externat.

Frais d'études. — 1er cycle : 500 francs ; 2e cycle : 600 francs par an ; 3e cycle : 1.200 francs.

Conditions d'admission. — Au 1er cycle, sans examen. Age minimum : 15 ans. Au 2e cycle, après examen dont sont dispensés les bacheliers. Age minimum : 16 ans.

Les étrangers sont admis dans les mêmes conditions que les Français.

Sanction des études. — Examens permettant d'obtenir à la fin du 2ᵉ et du 3ᵉ cycle un diplôme.

ÉCOLE NATIONALE DES BEAUX-ARTS DE LYON

L'École fournit un enseignement méthodique et complet aux jeunes gens qui veulent étudier la peinture, la sculpture et l'art décoratif.

Organisation. — Des cours préparatoires sont organisés pour permettre de passer l'examen d'entrée à l'École proprement dite des Beaux-Arts. La durée des études est variable. L'enseignement est gratuit.

Conditions d'admission. — On est admis sans examen à l'École préparatoire; au contraire, pour l'École des Beaux-Arts, il est nécessaire de subir un examen d'entrée qui a lieu chaque année au mois d'octobre.

ÉCOLE RÉGIONALE D'ARCHITECTURE DE LYON

L'École donne le même enseignement que la section d'architecture de l'École des Beaux-Arts de Paris. Les sujets de concours sont les mêmes, les travaux sont jugés de la même façon et par le même jury. Enfin les élèves obtiennent pour l'ensemble de leurs études le même diplôme décerné par le gouvernement.

Conditions d'admission. — Les candidats doivent avoir plus de 15 et moins de 30 ans. Ils doivent subir un examen qui a lieu chaque année en deux sessions (juin et décembre). Les étrangers sont admis dans les mêmes conditions que les Français, sur demande du représentant de leur pays.

CONSERVATOIRE NATIONAL DE MUSIQUE ET DE DÉCLAMATION

Succursale du Conservatoire de Paris, celui de Lyon donne des enseignements répartis en huit sections: *Solfège*. — *Harmonie et contrepoint*. — *Chant*. — *Piano et harpe*. — *Instruments à archet*. — *Instruments à vent*. — *Musique d'ensemble*. — *Déclamation lyrique et dramatique*. — La scolarité est variable et l'enseignement est gratuit.

Conditions d'admission. — Les candidats doivent avoir de 9 à 22 ans et subir un examen. Pour les classes ne recevant qu'un nombre limité d'élèves, l'examen est remplacé par un concours.

ÉCOLE NATIONALE D'ARTS ET MÉTIERS DE CLUNY

L'organisation de l'enseignement et les conditions d'admission sont celles de toutes les écoles analogues. Cf. ÉCOLE NATIONALE DES ARTS ET MÉTIERS DE PARIS, p. 98.

ÉCOLE NATIONALE DES MINES DE SAINT-ÉTIENNE

L'École prépare des ingénieurs pour l'exploitation des mines et des usines métallurgiques.

Organisation. — Enseignement théorique donné par des ingénieurs du corps des mines, complété par des travaux pratiques, manipulations, exercices, visites de mines et d'usines, voyages d'étude, etc. — La durée des études est de trois ans. — Le régime de l'École est l'externat.

Frais d'études. — 200 francs par an, auxquels il faut ajouter un droit d'examen de 40 francs.

Conditions d'admission. — Les Français sont admis à la suite d'un concours. Les étrangers sont admis à la suite d'un examen faisant connaître leur aptitude à suivre les cours.

Sanction des études. — Examens de fin d'année permettant aux élèves français d'obtenir, à la sortie de l'École, le *Diplôme d'ingénieur civil des mines* et, aux élèves étrangers, un *Certificat d'études.*

UNIVERSITÉ DE MONTPELLIER

FACULTÉS ET ÉCOLE DE L'UNIVERSITÉ. L'Université de Montpellier comprend quatre Facultés : Faculté de Droit, Faculté de Médecine, Faculté des Sciences, Faculté des Lettres et une École supérieure de Pharmacie, pourvues des enseignements et moyens d'étude pour la préparation de tous les grades d'État qu'elles confèrent et auxquelles se rattachent un certain nombre d'Instituts annexes.

ÉTABLISSEMENTS EXTÉRIEURS A L'UNIVERSITÉ. En dehors de l'Université, mais dans le ressort académique de Montpellier, plusieurs Écoles sont à signaler : à Montpellier même, l'École nationale d'Agriculture*, l'École supérieure de Commerce*, l'École des Beaux-Arts, l'École nationale de Musique;

A Agde (Hérault), l'École d'Hydrographie;

A Alais (Gard), l'École des Maitres mineurs;

Les Écoles nationales de Musique de Nîmes, de Perpignan et de Cette (Hérault).

CARACTÉRISTIQUES DE L'UNIVERSITÉ. *Enseignement spécial du français pour les étudiants étrangers :* Cours auxiliaires et cours spéciaux.

Enseignements scientifiques appliqués à l'industrie : Chimie appliquée et œnologie.

Enseignement des sciences naturelles.

Enseignement des langues et littératures romanes.

CONDITIONS D'ADMISSION. Les conditions générales pour l'immatriculation et l'inscription sont les mêmes que pour toutes les Universités françaises. Cf. p. 29.

---

* Cf. plus loin la notice spéciale à cette École.

Celles qui concernent les enseignements ou les grades et diplômes propres à l'Université de Montpellier seront indiquées pour chacun d'eux dans les notices particulières de la Faculté à laquelle ils se rattachent.

ŒUVRES UNIVERSITAIRES. *Comité de Patronage des étudiants étrangers.* — Fournit aux étrangers, venant à Montpellier pour raisons d'études, tous les renseignements d'ordre matériel ou scientifique dont ils peuvent avoir besoin. — Se met à la disposition des gouvernements et des familles pour les renseigner sur les études de leurs nationaux ou de leurs enfants.

Le Comité dispose d'un immeuble spécial, la *Maison des étrangers,* où ont lieu les cours à eux destinés. Il y trouvent des salles de lecture et de travail, une bibliothèque de prêts, etc.

Association des Amis de l'Université.

Association générale des étudiants.

FACULTÉ DE DROIT

ENSEIGNEMENTS ORDINAIRES. Droit civil. — Droit criminel. — Droit commercial. — Droit international privé. — Procédure civile et voies d'exécution. — Droit constitutionnel. — Droit administratif. — Droit international public. — Droit public. — Droit constitutionnel comparé. — Droit romain. — Pandectes. — Histoire générale du droit français. — Histoire du droit privé. — Histoire du droit public français. — Économie politique. — Législation financière. — Législation et économie industrielles. — Histoire des doctrines économiques.

ENSEIGNEMENTS SPÉCIAUX. Cours de notariat : Législation notariale. — Droit civil appliqué au notariat. — Enregistrement.

Enseignement préparatoire au certificat d'études pénales. — L'enseignement comprend, outre les cours de droit criminel faits à la Faculté de Droit et les cours de médecine légale et de psychiâtrie faits à la Faculté de Médecine, trois conférences : *Procédure pénale et fonctionnement de l'administration péniten-*

liaire; fonctionnement du régime pénitentiaire; psychiatrie et médecine légale.

Conditions d'admission : Sont admis à suivre cet enseignement, les bacheliers en droit et les étudiants en médecine pourvus de 16 inscriptions. — *Scolarité :* Deux semestres. — *Frais d'études :* Immatriculation : 30 francs. Droits d'exercices pratiques : 60 francs.

DIPLOMES ET GRADES D'ÉTAT. La Faculté de Droit délivre, aux mêmes conditions que les autres Facultés françaises, le *Certificat de capacité,* la *Licence* et le *Doctorat en droit.* Cf. p. 39.

DIPLOME UNIVER-SITAIRE. *Certificat d'études pénales.* — Accessible aux candidats ayant suivi l'enseignement préparatoire spécial. L'examen est gratuit.

FACULTÉ DE MÉDECINE

ENSEIGNEMENTS ORDINAIRES. Anatomie. — Anatomie descriptive. — Physiologie. — Physique biologique. — Pathologie externe. — Anatomie pathologique. — Thérapeutique et matière médicale. — Pharmacologie. — Chimie pathologique. — Chimie biologique. — Médecine opératoire. — Pathologie et thérapeutique générales. — Histoire naturelle médicale. — Microbiologie. — Hygiène. — Médecine légale. — Maladies cutanées et syphilitiques. — Pathologie chirurgicale. — Opérations obstétricales.

Cliniques médicales, chirurgicales, obstétricale, des maladies mentales et nerveuses, ophtalmologique, des maladies des enfants, chirurgicale infantile et orthopédique, des maladies syphilitiques et cutanées, des maladies des vieillards, de gynécologie, des maladies des voies urinaires, d'oto-rhino-laryngologie. Service d'électrothérapie et de radiographie.

INSTITUTS AN-NEXES. *Institut Bouisson-Bertrand.* — Fondé pour favoriser les recherches biologiques appliquées à l'hygiène et à la thérapeutique, et pour hospitaliser les malades atteints des infections dont l'Institut poursuit l'étude et la guérison. L'Institut comprend trois services techniques: service antirabique, service sérothérapique, service des analyses d'eau.

Institut de Biologie. — Annexe de la Faculté de Médecine, qui groupe tous les services dépendant des chaires de physique biologique, chimie biologique, physiologie, microbiologie, hygiène.

Institut d'Électrothérapie et de Radiographie. — Annexe de la chaire de physique biologique organisée pour les recherches et pour le traitement des malades.

Institut de Botanique. — Groupe tous les services de botanique dépendant de la Faculté de Médecine, de la Faculté des Sciences et de l'École de Pharmacie.

Musée Atger. — Importante collection de tableaux, dessins et gravures appartenant à la Faculté de Médecine.

Musée anatomique.

DIPLOMES ET GRADES D'ÉTAT. La Faculté de Médecine délivre, aux mêmes conditions que les autres Facultés françaises, le *Doctorat en médecine* ainsi que les *Diplômes de sage-femme de 1re et de 2e classe*. Cf. p. 40.

DIPLOME UNIVERSITAIRE. *Doctorat de l'Université de Montpellier* (mention MÉDECINE). — Réservé aux étudiants étrangers qui font leurs études médicales en bénéficiant d'une équivalence du baccalauréat français. Ce diplôme a la même valeur scientifique que le doctorat en médecine, grade d'État, mais ne confère pas le droit d'exercer en France.

La scolarité et les examens sont les mêmes que pour le doctorat d'État.

Frais d'études : Droits d'inscription et de travaux pratiques : 950 francs. Examen et thèse : 350 francs.

FACULTÉ DES SCIENCES

ENSEIGNEMENTS ORDINAIRES. Mathématiques générales. — Calcul différentiel et intégral. — Mécanique. — Astronomie. — Physique générale et appliquée. — Chimie. — Chimie minérale. — Chimie organique. — Chimie physiologique. — Zoologie et protistologie. — Botanique. — Géologie. — Minéralogie.

ENSEIGNEMENTS SPÉCIAUX. Chimie minérale appliquée. — Œnologie.

INSTITUTS ANNEXES. *Institut de Botanique.* — Groupe tous les services de botanique de l'Université. Est pourvu d'amphithéâtres et salles d'enseignement, de laboratoires de recherches, d'une bibliothèque spéciale et de riches herbiers. Des herborisations sont organisées toutes les semaines. — L'Institut dispose du *Jardin des Plantes* de l'Université, l'un des plus remarquables de l'Europe méridionale, qui lui-même comprend une *École de botanique,* une *École des plantes officinales* et une *École forestière.*

A l'Institut se rattache le *Laboratoire du mont Aigoual* (altitude : 1.300 mètres) organisé pour les recherches concernant la botanique de montagne.

Institut de Zoologie. — Organisé pour l'enseignement et pour la recherche, il possède, en même temps que de riches collections, tout l'outillage nécessaire. Il possède, pour les études spéciales de zoologie et biologie maritimes, une annexe importante qui est la *Station zoologique de Cette* (Hérault), elle-même pourvue de tous les instruments de travail utiles. La station est ouverte aux travailleurs français et étrangers qui peuvent même être admis à l'habiter.

Institut de Physique. — Groupe les services de physique de la Faculté des Sciences et de l'École supérieure de Pharmacie et possède de riches collections d'instruments de démonstration et de recherches.

Institut de Chimie. — Comprend les services de chimie de la Faculté des Sciences et de l'École de Pharmacie.

DIPLOMES ET GRADES D'ÉTAT. La Faculté des Sciences délivre, aux mêmes conditions que les autres Facultés françaises, le *Certificat d'études physiques, chimiques et naturelles* (P. C. N.), les *Certificats d'études supérieures,* la *Licence,* les *Diplômes d'études supérieures de sciences* et le *Doctorat.* Cf. p. 42.

Les certificats d'études supérieures de sciences délivrés par la Faculté des Sciences de Montpellier sont les suivants : 1° Calcul différentiel et intégral; 2° Mécanique rationnelle; 3° Astronomie; 4° Physique générale; 5° Physique appliquée; 6° Chimie générale; 7° Chimie appliquée; 8° Minéralogie; 9° Zoologie; 10° Botanique; 11° Géologie; 12° Mathématiques générales; 13° Chimie physique; 14° Physique, chimie et sciences naturelles; 15° Protistologie et cytologie.

DIPLOMES UNIVERSITAIRES. *Doctorat de l'Université de Montpellier* (mention SCIENCES). — Accessible aux candidats français et étrangers possédant 3 certificats d'études supérieures de sciences ou des diplômes reconnus équivalents par la Faculté. — *Scolarité :* Quatre semestres. — *Épreuves :* 1° Soutenance d'une thèse; 2° Interrogations. — *Frais d'études :* Immatriculation : 60 francs. Droits de laboratoire, variant de 400 à 800 francs. Droits d'examen et de diplôme : 50 francs.

Diplôme d'ingénieur chimiste. — Accessible aux candidats possèdant trois certificats d'études supérieures de chimie. — *Scolarité :* Un semestre. — *Épreuves :* Présentation d'un mémoire et épreuves pratiques. — *Frais d'études :* Droits d'immatriculation et de laboratoire : 430 francs. Droits d'examen : 50 francs.

FACULTÉ DES LETTRES

ENSEIGNEMENTS ORDINAIRES. Philosophie. — Histoire. — Géographie. — Langue et littérature grecques. — Langue et littérature latines. — Littérature française. — Langue et littérature anglaises. — Langue et littérature espagnoles. — Langue et littérature italiennes. — Archéologie et histoire de l'art.

ENSEIGNEMENTS SPÉCIAUX. Langues et littératures romanes. — Grammaire comparée. — Histoire du christianisme.

Enseignement du français à l'usage des étrangers. — Cet enseignement comprend deux séries de cours distinctes, s'adressant chacune à un public différent :

A. Cours auxiliaires de français, destinés à faciliter aux étrangers leurs études spéciales de droit, médecine, sciences, etc. Ils sont répartis en cours de deux degrés : cours élémentaires et cours supérieurs. Ils fonctionnent chaque année pendant le semestre d'hiver (4 heures par semaine) et sont gratuits pour les étudiants immatriculés.

B. Cours d'études françaises, comprenant trois séries d'enseignement ayant chacune pour objet: 1º Étude pratique du français parlé et écrit; 2º Langue et littérature françaises ainsi que littérature romane; 3º Histoire, géographie, art, civilisation de la France. Les cours ont lieu durant toute l'année scolaire, de novembre à fin mars (semestre d'hiver) et d'avril à fin juin (trimestre d'été). Le programme comprend environ 30 heures de cours par semaine.

Conditions d'admission : Les cours sont ouverts à tous les étrangers et étrangères sans condition d'âge ni de grade. — *Frais d'études :* Droit d'immatriculation : 30 francs; droit spécial de cours : 52 fr. 35 pour le semestre d'hiver, et 30 fr. 35 pour le trimestre d'été. — *Sanction des études :* Examen ayant lieu en deux sessions et permettant d'obtenir le *Certificat élémentaire d'études françaises* ou le *Diplôme d'études françaises*.

INSTITUTS ANNEXES. *Institut des Sciences historiques.* — Groupe tous les enseignements d'histoire, d'archéologie, d'histoire de l'art, de géographie; met à la disposition des étudiants et du public des collections d'ouvrages de référence, cartes, estampes, photographies, etc. A l'Institut se rattache le *Musée des moulages*, qui possède de riches collections de reproductions de la sculpture antique.

Laboratoire de Phonétique expérimentale.

Laboratoire de Psychologie expérimentale.

DIPLOMES ET GRADES D'ÉTAT. La Faculté des Lettres délivre, aux mêmes conditions que les autres Facultés françaises, la *Licence*, les *Diplômes d'études supérieures* et le *Doctorat*. Cf. p. 45.

DIPLOMES UNIVERSITAIRES. *Doctorat de l'Université de Montpellier* (mention LETTRES). — Accessible à tout candidat français et étranger dont les titres scientifiques auront été jugés suffisants par la Faculté. — *Scolarité :* Deux semestres. — *Épreuves :* Soutenance d'une thèse et discussion de propositions données par la Faculté. — *Frais de scolarité :* Droit d'immatriculation : 30 francs. Droit d'examen : 100 francs.

Diplômes d'études françaises. — Réservé aux étrangers inscrits aux cours spéciaux d'études françaises. — *Droits d'examen et de diplôme :* 50 francs.

Certificat élémentaire d'études françaises. — Accessible aux étudiants étrangers inscrits, soit aux cours auxiliaires de français, soit aux cours spéciaux d'études françaises. — *Droits d'examen et de diplôme :* 30 francs.

ÉCOLE SUPÉRIEURE DE PHARMACIE

ENSEIGNEMENTS. Physique. — Chimie organique. — Chimie minérale. — Analyse et toxicologie. — Botanique descriptive. — Botanique cryptogamique. — Zoologie pharmaceutique. — Matière médicale. — Pharmacie. — Pharmacie galénique. — Hydrologie et minéralogie. — Chimie biologique. — Analyse quantitative. — Législation pharmaceutique. — Déontologie pharmaceutique. — Hygiène.

DIPLOMES ET GRADES D'ÉTAT. L'École délivre, dans les mêmes conditions que les autres Écoles françaises de pharmacie, le *Diplôme de pharmacien*, le *Diplôme supérieur de pharmacien* et le *Certificat d'aptitude à la profession d'herboriste.* Cf. p. 46.

DIPLOME UNIVERSITAIRE. *Doctorat de l'Université de Montpellier* (mention PHARMACIE). — Accessible aux candidats français, produisant le diplôme de pharmacien de 1re classe, et aux candidats étrangers, possédant un diplôme d'enseignement secondaire, reconnu équivalent au baccalauréat francais. —*Scolarité :* Pour les candidats français pourvus du diplôme de pharmacien : deux semestres; pour les candidats étrangers : quatre années. — *Frais d'études :* Pour les candidats français (une année d'études) : 330 francs. Pour les étudiants étrangers (quatre années) : 1.220 francs. — *Épreuves :* Pour les candidats français : Soutenance d'une thèse. Pour les candidats étrangers : Deux examens et soutenance d'une thèse. — *Droits d'examen et de diplôme :* Pour les candidats français : 100 francs; pour les candidats étrangers : 200 francs.

ÉTABLISSEMENTS EXTÉRIEURS A L'UNIVERSITÉ

ÉCOLE NATIONALE D'AGRICULTURE DE MONTPELLIER

L'École de Montpellier est du même type que les autres Écoles nationales d'Agriculture, établies à Grignon (Seine-et-Oise) et à Rennes. Cf. ÉCOLE NATIONALE D'AGRICULTURE DE GRIGNON, p. 110.

Toutefois, certains enseignements spéciaux ont été créés ou tout particulièrement développés à Montpellier, notamment ceux qui concernent la *viticulture,* l'*œnologie* et la *sériciculture.*

L'École nationale d'agriculture de Montpellier possède une *Station séricicole,* une *Station d'essai de semences,* un *Laboratoire d'œnologie,* un *Laboratoire d'analyses agricoles* et un *Observatoire météorologique.*

ÉCOLE SUPÉRIEURE DE COMMERCE DE MONTPELLIER

L'École de Montpellier est du même type que les autres Écoles supérieures de commerce.

L'enseignement comprend une année élémentaire ou préparatoire et deux années normales. Les candidats étrangers sont admis aux mêmes conditions que les Français.

Frais d'études. — Cours élémentaire : 200 francs. — Cours normal : 700 francs. — Cf. ÉCOLE SUPÉRIEURE DE COMMERCE DE MARSEILLE, p. 126.

UNIVERSITÉ DE NANCY

FACULTÉS ET ÉCOLE DE L'UNIVERSITÉ. L'Université de Nancy comprend quatre Facultés : FACULTÉ DE DROIT, FACULTÉ DE MÉDECINE, FACULTÉ DES SCIENCES, FACULTÉ DES LETTRES. Elle possède en outre une ÉCOLE SUPÉRIEURE DE PHARMACIE. Ces Facultés et École sont pourvues des enseignements et moyens d'étude pour la préparation des grades d'État qu'elles confèrent. A elles se rattachent plusieurs INSTITUTS, organisés spécialement en vue de divers enseignements.

ÉTABLISSEMENTS EXTÉRIEURS A L'UNIVERSITÉ. En dehors de l'Université, mais à Nancy même, plusieurs Écoles sont à signaler. Ce sont : l'ÉCOLE NATIONALE DES EAUX ET FORÊTS*, le CONSERVATOIRE DE MUSIQUE, l'ÉCOLE DES BEAUX-ARTS, l'ÉCOLE SUPÉRIEURE DE COMMERCE* et l'ÉCOLE PRATIQUE D'AGRICULTURE « Mathieu de Dombasle ».

CARACTÉRISTIQUES DE L'UNIVERSITÉ. *Enseignement spécial du français pour les étudiants étrangers.* — Cours annuels et cours de vacances.

Enseignements scientifiques appliqués à l'industrie : Électrotechnique. — Mécanique. — Chimie. — Géologie. — Agriculture. — Brasserie. — Laiterie.

Enseignements spéciaux historiques et juridiques concernant l'Est de la France.

Enseignement spécial de la chirurgie dentaire.

CONDITIONS D'ADMISSION. Les conditions générales pour l'immatriculation et l'inscription sont les mêmes que pour toutes les Universités françaises. Cf. p. 29.

---

* Cf. plus loin la notice spéciale à cette École.

Celles qui concernent les enseignements ou les grades et diplômes propres à l'Université de Nancy seront indiquées pour chacun d'eux dans les notices particulières de la Faculté à laquelle ils se rattachent.

ŒUVRES UNIVERSITAIRES. *Office de renseignements.* — Au Palais de l'Université. — Donne gratuitement, sur place ou par correspondance, les renseignements utiles concernant l'Université et la vie des étudiants à Nancy.

Comité de Patronage des étudiants étrangers. — A la disposition des étudiants pour leur prêter l'aide matérielle et morale dont ils peuvent avoir besoin, le Comité s'offre à fournir aux gouvernements et aux familles les renseignements qu'ils peuvent désirer sur les études de leurs nationaux ou de leurs enfants.

Société générale des étudiants de Nancy. — Possède un immeuble pourvu de bibliothèque et salle de travail. — Organise des conférences, soirées, excursions, etc. Facilite la pratique des sports, etc.

Association amicale des Ingénieurs anciens élèves de l'Institut électrotechnique et de mécanique appliquée de Nancy.

Société des Amis de l'Université de Nancy.

FACULTÉ DE DROIT

ENSEIGNEMENTS ORDINAIRES. Droit civil. — Droit criminel. — Droit commercial. — Droit international privé. — Procédure civile et voies d'exécution. — Enregistrement. — Droit public et constitutionnel. — Droit administratif. — Droit international public. — Droit public. — Droit constitutionnel comparé. — Droit romain. — Pandectes. — Histoire générale du droit français. — Histoire du droit public français. — Économie politique. — Législation et économie industrielles. — Législation et économie coloniales. — Législation et science financières. — Histoire des doctrines économiques. — Droit naturel. — Science sociale.

ENSEIGNEMENT
SPÉCIAL.

Histoire du droit et des institutions juridiques de l'Est.

INSTITUT AN-
NEXE.

Institut commercial de l'Université. — L'Institut complète et développe les enseignements donnés dans les Écoles supérieures de commerce et forme ainsi le personnel supérieur des entreprises commerciales. Il donne aussi les connaissances commerciales qui forment un complément indispensable de culture pour un certain nombre de professions : avocats, avoués, notaires, ingénieurs, etc.

Organisation : Enseignement théorique et pratique, donné par des professeurs de l'Université et des personnalités du monde des affaires, du commerce, de l'industrie, etc. Cours, exercices, interrogations, visites d'usines, conférences, etc. Le cours complet des études est de deux ans.

Conditions d'admission : Les candidats doivent être âgés de 17 ans au minimum et subir un examen d'entrée. En sont dispensés, les titulaires de l'un des diplômes suivants : baccalauréat, brevet supérieur, certificat d'études primaires supérieures, certificat d'études pratiques industrielles et les étrangers pourvus de titres reconnus suffisants. Les diplômés des Écoles supérieures de commerce sont admis directement en 2e année. — *Frais d'études :* 430 francs par an.

Sanction des études : Examens permettant d'obtenir, à la fin de la 1re année, le *Certificat d'études supérieures* et, à la fin de la 2e année, le *Diplôme d'études supérieures.* Un *Diplôme spécial d'ingénieur commercial* de l'Université de Nancy est délivré aux diplômés des Écoles supérieures de commerce et aux autres élèves de l'Institut qui ont obtenu aux examens de sortie une moyenne déterminée. Enfin, aux élèves n'ayant suivi qu'une partie des enseignements, peuvent être délivrés, après examen, des *Certificats spéciaux de comptabilité, mathématiques financières, économie industrielle,* etc. — *Droits d'examens :* 30 francs pour les certificats et 40 francs pour les diplômes.

DIPLOMES ET
GRADES D'ÉTAT.

La Faculté de Droit délivre, aux mêmes conditions que les autres Facultés françaises, le *Certificat de capacité,* la *Licence* et le *Doctorat en droit.* Cf. p. 39.

DIPLOMES UNIVERSITAIRES. *Certificats d'études juridiques.* — Accessibles aux étudiants français et étrangers pourvus du diplôme de bachelier ou de titres étrangers jugés équivalents ou encore d'attestations d'études dont la Faculté reconnaît la valeur. Les matières formant l'objet de ces certificats sont les suivantes : Droit romain et histoire du droit romain. — Droit civil français. — Droit commercial et législation industrielle. — Droit criminel et instruction criminelle. — Droit public général. — Droit constitutionnel et administratif français. — Droit international public et privé. — Économie politique et législation financière. — Histoire du droit français public et privé. — *Scolarité* : Deux semestres. — *Droit d'immatriculation :* 30 francs. — *Droits d'examen :* 30 francs par certificat.

Licence en droit de l'Université de Nancy. — Réservée aux étudiants étrangers. Ce diplôme est conféré à tout étudiant étranger possédant trois certificats d'études juridiques, l'un de ces certificats devant obligatoirement porter sur le droit civil français.

Doctorat de l'Université de Nancy (mention DROIT). — Réservé aux étudiants étrangers. Les candidats doivent être licenciés en droit (grade d'État ou d'Université) ou justifier de titres étrangers reconnus équivalents. Le diplôme porte l'une des mentions suivantes : Droit privé, Droit public, Sciences économiques. — *Scolarité :* Deux semestres. — *Épreuves :* Examen oral et soutenance d'une thèse. — *Droit d'examen et de diplôme :* 160 francs.

Diplôme d'ingénieur commercial. — *Diplôme d'études supérieures de l'Institut commercial.* — *Certificat d'études supérieures de l'Institut commercial.* Cf. ci-dessus INSTITUT COMMERCIAL.

FACULTÉ DE MÉDECINE

ENSEIGNEMENTS ORDINAIRES. Anatomie normale. — Anatomie pathologique. — Histologie. — Physiologie. — Physique médicale. — Chimie et toxicologie. — Histoire naturelle médicale. — Médecine opératoire. — Pathologie générale et interne. — Pathologie externe. — Accouchements. — Hygiène.

— Thérapeutique et matière médicale. — Médecine légale. — Cliniques médicale, chirurgicale, obstétricale, ophtalmologique, des maladies des enfants, des maladies des vieillards, des maladies syphilitiques et cutanées, d'électrothéraphie et de radiologie, d'orthopédie et de chirurgie infantile, d'oto-rhino-laryngologie, des voies urinaires, des maladies mentales.

INSTITUTS ANNEXES. *Institut dentaire.* — Organisé pour le stage pratique et pour les études en vue de l'obtention du diplôme d'État de chirurgien-dentiste et du diplôme de chirurgien-dentiste de l'Université de Nancy. — *Durée des études :* Deux années de stage et trois années d'études proprement dites.

Conditions d'admission : L'Institut admet les jeunes gens et les jeunes filles âgés de 16 ans et pourvus soit du diplôme de bachelier, soit du brevet supérieur, du certificat d'études primaires supérieures ou du diplôme de fin d'études secondaires des jeunes filles. Les étrangers doivent produire des titres équivalents. — *Frais d'études :* Stage (deux ans) : 205 francs. *Scolarité* (3 ans) : 710 francs. — *Droits d'examens :* 310 francs.

Institut sérothérapique de l'Est. — A pour objet la préparation et la distribution du sérum antidiphtérique. Il possède un laboratoire de recherches pour la sérothérapie et la bactériologie, ainsi qu'un service spécial d'hygiène. Ouvert aux étudiants immatriculés ainsi qu'aux médecins français et étrangers.

DIPLOMES ET GRADES D'ÉTAT. La Faculté de Médecine délivre, aux mêmes conditions que les autres Facultés françaises, le *Doctorat en médecine,* les *Diplômes de chirurgien-dentiste* et de *sage-femme de 1re et de 2e classe.* Cf. p. 40.

DIPLOMES UNIVERSITAIRES. *Doctorat de l'Université de Nancy* (mention Médecine). — Réservé aux étrangers qui font leurs études médicales en bénéficiant d'une équivalence du baccalauréat. Ce diplôme, qui a la même valeur scientifique que le doctorat en médecine, grade d'État, ne confère pas le droit d'exercer en France.

La scolarité et les examens sont les mêmes que pour le doctorat d'État.

Frais d'études. —Droits d'inscription et de travaux pratiques : 950 francs. Droits d'examens : 350 francs.

Attestations d'études supérieures de sciences biologiques. — Délivrées après examen portant sur l'une des trois matières : *anatomie, physiologie, microbiologie.* Chaque attestation mentionne la matière de l'examen. — *Droits d'examens :* 30 francs par attestation.

Doctorat ès sciences biologiques. — Accessible aux candidats munis d'une des attestations ci-dessus désignées. — *Épreuve :* Soutenance d'une thèse. — *Droits d'examen :* 100 francs.

Diplôme de chirurgien-dentiste de l'Université de Nancy. — Réservé aux étrangers faisant leurs études de chirurgie dentaire en bénéficiant d'une équivalence des titres français exigés pour le diplôme d'État de chirurgien-dentiste. Ce diplôme a la même valeur scientifique que le diplôme de chirurgien-dentiste, grade d'État, mais ne confère pas le droit d'exercer en France. — *Scolarité et examens :* Les conditions sont les mêmes que pour le diplôme d'État; mais des dispenses de stage peuvent être accordées aux candidats qui peuvent prouver qu'ils ont accompli en France ou à l'étranger un stage analogue à celui qui est exigé par les règlements. — *Frais d'études :* Scolarité, examens et diplôme : 1.045 francs.

FACULTÉ DES SCIENCES

ENSEIGNEMENTS ORDINAIRES. Calcul différentiel et intégral. —Mécanique rationnelle. — Mécanique appliquée. — Astronomie. — Analyse supérieure. — Physique. — Chimie minérale. — Chimie organique. — Chimie physique. — Chimie analytique. — Analyse quantitative et volumétrie. — Analyse qualitative. — Zoologie. — Botanique. — Minéralogie. — Géologie.

ENSEIGNEMENTS SPÉCIAUX. Climatologie. — Mécanique appliquée. — Physique appliquée et électrotechnique. — Chimie appliquée. — Zoologie agricole. — Pisciculture. — Botanique agricole et coloniale. — Microbiologie.

INSTITUTS AN-NEXES. *Institut électrotechnique et de mécanique appliquée.* — Donne aux étudiants une instruction complète sur tout ce qui concerne les applications de l'électricité et de la mécanique. Les enseignements théoriques et pratiques en font une véritable école d'ingénieurs. *Organisation :* L'Institut comprend deux sections : *A.* MATHÉMATIQUES ; *B.* ÉLECTRICITÉ. — Dans chacune d'elles, la durée normale des études est de trois ans. Les étudiants ayant achevé le cours normal d'études de l'une des sections peuvent, en une quatrième année, suivre les enseignements spéciaux de l'autre et acquérir le diplôme particulier à cette section. Ces deux sections ont des enseignements théoriques et pratiques communs. Chaque section donne un enseignement spécial sur les mesures, la construction, la technique des machines, etc.

Conditions d'admission : Ouvert aux étudiants français et étrangers âgés de 17 ans au moins et pourvus du baccalauréat ou d'un grade équivalent. A défaut de titre, les candidats devront subir un examen d'entrée, auquel préparent les cours spéciaux d'une année préparatoire. Peuvent être admis directement en 2ᵉ et en 3ᵉ année, les candidats ayant subi un examen spécial ou possédant des titres reconnus valables par la Faculté. — *Frais d'études.* Année préparatoire : 180 francs; cours normaux des deux sections, 1ʳᵉ et 2ᵉ année : 330 francs par an; 3ᵉ année : 630 francs; 4ᵉ année, facultative : 630 francs.

Sanction des études : Examens de fin d'année permettant d'obtenir, après le cours normal d'études de chacune des sections, le *Diplôme d'ingénieur-mécanicien* et le *Diplôme d'ingénieur-électricien.* En outre, les élèves bacheliers ont la facilité d'acquérir les certificats d'études supérieures, de mathématiques générales, de mécanique appliquée, de physique générale, de physique appliquée, et la possession de trois de ces certificats leur confère le grade de licencié ès sciences.

Institut chimique. — École d'ingénieurs-chimistes donnant, aux jeunes gens qui se destinent aux industries intéressant la chimie, l'instruction théorique et pratique qui leur est nécessaire. Cours spéciaux et applications pratiques concernant en particulier les matières colorantes, la teinture, l'impression, l'électrochimie, la verrerie, etc. L'Institut possède des laboratoires, collections, salles de lecture, etc.

Organisation : L'enseignement se divise en deux parties : cours d'amphithéâtre et travaux pratiques de laboratoire. La durée normale de l'enseignement est de trois ans. Une 4e année facultative est organisée pour les élèves désireux de se perfectionner ou d'entreprendre des recherches personnelles.

Conditions d'admission : Sont admis, les candidats français et étrangers âgés de 17 ans et qui subissent avec succès un examen. Sont dispensés de cet examen, les candidats pourvus du baccalauréat, mention mathématiques, du brevet supérieur ou de diplômes français ou étrangers reconnus valables. Peuvent être admis directement en 2e et en 3e année, les candidats subissant un examen spécial ou produisant des titres jugés suffisants. — *Frais d'études :* 630 francs par an.

Sanction des études : Examens trimestriels et de fin d'année permettant d'obtenir au bout de la 3e année le *Diplôme d'ingénieur-chimiste* de l'Université de Nancy. Les élèves qui consacrent leur 4e année d'études facultatives à un travail personnel peuvent rechercher le grade de docteur de l'Université de Nancy, à la condition d'être pourvus de deux certificats d'études supérieures.

Institut de Géologie. — École d'ingénieurs géologues donnant tous les enseignements de géologie appliquée, nécessaires pour la direction des industries minières. Un cours particulier de géologie lorraine permet aux étudiants de se spécialiser dans l'étude des gîtes de l'est de la France.

Organisation : L'enseignement comprend des cours théoriques, des conférences, travaux pratiques, excursions, visites des mines, voyages d'études, etc. La durée normale des études est de trois ans.

Conditions d'admission : L'Institut admet sans examen les candidats français et étrangers, âgés de 17 ans au moins, et pourvus du baccalauréat, mention mathématiques, ou de titres jugés équivalents. Tous les autres candidats doivent subir un examen d'entrée. Peuvent être admis directement en 2e ou en 3e année d'études, les candidats pourvus de certains grades ou diplômes attestant des connaissances suffisantes. Les élèves libres peuvent être autorisés à suivre certains enseignements. *Frais d'études :* 630 francs par an.

Sanction des études : Interrogations et examens de fin

d'année permettant d'obtenir, au bout de trois années d'études, le *Diplôme d'ingénieur-géologue de l'Université de Nancy*. En outre, les élèves bacheliers peuvent utiliser les enseignements de l'Institut pour préparer les deux certificats de minéralogie et de géologie générale.

Institut agricole. — L'Institut donne aux étudiants une instruction supérieure préparant à la profession d'agriculteur en Europe ou aux colonies.

Organisation : L'Institut donne un enseignement général des sciences appliquées à l'agriculture et des enseignements spéciaux correspondant aux cinq sections : *Agriculture, Laiterie, Études économiques, Études coloniales, Études forestières.* — La durée normale des études est de deux ans, pendant lesquels les élèves reçoivent l'enseignement général de l'une des sections. Ils peuvent faire une 3ᵉ année pour compléter leurs études dans d'autres sections.

Conditions d'admission : L'Institut reçoit, sans condition de titre ni de grade, les candidats français et étrangers, âgés de 17 ans au moins et qui possèdent des connaissances scientifiques suffisantes. — *Frais d'études :* 510 francs par an.

Sanction des études : Examen permettant d'obtenir le *Diplôme d'études supérieures agronomiques* avec la mention *Ingénieur*.

Institut colonial. — L'Institut donne toutes les connaissances nécessaires aux jeunes gens devant vivre aux colonies en qualité de fonctionnaires, commerçants, industriels, etc.

Des enseignements spéciaux sont consacrés aux questions concernant les forêts coloniales et aux sciences économiques et commerciales. — La durée des études est de deux ans.

Conditions d'admission : L'Institut reçoit, sans conditions de titre ni de grade, les candidats français et étrangers, âgés de 17 ans au moins et qui possèdent des connaissances scientifiques suffisantes. — *Frais d'études :* 350 francs pour les deux années.

Sanction des études : Examen permettant d'obtenir le diplôme d'études coloniales avec mention : *Sciences forestières et forêts coloniales* ou *Sciences économiques et commerciales*.

École de Brasserie et Malterie. — L'École a pour but de donner aux brasseurs, contremaîtres et ouvriers, l'enseignement technique nécessaire pour la pratique de leur industrie.

Organisation : Enseignement théorique et pratique. Cours de physique, de chimie, de bactériologie, de législation, de comptabilité; Manipulations et travaux relatifs à la technique de la brasserie et de la malterie. — La durée des études est d'un semestre, mais les cours et exercices sont répartis en deux semestres distincts et pourront être suivis séparément. —

Conditions d'admission : L'École admet, sans condition de titre ni de grade, les étudiants français et étrangers, âgés de 18 ans au moins, sous condition d'un stage de six mois dans une brasserie. — *Frais d'études :* 230 francs pour un trimestre; 530 francs pour le semestre.

Sanction des études : Examens permettant d'obtenir, suivant la moyenne des notes, le *Diplôme d'ingénieur-brasseur*, celui d'*Études supérieures de brasserie* ou enfin un *Certificat d'études*.

École de Laiterie. — L'École donne les connaissances nécessaires pour diriger une laiterie, comme directeur technique ou chef de fabrication. — *Organisation :* Enseignement théorique et pratique concernant l'étude physique, chimique et bactériologique du lait, la zootechnie, les ferments, etc. Cours, conférences, travaux pratiques et manipulations. — La durée des études est d'un semestre.

Conditions d'admission : L'École admet sans condition de grade les étudiants français et étrangers âgés de 17 ans au moins et qui ont les connaissances scientifiques suffisantes. — *Frais d'études :* 330 francs pour le semestre. — *Sanction des études :* Examen permettant d'obtenir le *Certificat d'études de l'École de laiterie.*

DIPLOMES ET GRADES D'ÉTAT. La Faculté des Sciences délivre, aux mêmes conditions que les autres Facultés françaises, le *Certificat d'études physiques, chimiques et naturelles (P. C. N.),* les *Certificats d'études supérieures,* la *Licence,* les *Diplômes d'études supérieures de sciences* et le *Doctorat.* Cf. p. 42.

Les certificats d'études supérieures de sciences, délivrés par la Faculté des Sciences de Nancy, sont les suivants : 1° Calcul différentiel et intégral; 2° Mécanique rationnelle; 3° Astronomie; 4° Analyse supérieure; 5° Algèbre supérieure; 6° Géométrie supérieure; 7° Mécanique appliquée; 8° Physique générale; 9° Physique appliquée; 10° Chimie générale; 11° Chimie appliquée; 12º Minéralogie; 13º Zoologie et Physiologie générale; 14º Botanique; 15º Géologie; 16º Chimie physique et électrochimie; 17º Chimie et géologie agricoles; 18º Botanique agricole; 19º Zoologie agricole; 20º Géographie physique et océanographie; 21º Mathématiques générales; 22º Sciences physiques, chimiques et naturelles.

DIPLOMES UNIVERSITAIRES. *Doctorat de l'Université de Nancy* (mention SCIENCES). — Accessible aux candidats possédant deux certificats d'études supérieures d'État ou tels autres diplômes français ou étrangers reconnus équivalents. — *Épreuves :* Soutenance d'une thèse et discussion de propositions données par la Faculté. — *Droits :* 80 francs, plus une rétribution variable suivant les laboratoires.

Diplôme d'études supérieures aérodynamiques. — Accessible aux candidats, anciens élèves des grandes Écoles du gouvernement, aux officiers français et aux élèves pourvus du diplôme de bachelier et d'un des certificats d'études supérieures ci-après désignés : Mathématiques générales, calcul différentiel et intégral, mécanique rationnelle ou physique générale.

Les autres candidats sont admis après examen de leurs titres par le Conseil de la Faculté. — *Scolarité :* Une année. Les élèves suivent les cours et travaux pratiques du laboratoire d'aérodynamique de l'Université de Nancy. — *Épreuves :* Examen comportant une épreuve écrite, une épreuve pratique et une épreuve orale.

Diplôme d'ingénieur-chimiste. — Cf. ci-dessus : INSTITUT CHIMIQUE.

Diplômes d'études supérieures agronomiques avec la mention *Ingénieur.* — Cf. ci-dessus : INSTITUT AGRICOLE.

Diplôme d'ingénieur-électricien. — Cf. ci-dessus : INSTITUT ÉLECTROTECHNIQUE.

Diplôme d'ingénieur-mécanicien. — Cf. ci-dessus : INSTITUT DE MÉCANIQUE APPLIQUÉE.

Diplômes d'études coloniales. — Cf. ci-dessus : INSTITUT COLONIAL.

Diplôme d'études supérieures de brasserie. — Cf. ci-dessus : ÉCOLE DE BRASSERIE.

Diplôme d'ingénieur-brasseur. — Cf. ci-dessus : ÉCOLE DE BRASSERIE.

Certificat d'études de l'École de Laiterie. — Cf. ci-dessus : ÉCOLE DE LAITERIE.

Diplôme d'ingénieur-géologue. — Cf. ci-dessus : INSTITUT DE GÉOLOGIE.

FACULTÉ DES LETTRES

ENSEIGNEMENTS ORDINAIRES. Philosophie.—Langue et littérature latines. — Histoire de la littérature latine. — Langue et littérature françaises. — Langue et littérature étrangères. — Langue et littérature allemandes. — Langue et littérature anglaises. — Histoire ancienne. — Histoire du moyen âge. — Histoire moderne. — Géographie. — Archéologie et histoire de l'art.

ENSEIGNEMENTS SPÉCIAUX. Histoire de l'est de la France.—Antiquités gallo-romaines.

Cours de français pour les étrangers. — Organisés avec le concours du Comité de Patronage, ces cours constituent un enseignement élémentaire, secondaire et supérieur, donné par les professeurs de la Faculté des Lettres, du Lycée et des Écoles de Nancy. Ils comprennent des exercices pratiques de grammaire, lecture, traduction, conversation, phonétique expérimentale, et des cours spéciaux de philologie, littérature, histoire, institutions, etc. Ils ont à leur disposition un laboratoire de phonétique expérimentale et une bibliothèque spéciale de plus de 1.200 volumes.

Organisation : Les cours ont lieu pendant toute l'année, divisés en trois séries : SEMESTRE D'HIVER (1er novembre à fin mars); SEMESTRE D'ÉTÉ (1er avril à fin juin); COURS DE VACANCES. — *Frais d'études :* Cours de l'année scolaire : 50 francs pour un semestre et 70 francs pour les deux. — Cours de vacances : 40 francs pour un mois; 50 francs pour deux mois; 60 francs pour toute la durée des cours. — *Sanction des études :* Examen permettant d'obtenir le *Certificat d'études françaises.*

INSTITUT AN-NEXE. *Institut d'Archéologie.* — Met à la disposition de tous les travailleurs son musée de moulages, ses collections et sa bibliothèque spéciale.

DIPLOMES ET GRADES D'ÉTAT. La Faculté délivre, aux mêmes conditions que les autres Facultés françaises, la *Licence ès lettres,* les *Diplômes d'études supérieures* et le *Doctorat.* Cf. p. 45.

DIPLOMES UNIVERSITAIRES. *Doctorat de l'Université de Nancy* (mention LETTRES). — Accessible à tous candidats, français ou étrangers, pourvus d'attestations d'études ou de titres scientifiques admis par la Faculté. — *Scolarité :* Deux semestres, dont un d'hiver, passés à la Faculté. — *Épreuves :* Soutenance d'une thèse et discussion de propositions données par la Faculté. — *Droits de scolarité :* 30 francs. — *Droits d'examen et de diplôme :* 140 francs.

Certificat d'études françaises. — Réservé aux étudiants étrangers ayant suivi les cours spéciaux de français ou les cours de vacances. — *Droit d'examen :* 20 francs.

ÉCOLE SUPÉRIEURE DE PHARMACIE

ENSEIGNEMENTS. Histoire naturelle. — Zoologie. — Pharmacie chimique. — Matière médicale. — Toxicologie. — Analyse chimique. — Chimie. — Pharmacie galénique et bactériologie. — Physique. — Minéralogie. — Hydrologie.

DIPLOMES ET GRADES D'ÉTAT. L'École délivre, aux mêmes conditions que les autres Écoles supérieures de Pharmacie, le *Diplôme de pharmacien,* le *Diplôme supérieur de pharmacien* et le *Certificat d'aptitude à la profession d'herboriste.* Cf. p. 45.

DIPLOMES UNIVERSITAIRES. *Doctorat de l'Université de Nancy* (mention PHARMACIE). — Accessible à tous les candidats français et étrangers pourvus du diplôme d'État de pharmacien. Les étrangers peuvent, en remplacement de ce diplôme, produire simultanément le certificat d'études de pharmacie chimique et de toxicologie et celui de pharmacie galénique et de matière médicale, ou tels autres titres étrangers admis comme équivalents. — *Scolarité :* Une année. — *Épreuves :* Soutenance d'une thèse. — *Droits de scolarité :* 730 francs. — *Examen et diplôme :* 70 francs.

Diplôme de pharmacien à l'usage des étrangers. — Accessible aux étudiants étrangers, faisant leurs études pharmaceutiques à la faveur d'une équivalence du baccalauréat et qui justifient d'une année de stage officinal à valider par l'École. Ce diplôme a la même valeur scientifique que le diplôme d'État de pharmacien, mais ne confère pas le droit d'exercer en France. — *Scolarité :* Les conditions de scolarité et d'examens sont les mêmes que pour le diplôme d'État de pharmacien. Toutefois des dispenses partielles de scolarité peuvent être accordées en raison d'études antérieures. — *Droits de scolarité et d'examens :* 1.465 francs.

ÉTABLISSEMENTS EXTÉRIEURS
A L'UNIVERSITÉ

ÉCOLE NATIONALE DES EAUX ET FORÊTS DE NANCY

L'École recrute les fonctionnaires supérieurs du service des Eaux et Forêts.

Organisation. — Enseignement supérieur théorique et pratique. — Le régime de l'École est l'internat. La durée normale des cours est de deux ans.

Conditions d'admission. — L'École recrute ses élèves parmi les anciens élèves diplômés de l'Institut national agronomique et les anciens élèves de l'École Polytechnique. Elle admet, en qualité d'élèves externes et d'auditeurs libres, les jeunes gens français et étrangers. La demande d'admission des étrangers doit être adressée au ministre de l'Agriculture par un représentant de leur nation.

ÉCOLE SUPÉRIEURE DE COMMERCE DE NANCY

L'organisation de l'enseignement et les conditions d'admission sont celles de toutes les Écoles analogues.

Organisation. — L'enseignement comprend une année de cours préparatoire et deux années d'études normales. Les élèves ont à choisir entre les trois sections suivantes : *Commerce-Banque, Commerce-Industrie, Section coloniale.*

Conditions d'admission. — Les élèves français ou étrangers sont admis après examen; ils doivent être âgés de 16 ans au moins. L'École admet aussi des élèves libres.

Frais d'études. — Externat : 450 francs par an; demi-pensionnat : 900 francs; internat : 1.300 francs.

Sanction des études. — Examens permettant de recevoir, soit le *Diplôme de l'École*, soit un *Certificat d'études*, selon la moyenne des notes obtenues.

UNIVERSITÉ DE POITIERS

FACULTÉS ET ÉCOLES DE L'UNIVERSITÉ. L'Université de Poitiers comprend trois Facultés : Faculté de Droit, Faculté des Sciences et Faculté des Lettres, et une École préparatoire de Médecine et de Pharmacie, pourvues de tous les enseignements et moyens d'études nécessaires pour la préparation des grades d'État qu'elles confèrent.

ÉTABLISSEMENTS EXTÉRIEURS A L'UNIVERSITÉ. En dehors de l'Université, mais dans le ressort académique de Poitiers, plusieurs Écoles sont à signaler :

A Poitiers même, l'École municipale des Beaux-Arts et l'École de Notariat;

A Limoges, l'École préparatoire de Médecine et de Pharmacie*, l'École supérieure de Droit, l'École de Notariat, l'École nationale d'Art décoratif;

A Tours, l'Institut d'Études françaises de Touraine*, l'École préparatoire de Médecine et de Pharmacie*, l'École des Beaux-Arts, l'École nationale de Musique;

A Angoulême, l'École nationale de Musique;

Aux Sables-d'Olonne (Vendée), l'École d'Enseignement professionnel et technique des pêches maritimes.

CARACTÉRISTIQUES DE L'UNIVERSITÉ. *Enseignement du français à l'usage des étrangers.*

Enseignement scientifique appliqué à l'agriculture.

CONDITIONS D'ADMISSION. Les conditions générales pour l'immatriculation et l'inscription sont les mêmes que pour toutes les Universités françaises. Cf. p. 29.

---

* Cf. plus loin la notice spéciale à cette École.

Celles qui concernent les enseignements ou les grades et diplômes propres à l'Université de Poitiers seront indiquées pour chacun d'eux dans la notice particulière de la Faculté à laquelle ils se rattachent.

ŒUVRES UNIVER-SITAIRES. *Comité de Patronage des étudiants étrangers.* — Fournit aux étrangers tous renseignements utiles pour *leur installation matérielle (logements et pensions de famille)*. — Envoie gratuitement des prospectus et programmes détaillés.

Association générale des étudiants. — Possède un local pourvu de bibliothèques et de salles de lecture. Organise des conférences et des réunions.

FACULTÉ DE DROIT

ENSEIGNEMENTS. Droit civil. — Droit criminel. — Droit commercial. — Droit maritime. — Procédure et voies d'exécution. — Droit constitutionnel. — Droit administratif. — Droit international public. — Droit international privé. — Droit public. — Droit romain. — Pandectes. — Économie politique. — Législation et économie rurales. — Législation industrielle. — Médecine légale. — Histoire du droit. — Histoire du droit public. — Histoire du droit français. — Histoire des doctrines économiques.

INSTITUT ANNEXE. *Institut pratique de Droit.* — L'Institut a pour but d'initier les étudiants à la pratique des affaires et de les préparer aux examens d'entrée dans la magistrature, dans les administrations publiques et dans les grandes institutions financières, industrielles et commerciales.

Organisation : La durée des études est d'une année. Les conférences portent sur les matières suivantes : Droit civil et droit commercial appliqués. — Droit criminel appliqué. — Droit public appliqué. — Économie politique et législation financières appliquées. — Pratique du magistrat. — Pratique administrative. — Pratique de l'avocat et de l'avoué.

Conditions d'admission : Aucun grade ni titre universitaire n'est requis. — *Frais d'études :* Immatriculation : 30 francs. — *Sanction des études :* Examen permettant d'obtenir le *Diplôme*

d'études de l'Institut pratique de Droit. — Droit d'examen :
30 francs.

DIPLOMES D'ÉTAT. La Faculté délivre, dans les mêmes condition que les autres Facultés françaises, le *Certificat de capacité*, la *Licence* et le *Doctorat en droit.* Cf. p. 39.

DIPLOMES UNIVERSITAIRES. *Diplôme de l'Institut pratique de Droit. —* Délivré aux étudiants ayant subi avec succès l'examen clôturant le cours annuel d'études de l'Institut pratique de Droit. Cf. ci-dessus.

FACULTÉ DES SCIENCES

ENSEIGNEMENTS ORDINAIRES. Calcul différentiel et intégral. — Mécanique rationnelle et appliquée. — Astronomie. — Physique. — Chimie. — Zoologie. — Botanique. — Géologie et minéralogie.

ENSEIGNEMENTS SPÉCIAUX. Chimie appliquée à l'agriculture. — Chimie appliquée aux industries agricoles. — Électricité industrielle.

INSTITUTS ANNEXES. *Station de Biologie végétale de Mauroc. —* Ouverte à tous travailleurs français ou étrangers.

Laboratoire départemental d'analyses agricoles.

Laboratoire régional pour l'examen des fraudes alimentaires.

Laboratoire d'essais électriques.

DIPLOMES ET GRADES D'ÉTAT. La Faculté délivre, aux mêmes conditions que les autres Facultés françaises, le *Certificat d'études physiques, chimiques et naturelles (P. C. N.),* les *Certificats d'études supérieures,* la *Licence,* les *Diplômes d'études supérieures de sciences* et le *Doctorat.* Cf. p. 42.

Les certificats d'études supérieures de sciences, délivrés par la Faculté des Sciences de Poitiers, sont les suivants : 1º Calcul différentiel et intégral ; 2º Mécanique rationnelle ; 3º Astronomie ; 4º Physique générale ; 5º Chimie générale ; 6º Minéralogie ;

7° Zoologie; 8° Botanique; 9° Géologie; 10° Chimie agricole; 11° Électricité industrielle; 12° Mathématiques générales; 13° Physique, chimie et histoire naturelle.

DIPLOMES UNIVERSITAIRES. *Diplôme de chimiste-agricole.* — Accessible aux étudiants français et étrangers, sans condition de grade. — *Scolarité :* Une année. — *Frais d'études :* Immatriculation : 30 francs. Travaux pratiques : 80 francs. — *Droits d'examen :* 30 francs.

Brevet d'électricien. — Accessible aux étudiants français et étrangers, sans condition de grade. — *Scolarité :* Deux années. — *Frais d'études.* Immatriculation : 60 francs. Travaux pratiques : 80 francs. — *Droits d'examen :* 30 francs.

FACULTÉ DES LETTRES

ENSEIGNEMENTS ORDINAIRES. Philosophie. — Pédagogie. — Physiologie appliquée à la philosophie. — Littérature et institutions grecques. — Littérature et institutions romaines. Philologie et antiquités grecques et romaines. — Littérature française. — Langue et littérature allemandes. — Langue et littérature anglaises. — Histoire. — Géographie physique. — Géographie économique et humaine. — Géographie politique.

ENSEIGNEMENT SPÉCIAL. Histoire du Poitou.

Cours de français pour les étrangers. — Spécialement créés à l'usage des étudiants étrangers désireux de se perfectionner dans la connaissance de la langue française, ils viennent s'ajouter aux cours de la Faculté des Lettres pour les compléter. Ces cours spéciaux portent sur la phonétique, l'histoire de la langue française, la littérature contemporaine, etc. Des *exercices pratiques* d'explication de textes, de traduction et de conversation ont lieu chaque semaine.

Conditions d'admission : Sans aucune condition d'âge, de grades ou de titres antérieurs. — *Frais d'études :* 100 francs par an, en plus du droit d'immatriculation (30 francs). — *Sanction des études :* Examens permettant d'obtenir le *Certificat d'études françaises* ou le *Certificat d'aptitude à l'enseignement du français à l'étranger.* Cf. ci-dessous : DIPLÔMES UNIVERSITAIRES.

Des *Cours de vacances*, organisés à Tours par l'INSTITUT D'ÉTUDES FRANÇAISES DE TOURAINE, ont lieu tous les ans pendant les mois de juillet et d'août. Cf. ci-dessous, p. 245.

DIPLOMES D'ÉTAT. La Faculté des Lettres de Poitiers délivre, aux mêmes conditions que les autres Facultés françaises, la *Licence ès lettres*, les *Diplômes d'études supérieures* et le *Doctorat*. Cf. p. 45.

DIPLOMES UNI-VERSITAIRES. *Doctorat de l'Université de Poitiers* (mention LETTRES). — Accessible à tous étudiants français ou étrangers pourvus de la licence ou de titres jugés équivalents par la Faculté. — *Scolarité :* Quatre semestres dont deux à l'Université de Poitiers. — *Épreuves :* Soutenance d'une thèse et interrogations. — *Frais d'études :* Droit annuel d'immatriculation : 30 francs. — *Droits d'examen :* 100 francs.

Certificat d'études littéraires. — Réservé aux étudiants étrangers et sans conditions de grades. — *Scolarité :* Deux semestres. — *Frais d'études :* Immatriculation : 30 francs. — *Droits d'examen :* 20 francs.

Certificat d'aptitude à l'enseignement du français à l'étranger. — Accessible aux étudiants français et étrangers pourvus du baccalauréat ou de grades reconnus équivalents. — *Scolarité :* Une année. — *Frais d'études :* Immatriculation : 30 francs. — *Droits d'examen :* 50 francs.

ÉCOLE PRÉPARATOIRE
DE MÉDECINE ET DE PHARMACIE

ENSEIGNEMENTS. Histoire naturelle. — Physique. — Physique médicale. — Chimie. — Botanique. — Bactériologie et parasitologie. — Pharmacie et matière médicale. — Anatomie. — Anatomie pathologique. — Physiologie. — Histologie. — Pathologie médicale. — Pathologie chirurgicale. — Cliniques médicales, chirurgicales, obstétricales.

DIPLOMES. Les candidats au *Doctorat en médecine* (grade d'État) peuvent faire leurs trois premières années d'études à Poitiers et y passer leurs deux premiers examen — Les étudiants étrangers, candidats au *Doctorat en médecine de l'Université de Bordeaux*, et qui ont obtenu l'autorisation de faire leurs études médicales à la faveur d'une équivalence du baccalauréat, peuvent faire à Poitiers leurs trois premières années d'études et y passer leurs deux premiers examens.

Les aspirants au *Diplôme de pharmacien* peuvent prendre leurs huit premières inscriptions à l'École de Poitiers.

La 1re année d'études pour le *Diplôme de sage-femme de 1re classe* peut également y être faite, mais la 2e est nécessairement accomplie dans une Faculté ou dans une École de plein exercice. — Les études en vue du *Diplôme de sage-femme de 2e classe* et du *Certificat d'aptitude à la profession d'herboriste* peuvent être faites entièrement à Poitiers.

ÉTABLISSEMENTS EXTÉRIEURS A L'UNIVERSITÉ

ÉCOLE PRÉPARATOIRE DE MÉDECINE ET DE PHARMACIE DE LIMOGES

L'organisation générale des enseignements est la même qu'à l'École de Poitiers.

L'École préparatoire de Tours délivre le *Certificat d'études physiques, chimiques et naturelles (P. C. N.)* aux étudiants français et étrangers. — On peut y faire les trois premières années d'études et y passer les deux premiers examens du *Doctorat*. La scolarité des étrangers ayant commencé leurs études à Limoges à l'aide d'une équivalence de baccalauréat est admise par l'Université de Bordeaux pour l'obtention de leur diplôme universitaire de docteur en médecine.

ÉCOLE PRÉPARATOIRE DE MÉDECINE ET DE PHARMACIE DE TOURS

Même organisation d'enseignement que dans les Écoles de Poitiers et de Limoges ; mêmes conditions de scolarité. — L'École préparatoire de Tours délivre le *Certificat d'études phy-*

siques, *chimiques et naturelles* (P. C. N.) aux étudiants français et étrangers. Mais ceux-ci ne peuvent y commencer leurs études médicales qu'en vue du *Diplôme d'État de docteur en médecine.*

INSTITUT D'ÉTUDES FRANÇAISES DE TOURAINE, A TOURS

Fondé avec le concours de l'*Université de Poitiers* et de l'*Alliance française*, l'Institut se propose de favoriser les études des étrangers en Touraine et de contribuer à la propagation de la langue et de la culture françaises.

A cet effet, l'Institut organise pour les étrangers des *Cours permanents* pendant l'année scolaire et des *Cours de vacances* pour les mois de juillet et d'août. — Aucun titre ni grade universitaire n'est requis pour l'admission. L'enseignement comprend l'étude de la langue, du vocabulaire, de la syntaxe, des exercices pratiques, des leçons et conférences sur la littérature, l'art et l'histoire de la France.

Droits d'inscription. — 1º *Cours de l'année scolaire* : 1 mois : 55 francs; 2 mois : 100 francs; chaque mois en plus : 40 francs. 2º *Cours de vacances* : 1 mois : 55 francs. Cours complet : 75 francs.

Sanction des études. — Examen permettant d'obtenir un *Diplôme d'études françaises.* — *Droit d'examen.* — 10 francs.

UNIVERSITÉ DE RENNES

 L'Université de Rennes comprend trois
Facultés: FACULTÉ DE DROIT, FACULTÉ
DES SCIENCES, FACULTÉ DES LETTRES; elle
possède en outre une ÉCOLE DE PLEIN EXERCICE DE MÉDECINE
ET DE PHARMACIE. Ces Facultés et École sont pourvues des
enseignements et moyens d'étude nécessaires pour la préparation des grades d'État qu'elles confèrent.

 En dehors de l'Université, mais dans le
ressort académique de Rennes, plusieurs
Écoles sont à signaler. Ce sont:

A Rennes, l'ÉCOLE NATIONALE D'AGRICULTURE *, l'ÉCOLE
PRATIQUE D'AGRICULTURE DES TROIS-CROIX, l'ÉCOLE PRA-
TIQUE MÉNAGÈRE AGRICOLE ET DE LAITERIE DE COETLOGON,
l'ÉCOLE DE NOTARIAT, l'ÉCOLE RÉGIONALE DES BEAUX-ARTS,
l'ÉCOLE RÉGIONALE D'ARCHITECTURE, l'ÉCOLE NATIONALE DE
MUSIQUE et l'ÉCOLE PRATIQUE D'INDUSTRIE;

A Nantes, l'ÉCOLE DE PLEIN EXERCICE DE MÉDECINE ET DE
PHARMACIE *, l'ÉCOLE LIBRE DE DROIT, l'ÉCOLE DE NOTARIAT,
l'ÉCOLE NATIONALE PROFESSIONNELLE, l'ÉCOLE SUPÉRIEURE DE
COMMERCE * et l'ÉCOLE NATIONALE DE MUSIQUE;

A Angers, l'ÉCOLE PRÉPARATOIRE DE MÉDECINE ET DE PHAR-
MACIE *, les FACULTÉS CATHOLIQUES, l'ÉCOLE SUPÉRIEURE
D'AGRICULTURE, l'ÉCOLE SUPÉRIEURE LIBRE DE COMMERCE,
l'ÉCOLE NATIONALE D'ARTS ET MÉTIERS * et l'ÉCOLE DE NO-
TARIAT;

A Brest, l'ÉCOLE NAVALE *, l'ÉCOLE ANNEXE DE MÉDECINE
NAVALE, l'ÉCOLE DU COMMISSARIAT DE LA MARINE, l'ÉCOLE
D'ADMINISTRATION DE LA MARINE, l'ÉCOLE DES MÉCANICIENS
DES ÉQUIPAGES DE LA FLOTTE, l'ÉCOLE DES APPRENTIS MARINS
ET MOUSSES et l'ÉCOLE PRATIQUE DE COMMERCE, D'INDUSTRIE
ET D'APPRENTIS MÉCANICIENS POUR LA MARINE;

---

* Cf. plus loin la notice spéciale à cette École.

A Lorient, l'ÉCOLE DES MÉCANICIENS DES ÉQUIPAGES DE LA FLOTTE;

Les ÉCOLES D'HYDROGRAPHIE de Saint-Malo, Saint-Brieuc, Paimpol, Brest, Lorient et Nantes;

Les ÉCOLES D'ENSEIGNEMENT PROFESSIONNEL ET TECHNIQUE DES PÊCHES MARITIMES de Concarneau, Groix et le Croisic.

CARACTÉRISTIQUES DE L'UNIVERSITÉ. *Enseignement spécial du français pour les étudiants étrangers. — Études celtiques. — Étude des sciences appliquées à l'agriculture et à l'industrie.*

CONDITIONS D'ADMISSION. Les conditions générales pour l'immatriculation et l'inscription sont les mêmes que pour toutes les Universités françaises. Cf. p. 29.

Celles qui concernent les enseignements ou les grades et diplômes propres à l'Université de Rennes seront indiquées pour chacun d'eux dans les notices particulières de la Faculté à laquelle ils se rattachent et qui les délivre.

ŒUVRES UNIVERSITAIRES. *Office des étudiants étrangers.* — Renseigne sur place ou par correspondance les étudiants étrangers sur les conditions d'études et de vie à Rennes; met à leur disposition une bibliothèque spéciale, des salles d'études, de lecture, etc.

Société des amis et anciens élèves de l'Université de Rennes.

FACULTÉ DE DROIT

ENSEIGNEMENTS. Droit civil. — Droit criminel. — Droit commercial. — Droit international privé et législation comparée. — Procédure civile. — Droit constitutionnel comparé. — Droit administratif. — Droit international public et législation industrielle. — Droit romain. — Histoire générale du droit français. — Histoire du droit public français. — Économie politique et histoire des doctrines économiques. — Droit maritime.

DIPLOMES ET GRADES D'ÉTAT. La Faculté de Droit délivre, aux mêmes conditions que les autres Facultés françaises, le *Certificat de capacité*, la *Licence* et le *Doctorat en Droit*. Cf. p. 39.

FACULTÉ DES SCIENCES

ENSEIGNEMENTS ORDINAIRES. Mathématiques. — Mécanique rationnelle et appliquée. — Géométrie supérieure. — Astronomie. — Physique. — Chimie. — Géologie et minéralogie. — Botanique appliquée. — Zoologie. — Physiologie animale.

INSTITUTS ANNEXES. *Laboratoire agricole et industriel d'analyses et de recherches.* — Poursuit toutes recherches intéressant l'agriculture; champs d'expériences, analyses, etc.

Station entomologique. — Organisée pour toutes les études entomologiques; la station fournit aux particuliers les renseignements concernant la destruction des insectes.

DIPLOMES ET GRADES D'ÉTAT. La Faculté des Sciences délivre, aux mêmes conditions que les autres Facultés françaises, le *Certificat d'études physiques, chimiques et naturelles (P. C. N.)*, les *Certificats d'études supérieures*, la *Licence*, les *Diplômes d'études supérieures de sciences* et le *Doctorat*. Cf. p. 42.

Les certificats d'études supérieures de sciences, délivrés par la Faculté des Sciences de Rennes, sont les suivants : 1° Calcul différentiel et intégral; 2° Mécanique rationnelle; 3° Astronomie; 4° Géométrie supérieure; 5° Mathématiques générales; 6° Physique générale; 7° Chimie générale; 8° Minéralogie; 9° Zoologie; 10° Anatomie comparée et embryologie; 11° Botanique; 12° Géologie; 13° Sciences physiques, chimiques et naturelles; 14° Physique appliquée; 15° Chimie appliquée à l'industrie; 16° Chimie appliquée à l'agriculture; 17° Zoologie appliquée à l'agriculture et à l'industrie; 18° Botanique appliquée à l'agriculture et à l'industrie.

DIPLOMES UNI-
VERSITAIRES.
Diplôme de chimiste de l'Université de Rennes.
— Délivré aux étudiants titulaires des trois
certificats de chimie générale, chimie appliquée à l'industrie et
chimie appliquée à l'agriculture ou physique appliquée, ainsi
qu'aux étudiants non bacheliers qui auront suivi les cours et
subi les examens correspondant aux certificats ci-dessus désignés. — *Frais d'études et d'examens* : 460 francs.

*Diplôme de sciences chimiques et naturelles appliquées à l'agri-
culture.* — Délivré aux étudiants titulaires des trois certificats
de chimie, zoologie et botanique appliquées à l'agriculture,
ainsi qu'aux étudiants, non bacheliers, qui auront suivi les
cours et subi les examens correspondant à ces certificats. —
Frais d'études et d'examens : 420 francs.

FACULTÉ DES LETTRES

ENSEIGNEMENTS
ORDINAIRES.
Philosophie. — Histoire du moyen âge. —
Histoire moderne. — Géographie. — Langue
et littérature grecques. — Langue et littérature latines. — Institutions romaines. — Littérature française. — Philologie
romane. — Langue et littérature allemandes. — Langue et littérature anglaises. — Bibliographie et paléographie.

ENSEIGNEMENTS
SPÉCIAUX.
Langues et littératures celtiques.

Cours de français à l'usage des étrangers. — Cet enseignement
comprend, pendant l'*année scolaire*, deux trimestres d'études, du
15 novembre au 15 février et du 1er mars au 8 juin, avec un
programme de 13 heures de cours par semaine, et des *cours de
vacances* qui ont lieu à Saint-Malo pendant les mois d'août et de
septembre.

Conditions d'admission : Les étrangers et étrangères sont admis
sans aucune condition d'âge ni de grade. — *Frais d'études :*
a) COURS DE L'ANNÉE SCOLAIRE. Droit d'immatriculation :
30 francs, plus un droit spécial de 20 francs par mois; b) COURS
DE VACANCES. Le tarif des prix sera prochainement établi. —
Sanction des études : Examens permettant d'obtenir le *Diplôme
de langue française* ou le *Diplôme de langue et littérature françaises, degré supérieur.*

INSTITUTS AN-
NEXES.
Laboratoire de Psychologie expérimentale. — Organisé en vue des recherches psychologiques et pourvu de tous les instruments indispensables.

Laboratoire de Phonétique. — Pourvu de tous les moyens d'étude nécessaires. Collection de cylindres phonographiques pour l'étude des dialectes celtiques.

Laboratoire de Géographie. — Collections importantes de reliefs, cartes, vues, etc.

Collections d'Histoire de l'art.

DIPLOMES ET
GRADES D'ÉTAT.
La Faculté des Lettres délivre, aux mêmes. conditions que les autres Facultés francaises, la *Licence ès Lettres,* les *Diplômes d'études supérieures* et le *Doctorat.* Cf. p. 45.

DIPLOMES UNI-
VERSITAIRES.
Doctorat de l'Université de Rennes (mention LETTRES). — Accessible aux candidats français et étrangers, sur production de titres admis par la Faculté. — *Scolarité :* Six semestres, dont deux à la Faculté de Rennes, les autres pouvant être faits dans une Université de France ou de l'étranger. — *Épreuves :* Soutenance d'une thèse et interrogations. — *Frais d'études :* 90 francs. Droits de thèse et de diplôme : 200 francs.

Diplôme d'études celtiques. — Accessible aux étudiants français et étrangers immatriculés pendant un an à la Faculté de Rennes. — *Frais d'études :* Immatriculation : 30 francs. Droits d'examen et de diplôme : 30 fr. 25.

Diplôme supérieur d'études celtiques. — Accessible aux étudiants français et étrangers, immatriculés pendant un an à la Faculté de Rennes. — *Frais d'études :* Immatriculation : 30 francs. Droits d'examen : 60 fr. 25.

Diplôme de langue française. — Accessible aux étudiants étrangers ayant suivi les cours pendant un trimestre. — *Droit d'examen :* 20 francs.

Diplôme de langue et littérature françaises (degré supérieur). — Accessible aux étudiants étrangers ayant suivi les cours spéciaux pendant deux semestres. — *Droit d'examen :* 50 francs.

ÉCOLE DE PLEIN EXERCICE
DE MÉDECINE ET DE PHARMACIE

ENSEIGNEMENTS. Anatomie. — Accouchements. — Anatomie pathologique et bactériologie. — Médecine légale. — Physiologie. — Histologie. — Hygiène. — Thérapeutique. — Chimie biologique. — Pharmacie. — Matière médicale. — Physique. — Chimie. — Histoire naturelle médicale. — Anatomie, physiologie et pathologie élémentaires.

Cliniques médicale, chirurgicale, obstétricale et gynécologique, ophtalmologique, électrothérapiques, des maladies cutanées et syphilitiques, des maladies mentales. Chimie clinique.

DIPLOMES. L'École délivre, comme les Facultés de Médecine et les Écoles supérieures de Pharmacie, le *Doctorat en médecine*, le *Diplôme de pharmacien*, le *Diplôme supérieur de pharmacien*, les *Diplômes de sage-femme (1ʳᵉ et 2ᵉ classe)* ainsi que le *Certificat d'aptitude à la profession d'herboriste*. Cf. p. 40 et 46.

ÉTABLISSEMENTS EXTÉRIEURS
A L'UNIVERSITÉ

ÉCOLE NATIONALE D'AGRICULTURE DE RENNES

Pour l'enseignement, les conditions d'admission et le régime de l'École, Cf. ÉCOLE NATIONALE D'AGRICULTURE DE GRIGNON.

Toutefois, il convient de noter que l'École d'agriculture de Rennes ne possède pas d'internat et que la durée des études y est de deux années seulement.

ÉCOLE DE PLEIN EXERCICE
DE MÉDECINE ET DE PHARMACIE DE NANTES

ENSEIGNEMENTS. Anatomie. — Physiologie. — Pathologie interne et pathologie générale. — Anatomie pathologique et histologie. — Pathologie externe et médecine opératoire. — Thérapeutique. — Matière médicale. —Botanique et zoologie élémentaires. — Chimie médicale. — Pharmacie. — Hygiène et médecine légale. — Physique. — Bactériologie.

Cliniques médicale, chirurgicale, obstétricale et gynécologique, ophtalmologique.

DIPLOMES. L'École délivre, comme les Facultés de Médecine et les Écoles supérieures de Pharmacie, le *Doctorat en médecine*, le *Diplôme de pharmacien*, le *Diplôme supérieur de pharmacien*, les *Diplômes de sage-femme (1re et 2e classe)* ainsi que le *Certificat d'aptitude à la profession d'herboriste*. Cf. p. 40 et 46.

ÉCOLE SUPÉRIEURE DE COMMERCE DE NANTES

L'organisation de l'enseignement et les conditions d'admission sont celles de toutes les Écoles du même type. Cf. ÉCOLE SUPÉRIEURE DE COMMERCE D'ALGER.

La durée des études est de deux années. — Les enseignements sont répartis entre trois sections : *Commerce et Banque. — Colonies. — Commerce et Industrie.*

L'École possède une série de cours répondant aux besoins locaux et constituant l'enseignement préparatoire nécessaire à l'exercice des grandes industries de la région : métallurgie, conserves, engrais, vins, etc.

Conditions d'admission. — Les élèves doivent avoir 15 ans au moins; ils sont admis après examen, à moins qu'ils puissent justifier du baccalauréat (1re partie) ou de certificats reconnus équivalents.

Sanction des études. — *Diplôme supérieur des Écoles de commerce* comme dans les autres Écoles du même type.

Frais d'études. — 450 francs par an.

ÉCOLE PRÉPARATOIRE DE MÉDECINE ET DE PHARMACIE D'ANGERS

ENSEIGNEMENTS. Anatomie. — Physiologie. — Histologie. — Pharmacie et matière médicale. — Pathologie externe et médecine opératoire. — Pathologie interne. —

Histoire naturelle. — Chimie et toxicologie. — Physique et chimie. — Cliniques externe, interne et ophtalmologique.

DIPLOMES. L'École délivre le *Certificat d'études physiques, chimiques et naturelles (P. C. N.).*
Les candidats français ou étrangers au *Doctorat en médecine*, grade d'État, peuvent faire à l'École d'Angers leurs trois premières années d'études et y passer leurs deux premiers examens.

Les aspirants au *Diplôme de pharmacien* peuvent y prendre leurs huit premières inscriptions.

La 1re année d'études pour le *Diplôme de sage-femme de 1re classe* peut également être faite à Angers, mais la 2e est nécessairement faite dans une Faculté ou dans une École de plein exercice.

Les études en vue du *Diplôme de sage-femme de 2e classe* et du *Certificat d'aptitude à la profession d'herboriste* peuvent être entièrement faites à l'École d'Angers.

ÉCOLE NATIONALE D'ARTS ET MÉTIERS D'ANGERS

L'organisation de l'enseignement et les conditions d'admission sont celles de toutes les Écoles analogues. Cf. ÉCOLE NATIONALE D'ARTS ET MÉTIERS DE PARIS, p. 98.

ÉCOLE NAVALE (en rade de Brest)

L'École assure le recrutement des officiers de la marine.
Conditions d'admission. — Les candidats sont admis par voie de concours; ils doivent être Français, posséder le certificat de la 1re partie du baccalauréat et être âgés de 16 ans au moins et 19 ans au plus. Ils sont en outre soumis à un examen ayant pour but de constater leur aptitude physique.
Durée des études. — Deux années.
Pension. — 700 francs par an.
A la fin de la 2e année d'études, les élèves qui ont satisfait aux épreuves de sortie sont nommés aspirants de 2e classe. Ils font alors un stage d'une année (voyage sur mer) et sont ensuite nommés à la 1re classe de leur grade.

UNIVERSITÉ DE TOULOUSE

FACULTÉS. L'Université de Toulouse comprend quatre Facultés: FACULTÉ DE DROIT, FACULTÉ DE MÉDECINE ET DE PHARMACIE, FACULTÉ DES SCIENCES, FACULTÉ DES LETTRES, pourvues des enseignements et moyens d'étude pour la préparation de tous les grades d'État conférés par ces diverses Facultés et auxquels se rattachent de nombreux INSTITUTS annexes.

ÉTABLISSEMENTS EXTÉRIEURS A L'UNIVERSITÉ. En dehors de l'Université, mais à Toulouse même, plusieurs Écoles sont à signaler. Ce sont l'ÉCOLE NATIONALE VÉTÉRINAIRE*, l'ÉCOLE SUPÉRIEURE DE COMMERCE*, l'ÉCOLE DES BEAUX-ARTS ET DES SCIENCES INDUSTRIELLES, l'ÉCOLE DE NOTARIAT, l'ÉCOLE NATIONALE DE MUSIQUE.

CARACTÉRISTIQUES DE L'UNIVERSITÉ. *Enseignements spéciaux des sciences appliquées à l'industrie :* électricité, chimie, agriculture.

Enseignements relatifs à la littérature et à l'histoire de la France méridionale.

Études hispaniques.

Enseignements spéciaux du français pour les étudiants étrangers.

CONDITIONS D'ADMISSION. Les conditions générales pour l'immatriculation et l'inscription sont les mêmes que pour toutes les Universités françaises. Cf. p. 29.

Celles qui concernent les enseignements, ou les grades et diplômes propres à l'Université de Toulouse seront indiquées pour chacun d'eux dans la notice particulière de la Faculté à laquelle ils se rattachent.

---

* Cf. plus loin la notice spéciale à cette École.

ŒUVRES UNIVERSITAIRES. *Comité de Patronage des étudiants étrangers et coloniaux.* — Fournit sur place ou par correspondance, aux étudiants étrangers, tous les renseignements concernant leur installation et, en général, l'organisation de leurs études. Un office spécial de renseignements et une bibliothèque française sont à la disposition des étudiants étrangers.

Association générale des étudiants de Toulouse. — Salles de réunion, de lecture, de travail et bibliothèque.

Association amicale des étudiants en pharmacie. — Bibliothèque, collections, salles de travail.

Stade olympien des étudiants. — Offre toutes facilités pour la pratique des sports.

FACULTÉ DE DROIT

ENSEIGNEMENTS ORDINAIRES. Droit civil. — Droit criminel. — Droit commercial. — Droit international privé. — Procédure civile. — Droit constitutionnel. — Droit administratif. — Droit international public. — Droit romain. — Histoire du droit français. — Économie politique. — Législation française des finances et science financière. — Droit public. — Histoire du droit public français. — Législation et économie industrielles. — Législation et économie coloniales. — Histoire des doctrines économiques. — Législation et économie rurales. — Droit maritime.

ENSEIGNEMENTS SPÉCIAUX. Histoire du droit méridional. Cours spéciaux pour le certificat d'études pénales : Science pénitentiaire. — Droit pénal. — Maladies mentales. — Science médico-légale.

INSTITUTS ANNEXES. *École pratique de Droit.* — L'École se propose de préparer les jeunes gens à l'exercice des diverses fonctions qui exigent la connaissance du droit et de leur en faciliter l'accès.

Organisation : Enseignements théoriques et pratiques répartis en deux sections : *Section judiciaire* et *Section administrative.* Le cours complet d'études est de deux années. — *Frais d'études :* 200 francs par an. — *Conditions d'admission :* Aucune condition d'âge ni de grade n'est requise. — *Sanction des études :* Examens de fin d'études permettant d'obtenir le *Diplôme de l'École pratique de Droit de Toulouse.*

DIPLOMES D'ÉTAT. La Faculté de Droit délivre, aux mêmes conditions que les autres Facultés françaises, le *Certificat de capacité*, la *Licence* et le *Doctorat en droit*. Cf. p. 39.

DIPLOMES UNIVERSITAIRES. *Doctorat de l'Université de Toulouse* (mention DROIT). — Réservé aux étudiants étrangers pourvus de la licence en droit (diplôme d'État ou diplôme de l'Université de Toulouse) ou de titres étrangers déclarés équivalents. — *Scolarité :* Une année. — *Épreuves :* Examen oral et soutenance d'une thèse. — *Droit d'immatriculation :* 30 francs. — *Droits d'examen et de thèse :* 70 francs.

Licence en droit de l'Université de Toulouse. — Délivrée sans examen aux étudiants étrangers qui justifient de trois certificats d'études, choisis parmi les suivants :

A. Sciences juridiques : 1º Droit civil français et procédure civile; 2º Droit commercial et droit maritime; 3º Droit criminel, droit international privé et législation civile comparée;

B. Sciences politiques : 1º Droit administratif et constitutionnel; 2º Droit public général et sciences sociales; 3º Droit international public;

C. Sciences économiques : 1º Économie politique et histoire des sciences économiques; 2º Science et législation financières, économie et législation industrielles; 3º Économie et législation coloniales et rurales;

D. Sciences historiques : 1º Droit romain; 2º Histoire du droit public; 3º Histoire du droit privé et droit méridional.

Conditions d'admission : Les certificats constitutifs de la licence en droit de l'Université de Toulouse peuvent être recherchés par les étudiants étrangers sans condition de grade. — *Scolarité :* Trois trimestres pour un premier certificat; quatre trimestres pour les deux premiers certificats; cinq trimestres pour les trois certificats. — *Droits de scolarité :* Cinq inscriptions à 32 fr. 50 (162 fr. 50). — *Droits d'examens :* 60 francs.

Certificat d'études administratives et financières. — Accessible aux étudiants justifiant soit du diplôme de licencié ou de bachelier en droit, soit du certificat de capacité en droit. Des dispenses peuvent être accordées sur la production de titres reconnus suffisants. — *Scolarité :* Une année.

Certificat d'études pénales. — Accessible aux étudiants en droit ou en médecine, ainsi qu'à toute autre personne immatriculée à l'Université. — *Scolarité :* Deux semestres. — *Frais d'études :* Immatriculation : 30 francs. — *Droits trimestriels d'exercices pratiques :* 50 francs. L'examen est gratuit.

FACULTÉ DE MÉDECINE ET DE PHARMACIE

ENSEIGNEMENTS. Anatomie. — Anatomie topographique et pathologique. — Histologie normale et embryologie. — Pathologie externe. — Médecine opératoire. — Pathologie interne. — Pathologie et thérapeutique générales. — Microbiologie. — Hygiène. — Obstétrique. — Matière médicale. — Hydrologie et minéralogie. — Physiologie. — Chimie biologique. — Physique. — Médecine légale. — Médecine expérimentale. — Pharmacie. — Accouchements. — Propédeutique clinique médicale et chirurgicale. — Physique pharmaceutique. — Zoologie. — Pharmacie. — Hygiène. — Matière médicale. — Chimie minérale. — Hydrologie et minéralogie. — Chimie et toxicologie. — Botanique. — Cliniques médicale, chirurgicale, obstétricale, des maladies des enfants, des maladies mentales, ophtalmologique, syphiligraphique et dermatologique.

INSTITUT ANNEXE. *Institut d'hydrologie.* — L'Institut fournit aux étudiants un enseignement complet des sciences concernant l'hydrologie. Il comprend des cours et conférences des travaux pratiques et des excursions permettant d'étudier sur le terrain l'hydro-géologie, le captage des sources, les aménagements thermaux, etc. L'Institut prépare les étudiants au certificat d'études hydrologiques.

DIPLOMES ET GRADES D'ÉTAT. La Faculté de Médecine et de Pharmacie délivre, aux mêmes conditions que les autres Facultés françaises, les *Diplômes de docteur en médecine, de sage-femme de 1re et de 2e classe, le Diplôme de pharmacien, le Diplôme supérieur de pharmacien* et le *Certificat d'aptitude à la profession d'herboriste.* Cf. p. 40 et 45.

DIPLOMES UNIVERSITAIRES. *Doctorat de l'Université de Toulouse* (mention MÉDECINE). — Réservé aux étudiants étrangers qui font leurs études médicales à la faveur d'une équivalence de baccalauréat. Ce diplôme, qui a la même valeur scientifique que le doctorat en médecine, grade d'État, ne confère pas le droit d'exercer en France. — *Scolarité :* Les conditions de scolarité et d'examens sont les mêmes que pour le doctorat d'État. — *Frais d'études :* Scolarité : 760 francs. — *Droits d'examens et de thèse :* 320 francs.

Doctorat de l'Université de Toulouse (mention PHARMACIE). — Accessible aux candidats français et étrangers. Les candidats français doivent produire le diplôme de pharmacien; les candidats étrangers doivent produire les deux certificats universitaires de pharmacie chimique et toxicologie et de pharmacie galénique et matière médicale, ou tout autre titre reconnu équivalent par la Faculté. — *Scolarité :* Une année. — *Épreuves :* Soutenance d'une thèse et interrogation. — *Frais d'études :* Scolarité : 430 francs. — *Droits d'examen :* 100 francs.

Certificats d'études pharmaceutiques. — Réservés aux étudiants étrangers qui aspirent au doctorat de l'Université de Toulouse (mention Pharmacie). Ils sont au nombre de deux et portent sur les matières suivantes : *Pharmacie chimique et toxicologie ; — Pharmacie galénique et matière médicale. — Épreuves :* Épreuves pratiques et interrogations pour chaque certificat. — *Droits de scolarité :* 230 francs. — *Droits d'examen :* 200 francs

Certificat d'études d'hygiène. — Accessible aux étudiants en médecine qui ont satisfait aux épreuves du 3e examen de doctorat (grade d'État ou d'Université), aux docteurs en médecine ainsi qu'aux personnes justifiant de titres ou d'études antérieures reconnus suffisants. — *Scolarité :* Un semestre. — *Épreuves :* Épreuve pratique, examen oral, rapport sur une question d'hygiène publique; mémoire attestant des recherches personnelles sur l'hygiène. — *Frais d'études :* Scolarité : 130 francs. — *Droits d'examens :* 20 francs..

Certificat d'études hydrologiques. — Accessible aux étudiants en médecine ayant satisfait aux épreuves du cinquième examen de doctorat, aux docteurs en médecine (grade d'État ou d'Université) et, après avis favorable du Conseil de la Faculté, aux ingénieurs-chimistes, aux ingénieurs des mines, aux ingénieurs agronomes et aux pharmaciens. — *Scolarité :* Six mois.

FACULTÉ DES SCIENCES

ENSEIGNEMENTS. Calcul différentiel et intégral. — Mécanique rationnelle et appliquée. — Mathématiques générales. — Mathématiques supérieures. — Astronomie physique. — Physique. — Électricité industrielle. — Chimie. — Chimie agricole et industrielle. — Analyse chimique. — Zoologie. — Botanique. — Botanique agricole. — Géologie. — Minéralogie.

INSTITUTS ANNEXES. *Institut de Chimie.* — L'Institut a pour but de former des ingénieurs pour toutes les industries chimiques.

Organisation : Enseignements théoriques et pratiques : cours, conférences, travaux de laboratoire, etc. La durée des études est de trois ans. — *Conditions d'admission :* L'Institut recrute ses élèves par un examen d'entrée dont sont dispensés les candidats pourvus d'un baccalauréat d'une série scientifique ou de titres étrangers reconnus équivalents. Peuvent être admis directement en 2e et en 3e année, les candidats français et étrangers ayant déjà fait des études reconnues suffisantes. — *Frais d'études :* 1.590 francs.

Sanction des études : Examens de fin d'année, permettant d'obtenir à la fin de la 3e année, suivant la moyenne des notes, soit le *Diplôme d'ingénieur-chimiste,* soit un *Certificat d'études.* — *Droits d'examen :* 130 francs.

Institut électrotechnique. — L'Institut a pour objet de former des ingénieurs pour toutes les industries qui comportent des applications de l'électricité.

Organisation : Enseignements théoriques et pratiques; cours, manipulations, travaux d'atelier, excursions scientifiques, etc. Le cours normal d'études est de trois ans, précédés d'une année facultative. Une 4e année portant le titre de SECTION SPÉCIALE DE MÉCANIQUE APPLIQUÉE a· été récemment créée à l'Institut.

Conditions d'admission : Sont admis au cours préparatoire et à la 1re année des cours normaux, les candidats français et étrangers dont les titres sont jugés suffisants par la Faculté. Peuvent être admis directement en 2e et en 3e année, les candidats justifiant d'études antérieures reconnues suffisantes. — *Frais d'études :* Année préparatoire : 350 francs. Cours normaux : 1re année, 350 francs; 2e année, 379 francs; 3e année, 410 francs.

Sanction des études : Examens de fin d'année permettant aux élèves de passer dans les cours de l'année suivante et d'obtenir à la fin de la 3e année le *Diplôme d'ingénieur-électricien.* Un *Brevet de conducteur-électricien* est délivré, après examen gratuit, aux candidats ayant suivi pendant deux ans certains enseignements de l'Institut, contre payement de droits d'études s'élevant à 50 francs par an. Les études faites dans la section spéciale (4e année) permettent d'obtenir, après un an de scolarité, le *Diplôme d'ingénieur-mécanicien.—Droit d'examen* (en vue du diplôme d'ingénieur-électricien) : 50 francs.

Institut agricole. — En vue de donner un enseignement agricole supérieur complet, l'Institut groupe tous les enseignements scientifiques de la Faculté comportant des applications à l'agriculture et les complète par des cours, conférences, travaux pratiques, professés ou dirigés par des spécialistes. Le cours normal des études est de deux ans. — *Conditions d'admission :* Les étudiants français et étrangers sont admis après un examen dont sont dispensés tous ceux qui justifient de diplômes ou d'études antérieures jugés suffisants.—*Frais d'études :* 660 francs pour les deux ans. — *Sanction des études :* Examen de fin d'année permettant d'obtenir, au bout des deux ans, le *Diplôme d'études agricoles.* — *Droits d'examen :* 50 francs.

Observatoire de Toulouse. — Organisé pour toutes les observations et recherches concernant l'astronomie, la météorologie et le magnétisme. Il admet les travailleurs français et étrangers; des enseignements complémentaires pratiques y sont donnés aux étudiants de la Faculté des Sciences. — L'Observatoire possède une *Station astronomique* au sommet du *Pic du Midi de Bigorre* (2.850 mètres d'altitude).

Station de pisciculture et d'hydrobiologie. — Organisée pour l'étude de toutes les questions concernant l'hydrobiologie, elle se préoccupe en particulier de faire connaître les méthodes pratiques de pisciculture et de favoriser le développement de l'industrie piscicole régionale. — Un cours régulier accompagné de démonstrations pratiques est donné pendant toute l'année scolaire. — La station possède tous les laboratoires, salles, aquariums et outillage nécessaires pour les recherches relatives aux questions de pisciculture.

Station agronomique. — Annexe du laboratoire de Chimie agricole qui étudie, à l'aide de champs d'expériences, les problèmes concernant la composition du sol dans ses rapports avec la production végétale. Elle fait aussi l'analyse chimique des eaux, terres, engrais, produits alimentaires et agricoles, etc.

Station d'essai de semences et de pathologie végétale. — Annexe de la chaire de botanique agricole, spécialement organisée pour le contrôle des graines de toutes sortes et l'étude des maladies des plantes; elle possède des champs d'expériences pour l'étude des questions relatives à l'amélioration des plantes cultivées et aux maladies des plantes.

DIPLOMES ET GRADES D'ÉTAT. La Faculté des Sciences délivre, aux mêmes conditions que les autres Facultés françaises, le *Certificat d'études physiques, chimiques et naturelles* (*P. C. N.*), les *Certificats d'études supérieures*, la *Licence*, les *Diplômes d'études supérieures de Sciences* et le *Doctorat*. Cf. p. 42.

Les certificats d'études supérieures de sciences, délivrés par la Faculté des Sciences de Toulouse, sont les suivants: 1° Calcul différentiel et intégral; 2° Mécanique rationnelle; 3° Mécanique appliquée; 4° Astronomie approfondie; 5° Mathématiques supérieures; 6° Mathématiques générales; 7° Physique générale; 8° Physique appliquée; 9° Chimie générale; 10° Chimie appliquée; 11° Zoologie; 12° Biologie générale et zoologie appliquée; 13° Botanique; 14° Botanique agricole; 15° Géologie; 16° Minéralogie; 17° Sciences physiques, chimiques et naturelles.

DIPLOMES UNIVERSITAIRES. *Doctorat de l'Université de Toulouse* (mention SCIENCES). — Accessible aux candidats français et étrangers possédant, soit deux certificats d'études supérieures, soit des diplômes ou titres scientifiques jugés suffisants. — *Scolarité :* Un an. — *Épreuves :* Soutenance d'une thèse et interrogations. — *Droits de scolarité :* Variables suivant la spécialité des études. — Sciences mathématiques : 130 francs; Chimie : 930 francs; Sciences physiques : 330 francs. — *Droit d'examen :* 80 francs.

Diplôme d'hydrobiologie et pisciculture. — Accessible aux étudiants français et étrangers, âgés de 16 ans au moins et ayant subi avec succès un examen d'entrée. Sont dispensés de cet examen, les candidats justifiant de l'un des diplômes suivants : baccalauréat, brevet supérieur, diplômes délivrés par l'Institut agronomique, les Écoles nationales ou régionales d'Agriculture et les Instituts agricoles des Universités. — *Scolarité :* Deux années.

Diplôme d'ingénieur-chimiste. — Cf. ci-dessus : INSTITUT DE CHIMIE.

Diplôme d'études agricoles. — Cf. ci-dessus : INSTITUT AGRICOLE.

Diplôme d'ingénieur-électricien. — *Brevet de conducteur-électricien.* — *Diplôme d'ingénieur-mécanicien.* Cf. ci-dessus : INSTITUT ÉLECTROTECHNIQUE

FACULTÉ DES LETTRES

ENSEIGNEMENTS ORDINAIRES. Philosophie. — Philosophie sociale et pédagogie. — Histoire ancienne. — Histoire moderne et contemporaine. — Histoire de l'art. — Sciences auxiliaires de l'histoire. — Géographie. — Antiquités grecques et latines. — Langue et littérature grecques. — Langue et littérature latines. — Grammaire comparée du grec et du latin. — Littérature française. — Langue et littérature anglaises. — Langue et littérature espagnoles. — Langue et littérature allemandes.

ENSEIGNEMENTS SPÉCIAUX. Histoire de la France méridionale. — Langues et littératures méridionales. — Archéologie préhistorique.

Cours spéciaux de français à l'usage des étrangers. — Organisés par le Comité de patronage pour faciliter les études des étrangers inscrits dans les différentes Facultés ou pour fournir un enseignement complémentaire à ceux d'entre eux qui font leur étude spéciale du français et de la civilisation française. — *Frais d'études :* Immatriculation : 30 francs, plus une rémunération spéciale de 10 francs par trimestre. — *Sanction des études :* Examens permettant d'obtenir le *Certificat élémentaire* ou le *Certificat supérieur d'études françaises.*

Union des étudiants français et espagnols, à MADRID. — Elle constitue l'une des deux sections de l'*Institut français en Espagne*, créé par les deux Universités de Toulouse et de Bordeaux.

Cette section toulousaine poursuit spécialement une œuvre double d'enseignement : 1° Enseignement du français à l'usage des Espagnols; 2° Enseignement de l'espagnol à l'usage des Français. — Ces enseignements sont donnés dans deux séries de cours ayant lieu à MADRID, pendant les mois d'avril et mai, et à BURGOS, pendant les mois d'août et septembre.

Cette organisation sera prochainement complétée par l'institution de cours permanents.

Les études faites à Madrid et à Burgos peuvent être sanctionnées par l'obtention de *Certificats spéciaux.*

DIPLOMES ET GRADES D'ÉTAT. La Faculté des Lettres délivre, aux mêmes conditions que les autres Facultés françaises, la *Licence ès lettres*, les *Diplômes d'études supérieures* et le *Doctorat.* Cf. p. 45.

DIPLOMES UNIVERSITAIRES. *Doctorat de l'Université de Toulouse* (mention LETTRES). — Accessible aux candidats possédant le diplôme de licencié ou un diplôme étranger reconnu équivalent. — *Scolarité :* Une année. — *Épreuves :* Soutenance d'une thèse et interrogations. — *Frais d'études :* Immatriculation : 30 francs. — *Droit d'examen :* 80 francs.

Certificats d'études universitaires. — Sanctionnent des études faites dans l'un des trois ordres suivants : *Philosophie ; Langues et littératures classiques; Langues et littératures étrangères.* — Chaque certificat porte la mention de l'ordre d'études suivi.

Ces certificats sont accessibles aux étudiants français et étrangers sans condition de grade. — *Scolarité :* Une année. — *Frais d'études :* Droit d'immatriculation : 30 francs. — *Droit d'examen :* 20 francs par certificat.

Certificat élémentaire et Certificat supérieur d'études françaises. — Réservés aux étudiants étrangers ayant suivi les enseignements spéciaux du français. — *Scolarité :* Un semestre. — *Droit d'examen :* 20 francs par certificat.

ÉTABLISSEMENTS EXTÉRIEURS A L'UNIVERSITÉ

ÉCOLE NATIONALE VÉTÉRINAIRE DE TOULOUSE

L'objet, l'organisation et le régime de l'École sont ceux des deux autres Écoles analogues d'Alfort et de Lyon. Cf. ci-dessus : ÉCOLE NATIONALE VÉTÉRINAIRE D'ALFORT, p. 113.

ÉCOLE SUPÉRIEURE DE COMMERCE DE TOULOUSE

L'École donne aux jeunes gens qui se destinent aux affaires un enseignement à la fois théorique et pratique.

Organisation. — Deux cycles d'études de deux années chacun. Le 1er cycle constitue les *cours élémentaires* et le 2e les *cours normaux.* L'École admet des internes, des demi-pensionnaires, des externes et des auditeurs libres.

Conditions d'admission. — Sont admis dans le 1er cycle tous les candidats français et étrangers, sans aucune condition de grade. L'admission dans le 2e cycle a lieu après examen dont sont dispensés les candidats possédant, soit le baccalauréat, soit un diplôme français ou étranger reconnu équivalent.

Frais d'études. — Cours élémentaires : 300 francs par an; cours normaux : 600 francs par an.

Sanction des études. — Examens permettant d'obtenir, à la fin du 1er cycle, un *Brevet d'études commerciales* et, à la fin du 2e cycle, selon la moyenne des notes, un *Diplôme supérieur* ou un *Certificat d'études.*

ACADÉMIE DE CHAMBÉRY

L'Académie de Chambéry ne possède pas d'Université.

Les établissements d'enseignement supérieur ou technique situés dans son ressort sont les suivants : à Chambéry même, L'ÉCOLE PRÉPARATOIRE A L'ENSEIGNEMENT DES SCIENCES ET DES LETTRES et L'ÉCOLE NATIONALE DE MUSIQUE; à Cluses (Haute-Savoie), L'ÉCOLE NATIONALE D'HORLOGERIE.

École nationale d'Horlogerie

de CLUSES *(Haute-Savoie)*

L'École a pour objet de donner l'éducation professionnelle nécessaire aux jeunes gens se destinant à l'horlogerie et de former des ouvriers capables d'exécuter des machines de précision.

Organisation. — L'École ressortit au ministère du Commerce et de l'Industrie. L'enseignement est gratuit et réparti sur trois années d'études. Les jeunes gens qui désirent pousser plus avant leur apprentissage peuvent être autorisés à faire une 4e année, dite de perfectionnement.

Pour l'enseignement pratique, l'École est divisée en deux sections : 1º Horlogerie; 2º Petite mécanique de précision et électricité. L'enseignement théorique est le même pour tous les élèves.

Le régime de l'École est l'externat.

Conditions d'admission. — Aucun titre ni grade n'est exigé pour l'admission. Age minimum : 14 ans. Plusieurs places sont réservées chaque année à des étudiants étrangers.

Sanction des études. — Examens permettant d'obtenir le titre d'*élève breveté de l'École nationale d'Horlogerie de Cluses.*

ÉTABLISSEMENTS FRANÇAIS D'ENSEIGNEMENT SUPÉRIEUR A L'ÉTRANGER

École française d'Athènes

L'École française d'Athènes a été instituée en 1846 pour perfectionner l'étude de la langue, de l'histoire et des antiquités grecques.

Organisation. — L'École ne donne pas d'enseignement, mais son Institut de correspondance hellénique organise des séances et réunions, dont certaines sont publiques, où sont exposés et analysés les travaux relatifs à la Grèce, les découvertes nouvelles et les correspondances de tous les pays d'Orient. Sa fonction propre consiste dans l'organisation de recherches et de fouilles dont les résultats sont publiés, soit dans des ouvrages spéciaux, soit dans les deux recueils qui appartiennent à l'École : le *Bulletin de correspondance hellénique*, qui lui est propre, et la *Bibliothèque des Écoles d'Athènes et de Rome*, qui lui est commune avec l'École de Rome.

Personnel. — Les membres de l'École d'Athènes, au nombre maximum de 6, se recrutent par la voie du concours, soit parmi les agrégés de l'enseignement secondaire, ayant déjà subi une préparation d'un an, soit parmi les candidats que recommandent leurs titres scientifiques. Les membres nouvellement nommés sont tenus de passer par l'Italie et de faire à Rome un séjour d'une certaine durée. La durée de la mission accordée aux membres de l'École est en principe fixée à une année, mais elle peut être prolongée pendant une 2e année, ou plus encore, si la nécessité de leurs travaux ou les intérêts de l'École l'exigent.

Les membres de l'École reçoivent un traitement annuel de 4.000 francs, augmenté d'une indemnité spéciale pour frais de voyage.

École Giffard d'Athènes
(Institut supérieur d'études françaises)

Créée sous le patronage de l'ÉCOLE FRANÇAISE D'ATHÈNES, qui y dirige les enseignements, l'ÉCOLE GIFFARD s'est d'abord proposé de fournir aux milieux hellènes le moyen de perfectionner leur connaissance du français. Une réorganisation, actuellement à l'étude, la transformera prochainement en un Institut supérieur d'études françaises, conçu sur un type analogue à celui des Instituts de Florence, Madrid, Saint-Pétersbourg, etc.

A l'état présent, l'École comprend deux séries de cours consacrés à la langue et à la littérature françaises :

Les *cours mixtes*, ouverts aux élèves des deux sexes, d'une durée de deux années et qui permettent d'obtenir, après examen, le diplôme ou le diplôme supérieur de l'École. On y est admis sans conditions de grade, mais la connaissance pratique du français usuel est exigée. Les candidats dont les connaissances sont déjà assez avancées peuvent être admis directement aux cours de 2e année.

Un *cours supérieur*, plus spécialement consacré aux jeunes filles, a été organisé cette année et permet d'obtenir après examen le diplôme supérieur de l'École.

Faculté française libre de médecine
de Beyrouth (Syrie)

La Faculté a été instituée pour donner aux jeunes gens des pays du Levant un enseignement de la médecine et de la pharmacie analogue à celui qui est donné dans les Facultés et Écoles supérieures de France.

Organisation. — Le plan général des études, leur organisation, leur durée sont ceux des établissements de France (1).

Conditions d'admission. — La Faculté admet à s'inscrire les jeunes gens originaires des pays du Levant et les Européens dont la famille est régulièrement domiciliée dans ces pays, à condition qu'ils aient 18 ans révolus et qu'ils aient subi avec succès les épreuves d'un examen spécial d'admission.

Sont toutefois dispensés de l'examen, les jeunes gens pourvus du baccalauréat français ou d'une équivalence de baccalauréat.

L'admission à l'examen spécial confère l'équivalence du baccalauréat et celle du certificat d'études physiques, chimiques et naturelles (P. C. N.), et elle permet par suite d'aborder directement les études de médecine.

Sanction des études. — Des examens analogues à ceux qui ont lieu dans les Facultés et Écoles de France sont passés chaque année devant un jury composé d'une commission des Facultés de France et d'une commission ottomane. Ils permettent d'obtenir le doctorat en médecine et le diplôme de pharmacien; ces diplômes confèrent le droit d'exercer, soit la médecine, soit la pharmacie, à la fois en France et sur tout le territoire ottoman.

École française de Droit de Beyrouth (Syrie)

L'École a été ouverte en novembre 1913, par les soins et sous le patronage direct de l'Université de Lyon, pour donner, dans les mêmes conditions d'études que les Facultés de Droit de France, les enseignements juridiques et économiques permettant d'accéder à la licence en droit. Toutefois des enseignements complémentaires et des directions spéciales seront donnés aux étudiants, pour mieux adapter leurs études à leurs besoins particuliers et aux conditions du pays.

En 1913-1914, seule la première année d'études a fonctionné.

Organisation. — L'École poursuivra son organisation dans le même sens et dans les mêmes conditions de fonctionnement que l'École française de droit du Caire. Elle comprendra trois années d'études susceptibles d'obtenir les mêmes sanctions.

---

1. Cf. ci-dessus, p. 40.

Conditions d'admission. — Sont admis à suivre les cours de l'École, les candidats pourvus du baccalauréat, les candidats étrangers ayant obtenu une équivalence du baccalauréat et ceux qui ont subi avec succès les épreuves d'un examen spécial d'admission. A ces derniers, une équivalence de baccalauréat est ensuite accordée qui leur permet de rechercher, dans les mêmes conditions que les autres élèves, les grades qui sanctionnent leurs études.

Frais d'études. — Les élèves n'ont à payer que les droits d'inscription, d'examen et de diplôme, tels qu'ils sont fixés pour les Facultés de droit de France (1).

Sanction des études. — Les élèves ayant fait des études régulières se présenteront à la fin de chaque année, soit devant la Faculté de Droit de Lyon, soit devant un jury spécial qui viendra siéger à Beyrouth, pour subir les épreuves du baccalauréat (1re et 2e année) et de la licence en droit.

École française d'Ingénieurs de Beyrouth (Syrie)

Ouverte en novembre 1913, par les soins et sous le patronage direct de l'Université de Lyon, l'École se propose de former des ingénieurs et des chefs de travaux pour les entreprises industrielles.

Pour l'année 1913-1914, elle a organisé seulement des cours préparatoires où se formeront les services de ses cours normaux, lesquels seront inaugurés, en novembre 1914, par la constitution d'une section spéciale des Travaux publics (chemins de fer et routes). D'autres sections se formeront à mesure que de nouvelles industries, s'établissant en Syrie, réclameront un personnel technique spécial.

---

1. Cf. ci-dessus, p. 39.

Institut français de Florence

Annexe de l'Université de Grenoble, l'Institut est, en même temps qu'un centre de hautes études scientifiques et qu'un lieu d'échanges intellectuels entre la France et l'Italie, une École supérieure d'italien à l'usage des étudiants français et un centre d'études françaises pour les Italiens.

L'Institut comprend plusieurs sections et services ayant chacun leur objet, leur organisation et leur personnel particuliers.

La *Section des Lettres italiennes*, réservée aux étudiants français, les prépare aux divers examens et concours imposés aux futurs professeurs d'italien. Les élèves peuvent fréquenter les cours de l'*Istituto di studi superiori* de Florence. La section organise, pendant les mois d'août et de septembre, des cours de vacances.

La *Section des Lettres françaises* comprend des cours supérieurs de français, des cours secondaires et des cours populaires. Les cours supérieurs, d'une durée de quatre ans, préparent aux examens de l'*abilitazione* et de l'*abilitazione di 2° grado*, qui sont le certificat et le certificat supérieur exigés des professeurs qui enseignent le français dans les établissements italiens.

Les cours secondaires sont des cours de perfectionnement à l'usage des élèves de l'enseignement secondaire. Les cours populaires sont des cours de vulgarisation, d'un caractère élémentaire et pratique.

La *Section d'Histoire de l'Art* et la *Section d'Histoire de la Musique* sont surtout des séminaires de hautes études, mais donnent l'une et l'autre un enseignement sous la forme de cours publics.

L'Institut possède en outre un *Bureau d'études économiques et juridiques* et un *Office d'informations et d'échanges*.

Enfin les travaux du personnel de l'Institut sont publiés par ses soins. Ces publications forment plusieurs séries, représentées déjà par un certain nombre de volumes.

École préparatoire à l'enseignement du Droit de Fort-de-France (Martinique)

L'École donne les mêmes enseignements que les Facultés de Droit de la métropole en vue de la préparation aux grades de bachelier et de licencié en droit. Elle possède aussi des cours complémentaires de législation coloniale et d'histoire de cette législation. Enfin, elle a organisé des enseignements préparatoires au certificat de capacité en droit, des cours particuliers d'études administratives ou commerciales, etc.

Conditions d'admission. — L'École n'admet à s'inscrire aux cours préparant au baccalauréat et à la licence en droit que les deux catégories de personnes ci-dessous désignées :

1º Les candidats pourvus du baccalauréat de l'enseignement secondaire ;

2º Les notaires, avoués ou autres officiers ministériels et les fonctionnaires ou employés exerçant à la Martinique ou y ayant exercé pendant trois ans.

Par contre, pour les cours préparant aux divers certificats (capacité, études administratives ou commerciales, etc.), elle admet tous les candidats, âgés de 16 ans, qui ont terminé leurs études primaires.

Sanction des études. — A ceux qui ont suivi les cours préparant au baccalauréat et à la licence en droit, l'École ne délivre pas ces grades mêmes, mais des certificats correspondant aux trois années d'études requises pour la licence, qu'il est possible de faire valider en venant dans la métropole passer un examen spécial qui permet d'obtenir les diplômes de bachelier et de licencié en droit.

Toutefois, cette faculté n'est accordée qu'aux élèves de l'École possédant le baccalauréat de l'enseignement secondaire.

L'École délivre aussi, aux élèves ayant suivi les cours de l'année, des certificats spéciaux d'économie politique, de droit politique, de droit commercial, de droit administratif, et à ceux de 2º année des certificats supérieurs de droit international, de législation coloniale, d'histoire générale du droit français, etc.

Elle délivre enfin des certificats de capacité pour le notariat, la tenue des greffes et autres offices ministériels.

Frais d'études. — Les inscriptions sont gratuites. Les élèves n'ont à payer que les droits d'examens, fixés comme ils le sont pour le baccalauréat, la licence et le certificat de capacité (1).

École française d'Extrême-Orient à Hanoï (Tonkin)

L'École a pour objet de travailler à l'exploration archéologique et philologique de la presqu'île indo-chinoise et de favoriser l'étude érudite des langues et des civilisations voisines (Indo-Chine, Japon, Malaisie, etc.).

Organisation. — L'École donne un ensemble d'enseignements relatifs au sanscrit, au pâli et à l'archéologie de l'Extrême-Orient, mais sa fonction essentielle est d'être un Institut de recherches et de hautes études.

Personnel. — Le personnel de l'École se compose de pensionnaires et de chargés de mission.

Les pensionnaires sont choisis parmi les jeunes gens déjà spécialisés qui désirent poursuivre des études relatives à l'Inde et aux pays d'Extrême-Orient. Les pensionnaires, dont le nombre varie, sont, en principe, nommés pour un an, mais avec faculté de renouvellement.

Les missions sont confiées à des savants qui se livrent à des études déterminées et qui, tout en s'occupant de leurs travaux personnels, collaborent à l'œuvre générale que poursuit l'École.

Institut français d'Archéologie orientale du Caire (Égypte)

L'Institut a pour objet de favoriser toutes les études, explorations et fouilles relatives aux civilisations qui se sont succédé en Égypte et dans les régions voisines.

---

1. Cf. ci-dessus, p. 39.

Organisation. — L'Institut n'a pas d'enseignement permanent, mais donne, quand il y a lieu, des conférences où sont exposés par des personnalités compétentes les résultats de certaines études, fouilles, etc., ou l'état de la science sur tel ou tel point des études qui constituent sa spécialité.

Sa fonction essentielle consiste à organiser et à diriger des recherches, études, fouilles, dont il contrôle ensuite et publie les résultats.

Personnel. — En dehors du personnel administratif, l'Institut possède un personnel scientifique composé de pensionnaires (4 ou 5 environ) et de chargés de mission.

Les pensionnaires sont choisis parmi les candidats de nationalité française ayant commencé en France des études d'égyptologie et qui désirent aller les compléter en Égypte. Ils sont nommés sur présentation d'une commission spéciale et pour une année, mais leur nomination peut être renouvelée. Ils reçoivent un traitement annuel de 4.200 francs.

Les chargés de mission sont également désignés sur l'avis de cette commission. La durée de leur mission et les émoluments qui y sont attachés varient avec l'importance des recherches qu'ils doivent effectuer.

École française de Droit du Caire (Égypte)

L'École donne l'enseignement du droit, tel qu'il est conçu par les programmes des Facultés de Droit françaises en vue de la préparation de la licence en droit. Toutefois, des enseignements spéciaux concernant le droit musulman, le droit égyptien, etc., sont admis par l'École pour répondre aux besoins particuliers du pays. Enfin, une 4e année complémentaire comprend un certain nombre de cours et conférences utiles pour la préparation au doctorat.

Conditions d'admission. — Sont admis à s'inscrire à l'École, les candidats pourvus du baccalauréat français, obtenu en France ou en Égypte, et ceux qui, n'ayant pas le baccalauréat, ont subi avec succès les épreuves d'un examen spécial d'admission. A ces derniers, une équivalence de baccalauréat est ensuite accordée qui leur permet de faire sanctionner dans les mêmes conditions que les autres les études qu'ils font à l'École.

Frais d'études. — Les élèves doivent acquitter les droits et taxes fixés pour l'inscription, la scolarité et les examens dans les Facultés de Droit de France (1). Ils acquittent en outre une taxe spéciale qui est perçue par l'École.

Sanction des études. — Les études étant organisées à l'École comme elles le sont en France, les élèves peuvent, à la fin de chaque année, passer les examens donnant accès au baccalauréat et à la licence en droit. Les examens en vue du baccalauréat (1re et 2e année) peuvent à leur choix être passés soit devant une Faculté de Droit de France, soit devant un jury spécial qui vient chaque année siéger au Caire. Les examens de licence sont obligatoirement passés devant une Faculté de Droit de France.

Institut français de Londres.

Créé en 1913, sous le patronage de l'Université de Lille, l'Institut se propose de donner un ensemble d'enseignements de nature à propager en Angleterre la connaissance de la langue et de la culture françaises.

Il comprend notamment trois sections : *Section artistique — Section littéraire et sociale — Section économique.*

A cette dernière section est annexé un *Département commercial* destiné à faciliter aux jeunes Français un séjour d'étude ou la recherche d'une situation. Un *Office de renseignements* les aide à trouver une installation matérielle dans les familles anglaises.

Institut français d'Espagne à Madrid.

L'Institut a été créé par les deux Universités de Bordeaux et de Toulouse qui l'administrent en commun, tout en s'intéres-

---

1. Cf. ci-dessus, p. 39.

sant plus particulièrement chacun à un des modes de son utilité.

Il comprend en effet une *École de hautes études historiques* et une œuvre d'enseignement dénommée *Union des étudiants français et espagnols*.

L'*École des hautes études hispaniques*, créée spécialement par l'Université de Bordeaux, est un Institut scientifique, analogue aux écoles d'Athènes et de Rome, appliqué à l'étude de la langue, de la littérature, de l'histoire de l'art et de la civilisation de l'Espagne. Cette École comprend un certain nombre de membres et de pensionnaires qui travaillent, soit à des œuvres collectives de recherches, soit à des travaux personnels. Les uns et les autres fournissent la matière de publications qui constituent la *Bibliothèque de l'École des hautes études hispaniques*.

L'œuvre d'enseignement que dirige l'Université de Toulouse par l'organe de l'*Union des étudiants français et espagnols* est une œuvre double. C'est en réalité une École supérieure d'espagnol pour les Français qui se destinent à l'enseignement de l'espagnol et un centre d'études françaises à l'usage des Espagnols.

L'une et l'autre section comprennent des séries de conférences qui ont lieu chaque année vers Pâques pendant environ six semaines et des cours de vacances qui sont organisés à Burgos pendant les mois d'août et de septembre. En outre, depuis le mois de novembre 1913, des enseignements réguliers et permanents de langue et de littérature françaises fonctionnent à Madrid.

L'Institut vient également de créer une bibliothèque française qui sera accessible non seulement aux élèves de l'Institut, mais aussi, sous certaines conditions, aux personnes qui s'intéressent à la langue et à la culture françaises.

École de Droit de Pondichéry
(Indes françaises)

L'École donne les mêmes enseignements que les Facultés de Droit de la métropole en vue du baccalauréat et de la licence en droit.

Conditions d'admission. — Sont admis à s'inscrire les candidats pourvus du baccalauréat français.

Sanction des études. — A la fin de chacune des trois années d'études requises pour l'obtention de la licence en droit, l'École délivre, après examens, des certificats qui permettent, aux élèves qui les ont tous obtenus, de recevoir d'une Faculté de droit de la métropole, après un nouvel examen spécial, le diplôme de licencié en droit.

École française de Rome

L'École de Rome a pour objet : la préparation pratique des membres de l'École d'Athènes aux travaux qu'ils doivent faire en Grèce et en Orient ; l'étude des monuments et des bibliothèques de l'Italie ; les collations et les recherches qui lui sont demandées par l'Institut, par les comités du ministère et par divers savants autorisés par le directeur de l'École. Elle est une mission permanente en Italie.

Organisation. — L'École ne donne pas d'enseignements. Sa fonction essentielle est une fonction de recherches et d'études. Les résultats de ses travaux sont publiés dans la *Bibliothèque des Écoles françaises d'Athènes et de Rome*, recueil commun aux deux Écoles, et dans les *Mélanges d'archéologie et d'histoire*.

Personnel. — L'École se compose des membres de première année de l'École d'Athènes (1) et de membres qui lui sont propres.

Ces derniers sont au nombre de six. Ils sont choisis, soit parmi les candidats présentés par l'École Normale supérieure, par l'École des Chartes et par la section d'histoire et de philologie de l'École pratique des Hautes Études, soit parmi les docteurs reçus avec distinction ou les jeunes gens signalés par leurs travaux.

Les membres de l'École reçoivent un traitement de 4.000 francs par an. Ils sont nommés pour un an, mais des prolongations

---

1. Cf. ci-dessus, p. 267.

peuvent être accordées pour les besoins de leurs travaux ou dans l'intérêt de l'École. Ils sont tenus d'adresser chaque année au ministre de l'Instruction publique un ou plusieurs travaux personnels qui sont soumis à l'Académie des Inscriptions et Belles-Lettres.

Institut français de Saint-Pétersbourg

L'Institut est d'abord un établissement de hautes études s'intéressant aux recherches concernant la langue, la littérature, l'histoire, l'art, l'archéologie et la civilisation russes. A ce titre, il reçoit des pensionnaires et chargés de mission dont les travaux alimentent la bibliothèque spéciale des publications de l'Institut.

Il est aussi un centre d'études françaises à l'usage des Russes qui désirent se familiariser avec la culture française et de ceux en particulier qui se destinent à enseigner le français.

Son œuvre d'enseignement comprend des grandes conférences faites par des savants et des littérateurs français et aussi des cours réguliers et permanents, des conférences pédagogiques et des exercices pratiques.

Il possède un *Bureau d'informations universitaires* ouvert à tous ceux qui désirent se renseigner sur les Universités et Écoles de France.

Enfin, il organise une bibliothèque qui s'ouvrira non seulement à ses élèves et auditeurs réguliers, mais aussi, sous certaines conditions, aux personnes qu'intéressent la langue et la culture françaises.

École coloniale d'Agriculture de Tunis

L'École a pour objet de donner à ses élèves les connaissances théoriques et pratiques nécessaires à la culture raisonnée du sol en Algérie, en Tunisie et aux colonies.

Organisation. — L'enseignement est donné dans des cours,

des applications et exercices pratiques. L'École possède plusieurs stations expérimentales de recherches.

Le cours complet des études est de deux ans.

Conditions d'admission. — L'École admet, en qualité d'élèves réguliers, des internes, des demi-pensionnaires et des externes. Ces élèves sont recrutés par la voie d'un concours annuel, dont toutefois sont dispensés les candidats déjà admis aux Écoles nationales d'agriculture, ceux aussi qui possèdent le brevet supérieur, la première partie du baccalauréat ou le diplôme d'études secondaires commerciales, spécial à la Tunisie. L'École admet des étrangers en qualité d'élèves réguliers dans les mêmes conditions que les Français.

Elle reçoit aussi des auditeurs libres, français et étrangers.

Frais d'études. — Internat : 750 francs par an. Demi-pension : 500 francs. Externat : 300 francs.

Sanction des études. — Examens permettant de recevoir, à la fin de la 2e année, et selon la moyenne des notes obtenues, soit le *Diplôme de l'École coloniale d'agriculture de Tunis*, soit un *Certificat d'études*.

APPENDICE

Renseignements relatifs au voyage

Pour les étudiants étrangers, qui désireraient venir étudier dans les Universités ou Écoles françaises, on a réuni ici quelques renseignements pratiques de nature à leur permettre d'établir leur itinéraire, soit pour se rendre directement dans la ville de leur choix, soit pour visiter successivement plusieurs villes.

Un premier tableau donne les distances respectives des villes où siègent les Universités aux principales stations frontières et aux ports d'accès les plus importants.

Le second tableau indique les distances de ces mêmes villes les unes par rapport aux autres.

Ces distances sont calculées sans tenir compte des raccourcis, du reste peu considérables, dont certains itinéraires sont susceptibles.

On obtiendra le coût du voyage à effectuer, en multipliant le nombre des kilomètres par les prix de parcours d'un kilomètre, qui est de 0 fr. 1120 en 1re classe, de 0 fr. 0756 en 2e classe et de 0 fr. 04928 en 3e classe.

Il est recommandé aux étudiants étrangers de s'enquérir auprès de l'Université qu'ils auront choisie, si elle ne dispose pas de facilités particulières, de réductions consenties à ses étudiants tant pour les parcours maritimes que pour les trajets à effectuer sur les chemins de fer français.

Ils n'auront pour cela qu'à s'adresser au Président du COMITÉ DE PATRONAGE DES ÉTUDIANTS ÉTRANGERS institué près de l'Université choisie.

PAYS D'ORIGINE — STATIONS FRONTIÈRES et PORTS D'ACCÈS	ANGLETERRE ÉTATS-UNIS, CANADA				BELGIQUE HOLLANDE ALLEMAGNE DANEMARK SUÈDE NORVÈGE RUSSIE		ALLEMAGNE AUTRICHE-HONGRIE SERBIE BULGARIE TURQUIE, RUSSIE		
	Calais.	Le Havre.	Cherbourg.	Saint-Malo.	Jeumont.	Tourcoing.	Pagny-sur-Moselle.	Avricourt.	Petit-Croix.
Paris	298	228	371	—	238	—	374	410	—
Aix	1189	1090	—	—	1129	—	813	—	724
Besançon	705	635	—	—	645	—	317	—	108
Bordeaux	886	816	—	—	826	—	962	998	—
Caen	—	251	132	—	477	—	613	649	—
Clermont	718	648	—	—	658	—	681	—	563
Dijon	613	543	—	—	553	—	266	285	—
Grenoble	931	861	—	—	871	—	584	—	442
Lille	110	310	—	—	—	30	—	—	—
Lyon	810	740	—	—	750	—	463	—	345
Marseille	1160	1090	—	—	1100	—	813	—	695
Montpellier	1139	1069	—	—	1079	—	792	—	674
Nancy	561	581	—	—	—	—	38	57	—
Poitiers	634	564	—	—	574	—	701	746	—
Rennes	—	414	—	82	612	—	739	784	—
Toulouse	1015	945	—	—	955	—	811	—	918

PAYS D'ORIGINE — STATIONS FRONTIÈRES et PORTS D'ACCÈS	SUISSE AUTRICHE ITALIE			ITALIE		ALGÉRIE, GRÈCE, ÉGYPTE TURQUIE, EXTRÊME-ORIENT	ESPAGNE PORTUGAL		AMÉRIQUE CENTRALE AMÉRIQUE DU SUD	
	Delle.	Vallorbe.	Bellegarde.	Modane.	Vintimille.	Marseille.	Cerbère.	Irun.	Bordeaux.	Saint-Nazaire.
Paris	465	481	571	694	—	862	1040	824	588	495
Aix	—	—	513	—	289	29	405	—	676	1152
Besançon	—	128	—	370	—	587	641	—	851	776
Bordeaux	—	—	503	605	—	676	—	236	—	443
Caen	—	720	—	933	—	1101	—	1063	827	354
Clermont	—	—	353	455	—	430	552	—	396	690
Dijon	—	166	—	379	—	547	725	—	811	684
Grenoble	—	—	132	134	—	184	521	—	735	923
Lille	716	—	—	945	—	1113	—	1075	839	746
Lyon	—	—	135	237	—	350	528	604	614	802
Marseille	—	—	484	—	260	—	376	—	676	1152
Montpellier	—	—	464	—	435	175	199	—	504	947
Nancy	205	—	—	607	—	775	—	1177	941	848
Poitiers	—	—	629	731	—	844	—	488	252	308
Rennes	839	—	—	1068	—	1236	—	742	506	191
Toulouse	—	—	—	—	679	422	255	360	257	700

II. — DISTANCES KILOMÉTRIQUES DES VILLES D'UNIVERSITÉS, LES UNES PAR RAPPORT AUX AUTRES

	PARIS	AIX	BESANÇON	BORDEAUX	CAEN	CLERMONT	DIJON	GRENOBLE	LILLE	LYON	MARSEILLE	MONTPELLIER	NANCY	POITIERS	RENNES	TOULOUSE
Paris......	—	862	407	588	239	420	315	633	251	512	862	841	353	336	374	717
Aix........	862	—	587	676	1101	430	547	155	1113	350	29	175	775	844	1236	419
Besançon...	407	587	—	851	646	455	92	358	658	237	587	566	279	731	781	813
Bordeaux...	588	676	851	—	827	396	811	735	839	614	676	504	941	252	506	257
Caen.......	239	1101	646	827	—	659	554	872	300	751	1101	1080	592	575	163	956
Clermont....	420	430	455	396	659	—	415	339	671	218	430	353	643	382	794	446
Dijon......	315	547	92	811	554	415	—	318	566	197	547	526	228	691	689	773
Grenoble....	633	155	358	735	872	339	318	—	884	121	184	322	546	615	829	569
Lille.......	251	1113	658	839	300	671	566	884	—	763	1113	1092	375	587	463	968
Lyon......	512	350	237	614	751	218	197	121	763	—	350	329	425	494	708	576
Marseille....	862	29	587	676	1101	430	547	184	1113	350	—	175	775	844	1236	422
Montpellier..	841	175	566	504	1080	353	526	322	1092	329	175	—	754	735	973	247
Nancy.....	353	775	279	941	592	643	228	546	375	425	775	754	—	689	727	1070
Poitiers.....	336	844	731	252	575	382	691	615	587	494	844	735	689	—	330	472
Rennes.....	374	1236	781	506	163	794	689	829	463	708	1236	973	727	330	—	763
Toulouse....	717	419	813	257	956	446	773	569	968	576	422	247	1070	472	763	—

INDEX GÉOGRAPHIQUE

Conservatoire national de Musique et de Déclamation, 197, 214.

Cours de français pour les étrangers, 209.

École régionale d'Architecture, 197, 214.
— nationale des Beaux-Arts, 197, 214.
— centrale lyonnaise, 197, 212.
— de Chimie industrielle, 204.
— supérieure de Commerce, 197, 213.
— de la Martinière, 197.
— de Notariat, 197.
— du Service de Santé militaire, 197, 212.
— de Tannerie, 205.
— nationale vétérinaire, 197, 212.

Faculté de Droit, 199.
— libre de Droit, 55.
— des Lettres, 208.
— libre des Lettres, 56.
— de Médecine et de Pharmacie, 200.
— des Sciences, 204.
— libre des Sciences, 57.
— libre de Théologie, 57.

Institut agronomique, 205.
— bactériologique, 201.
— d'Hygiène, 201.
— des Sciences économiques et politiques, 200.

Université, 197.

Madrid (Espagne).

École des Hautes études hispaniques, 149, 276.

Institut français, 149, 264, 275.

Union des étudiants français et espagnols, 264, 276.

Maison-Carrée (Algérie).

École coloniale d'Agriculture, 128.

Mamirolle (Doubs).

École nationale de l'Industrie laitière, 135.

Marseille (Bouches-du-Rhône).

École régionale d'Architecture, 121.

École des Beaux-Arts, 121.
— supérieure de Commerce, 121, 126.
— d'Électricité industrielle, 121.
— d'Hydrographie, 121.
— des Ingénieurs, 123.

École de plein exercice de Médecine et de Pharmacie, 125.

Faculté libre de Droit, 55.
— des Sciences, 123.

Université, 121.

Montauban (Tarn-et-Garonne).

Faculté libre de Théologie protestante, 57.

Montpellier (Hérault).

École nationale d'Agriculture, 216, 224.
— des Beaux-Arts, 216.
— supérieure de Commerce, 216, 224.
— nationale de Musique, 216.
— supérieure de Pharmacie, 223.

Enseignement spécial du français pour les étrangers, 221.

Faculté de Droit, 217.
— des Lettres, 221.
— de Médecine, 218.
— des Sciences, 219.

Institut Bouisson-Bertrand, 218.

Université, 216.

Moulins (Allier).

École nationale de Musique, 160.

Nancy (Meurthe-et-Moselle).

Conservatoire de Musique, 225.

Cours de français pour les étrangers, 236.

École pratique d'Agriculture, 225.
— de Brasserie et Malterie, 233.
— Supérieure de Commerce, 225, 239.
— nationale des Eaux et Forêts, 225, 238.
— de Laiterie, 234.
— Supérieure de Pharmacie, 237.

Faculté de Droit, 226.
— des Lettres, 236.
— de Médecine, 228.
— des Sciences, 230.

Institut Agricole, 233.
— Chimique, 231.
— Colonial, 233.
— Commercial, 227.
— Dentaire, 229.
— Électrotechnique et de Mécanique appliquée, 231.

Institut de Géologie, 232.
— Sérothérapique, 229.

Université, 225.

Nantes (Loire-Inférieure).

École supérieure de Commerce, 247, 253.

INDEX ANALYTIQUE

On trouvera ci-dessous un répertoire des Facultés, Instituts et Écoles, auxquels une notice ou même une simple mention a été consacrée dans le corps du volume.

Le classement a été établi par ordre alphabétique de spécialités (*Commerce*), sauf, toutefois, pour les Écoles dont le titre n'indique pas le caractère et qui ont été classées isolément à leur ordre alphabétique (**Collège de France**).

Les chiffres gras (**62**) renvoient à la page de la classification méthodique des Instituts et Écoles donnée dans la première partie de l'ouvrage.

On a cru bon également d'ajouter, à la plupart des articles, des références à des établissements d'un caractère plus général ou plus spécialisé, où l'on peut trouver des enseignements analogues à ceux qui font l'objet propre de l'article.

Aérotechnique. — 61. Paris, 103; Saint-Cyr, 73. Voir aussi : *Sciences* et spécialement *Paris*, 73 et *Nancy*, 235.

Agriculture. — 59. Paris, 109; Angers, 247; Beauvais, 59; Bordeaux, 146; Dijon, 168; Douai, 196; Grignon, 110; Lyon, 205; Montpellier, 224; Nancy, 233, 238; Rennes, 247, 252. Voir aussi : *Agriculture coloniale, Horticulture, Sciences, Arts et Métiers, Histoire naturelle.*

Agriculture coloniale. — 59. Maison-Carrée, 128; Nogent-sur-Marne, 111; Philippeville, 128; Tunis, 278. Voir aussi : *Agriculture, Colonies.*

Anthropologie. — 56. Paris, 56. Voir aussi : *Histoire naturelle.*

Archéologie. — Voir : *Lettres, Collège de France, Hautes Études, Chartes, Louvre, Athènes, Le Caire.*

Archéologie orientale. — Le Caire, 273. Voir aussi : *Archéologie.*

Architecture. — 62. Paris, 106, 108; Lille, 62; Lyon, 214; Marseille, 121; Rennes, 247; Rouen, 62. Voir aussi : *Beaux-Arts, Travaux publics.*

Art appliqué. — 62. Bordeaux, 141; Bourges, 62; Reims, 62; Roubaix, 182; Saint-Étienne, 197; Toulouse, 255. Voir aussi : *Beaux-Arts.*

Arts décoratifs. — 62. Paris, 107; Aubusson, 160; Bordeaux, 141. Voir aussi : *Beaux-Arts.*

Arts industriels. — 62. Voir : *Art appliqué.*

Arts et Manufactures (École Centrale des). — 60. Paris, 95.

Arts et Métiers (Conservatoire national des). — 60. Paris, 92.

Arts et Métiers (Écoles des). — 60. Paris, 98; Aix, 127; Angers, 254; Châlons-sur-Marne, 99; Cluny, 197; Lille, 194.

Aspirants gouverneurs (École des). — Saint-Étienne, 197. Voir aussi : *Mines.*

Athènes (École française d'). — 267.

Bactériologie. — Lyon, 201. Voir aussi : *Pasteur (Instituts), Médecine.*

Bâtiment. — 60. Paris, 97. Voir aussi : *Architecture.*

Beaux-Arts. — 62. Paris, 106, 107; Alger; 128; Amiens, 62; Angers, 62; Avignon, 62; Bordeaux, 141; Bourges, 62; Caen, 62; Clermont, 160; Dijon, 165; Grenoble, 62; Le Havre, 62; Lille, 182; Lyon, 214; Montpellier, 216; Nancy, 62; Poitiers, 62; Rennes, 247; Rouen, 62; St-Étienne, 62; Toulouse, 255; Tours, 240. Voir aussi : *Architecture, Arts décoratifs, Art appliqué.*

TABLE DES MATIÈRES

DEUXIÈME PARTIE

PARIS — IMPRIMERIE LAROUSSE.

17, RUE MONTPARNASSE